Viola Bolduan

Minne zwischen
Ideal und Wirklichkeit

Studien zum späten
Schweizer Minnesang

HAAG + HERCHEN Verlag

CIP-Kurztitelaufnahme der Deutschen Bibliothek

Bolduan, Viola:
Minne zwischen Ideal und Wirklichkeit :
Studien zum späten Schweizer Minnesang /
Viola Bolduan. — Frankfurt/Main : Haag
und Herchen, 1982.
  ISBN 3-88129-509-7

ISBN 3-88129-509-7
©1982 by HAAG + HERCHEN Verlag GmbH,
Fichardstraße 30, 6000 Frankfurt am Main 1
Alle Rechte vorbehalten
Herstellung: Knaack-Druck GmbH,
6108 Weiterstadt 2
Printed in Germany

Mit Dank
an Prof. Dr. Walter Johannes Schröder
für langjährige lehrreiche Betreuung

Inhaltsverzeichnis   Seite
                                                            von   bis

    EINLEITUNG   3   7

A NATUREINGANG

   I   Einführung   8   14
  II   Tradition von Anonyma bis Gottfried von Neifen   15   50
 III   Schweizer Minnesang

      1. Ulrich von Singenberg   51   58
      2. Konrad Schenk von Landeck   59   82
         a) Liedstruktur
         b) Natureingangsstruktur
         c) exemplarische Analyse (Lied 1)
      3. Steinmar   83   111
         a) Forschungslage
         b) Vergleiche zu Walther von Klingen,
           Kraft von Toggenburg, von Trostberg
           und Winli
         c) Konventionsbrüche
         d) Herbstlied
      4. Konrad von Buwenburg   112   116
      5. Johannes Hadlaub   117   137
         a) Herbstlieder
         b) Sommer-/Wintereingänge
         c) Blumenbettlieder
      6. Zusammenfassung   138   139

B MINNEKONZEPTION   140   141

   I   Ulrich von Singenberg   142   162
       Klassische Tradition
  II   Konrad Schenk von Landeck   163   171
       Formalisierung von 'minne'- und
       'liebe'-Begriffe
 III   Steinmar   172   186
      1. 'hohe' Minne
      2. Liebe im Tagelied
      3. 'niedere' Minne
      4. Realitätsgehalt
      5. Neubestimmung der Minne
  IV   Johannes Hadlaub   187   211
      1. Konkretisierung der Minneidee
      2. Minnedefinition
      3. Funktion des Minnelieds
      4. Minne-'Romanzen'
      5. Rolle des Wächters
      6. 'wilde' Minne

C LITERATURGESCHICHTLICHE EINORDNUNG   212   214

D AUSBLICK   215   220

E ANHANG   221   233

F BIBLIOGRAFIE   234   259

EINLEITUNG

Umfangreich und vielfältig ist die mediaevistische Forschung zur Entstehung des Minnesangs, seiner Entfaltung bis zur Kulmination in der Lyrik Reinmars von Hagenau und Walthers von der Vogelweide und seinem Ausklingen in den Liedern Oswalds von Wolkenstein. 'Symbolischer Naturalismus' zu Beginn, 'ethischer Idealismus/Realismus' auf der Hochstufe und stilisierter 'Nominalismus' in der Spätzeit des Minnesangs gelten als generelle Klassifikationen der einzelnen Entwicklungsstufen.

Gerade die Endphase mittelalterlicher Lyrik hat in gegenwärtiger Forschung besondere Beachtung gewonnen: Die Nahtstelle zweier Zeitepochen - allgemein bezeichnet als Spätmittelalter und neuzeitlicher Frühhumanismus - insbesondere macht den Ort des Literarischen bestimmbar, seine Bedeutung und Funktion innerhalb des geistes- und zeitgeschichtlichen Prozesses.

Weniger offenkundig, daher auch bisher kaum besprochen, bleiben die allmählichen Übergänge bis hin zu dem schließlich sich herauskristallisierenden zeitcharakteristischen lyrischen Ausdruck.

Die vorliegenden Studien stellen sich die Aufgabe, den Verlauf einer solchen Ablösung über Nuancierungen zu verfolgen: Kennzeichen des Minnesangs zwischen Blütezeit und Abschluß herauszuarbeiten.

Über einzelne Lyriker dieses Zeitabschnitts liegen Untersuchungen vor, so zur schwäbisch-staufischen Dichtergruppe und zu Konrad von Würzburg.[1]

---

[1] zum spätstaufischen Dichterkreis: Burkhard von Hohenfels, Gottfried von Neifen und Ulrich von Winterstetten, vgl. Hugo Kuhn, Minnesangs Wende, Tübingen, ^{2}1967, vgl. Manfred Brauneck, Die Lieder Konrads von Würzburg, Diss. München, 1964

Weitgehend unberücksichtigt bisher blieb indes die Mehrzahl der Schweizer Sänger, mit Ausnahme Steinmars und Johannes Hadlaubs.[1] Zur Erörterung ihrer Lieder leistet die vorliegende Arbeit einen ergänzenden Beitrag. Primär bleibt der entwicklungsgeschichtliche Zusammenhang, in den diese beiden individuelleren Repräsentanten des späteren Minnesangs gestellt werden.

Die Analysen dürfen Details des Minne-Kunstbegriffs der Früh- und Blütezeit voraussetzen; die wesentlichen und weiterhin wirksamen Strukturen des Traditionsguts sind zu Beginn des ersten Kapitels am Beispiel des Natureingangs zusammengefaßt.

Die Detailuntersuchung setzt ein mit der unmittelbaren Nachfolge der Klassiker: Reinmar und Walther und schließt ab mit den Vorgängern Oswalds von Wolkenstein. Sie umfaßt damit einen Zeitraum von ungefähr 120 Jahren: Schweizer Minnesang zwischen etwa 1220 und 1340.

Der Prozeß der Traditionsfortführung mit Austausch und Ablösung: Aufgabe und Erneuerung verschiedener charakteristischer Akzente kann nicht länger schlicht als 'epigonaler Verfall' etikettiert, sondern soll erwiesen werden als variationsreiche Kontinuität, die ihre Eigenständigkeit findet im Bemühen und in den unterschiedlichen poetischen Möglichkeiten, zwischen Bewährt-Gültigem und noch Unerprobtem zu vermitteln.

Der spezifische lyrische Gestaltungs- und begriffliche Deutungswille im Übergang vom hoch- zum spätmittelalterlichen Minnelied ist Thema vorliegender Arbeit.

Um die Minneliedstruktur in ihrer Gesamtheit zu erfassen, werden formale und inhaltliche Aspekte gleichberechtigt und unter Berücksichtigung ihres Wechselspiels analysiert.

---

1) Forschungsliteratur zu Steinmar und Hadlaub wird in den entsprechenden Kapiteln der vorliegenden Arbeit besprochen

Dementsprechend beginnen die Studien mit Untersuchungen über die Natureingänge der Minnelieder, einer Formeinheit, die wesensmäßig die jeweilige Minneliedkonzeption in nuce zum Inhalt hat. Dieses erste Kapitel wird - seinem Gegenstand entsprechend - in den Formanalysen auch auf den Liedinhalt verweisen.

Der Natureingang wurde als erstes Untersuchungsthema gewählt, weil gerade er markantes Indiz sich verändernder Wirklichkeitsauffassung sein kann: Einerseits gründet er auf eine lange und populäre Tradition, andererseits bietet vorzugsweise er sich an - als Darstellungsmöglichkeit des Natürlich-Gegebenen - für eine stärkere Betonung des Realen. In besonderer Anschaulichkeit verweisen seine unterschiedlichen Ausführungen auf den Prozeß der Ablösung traditionell ideenrealistischer durch zunehmend nominalistische Deutung. Einzelne Schweizer Minnesänger repräsentieren die verschiedenen Ausformungen des Natureingangs: Ulrich von Singenberg die der noch engen Anlehnung an die klassische Tradition, Konrad, Schenk von Landeck, die der Formalisierung tradierter Topoi. Die folgenden Analysen über die Naturdarstellungen Steinmars und seiner Zeitgenossen, Konrads von Buwenburg und Johannes Hadlaubs, fragen nach dem Grad von Traditionsverpflichtung, Konventionsbruch und Innovation. Wachsende Betonung des gegenständlich Wirklichen wirkt sich in der literarischen Arbeit unterschiedlich aus: Einerseits wird Eigenständigkeit der Realität zunehmend bestätigt, andererseits diese Bestätigung selbst wieder im traditionellen Schemata ausgedrückt. Die Kombination von überlieferter Form und zeitgenössischer Wirklichkeitsauffassung führt zu Widersprüchlichkeiten innerhalb der Liedstruktur.

Die Resultate dieser Studien werden im nachfolgenden Kapitel gestützt und ergänzt von einer primär inhaltsbezogenen Interpretation der Lieder. Die Fragestellung konzentriert sich auf Bedeutung und Funktion der Minne. Erläutert werden die Schattierungen der jeweiligen Minnebegriffe, damit auch die Wandlungen im Selbstverständnis des Minnesängers - als Minner und Lyriker.

Die Minnekonzeptions-Analysen stehen als Bestätigung und Erweiterung in engem Bezug zu den vorausgegangenen Natureingangs-Interpretationen: Die Selektion der für das erste Kapitel ausgewählten Repräsentanten späteren Schweizer Minnesangs wird beibehalten.

Der Übergang von Formulierung des Minne - I d e a l s zum stilisierten Ausdruck von Minne - E r l e b e n durchläuft die - im Natureingang bereits angezeigten - Phasen: der Traditionsrezeption, Formobjektivierung, Kritik und Innovation, Inkongruenz zwischen Anspruch (idealistisch) und Ausführung (nominalistisch).

Die Einzelstudien schließen ab mit Johannes Hadlaub, dessen Minnesang sowohl die zwischen erster Hälfte des 13. und Beginn des 14. Jahrhunderts vorausgegangenen Tendenzen zusammenfaßt, als auch die Diskrepanz zwischen Ausgangs- und Endpunkt der Entwicklung implizit thematisiert. Seine Herbstlieder fordern den Vergleich mit Steinmar, dem unmittelbaren Vorgänger, heraus - seine Blumenbett-Lieder eine Gegenüberstellung zu dem über 100 Jahre älteren Linden-Lied Walthers. Deutlich wird, daß Hadlaubs Lyrik weder die klassische Sublimation im Symbol bewahren, noch Steinmars Bloßstellung des Minne-Ideals nachvollziehen kann. Prototypisch konzentriert sich damit in seinen Liedern die Spannung zwischen hochmittelalterlicher Ideenlehre und spätmittelalterlicher Wirklichkeitsbetonung, zwischen tradierter deduktiver und in die Neuzeit verweisender induktiver Denk- und Erkenntnismethode.
Die in Hadlaubs Lyrik kombinierten Charakteristika des Minnesangs aus der entwicklungsgeschichtlichen Umbruchsphase sind beispielhaft für die Lyrik des 14. Jahrhunderts auch jenseits des Schweizer Raumes.

Ausgeformt und erweitert ist die Spannung zwischen dem Wissen um die vergangene Idealvorstellung von Minne/ Minneliedpoetik und dem Willen zu empirisch-individuellem Selbst- und Weltverständnis in den Liedern, die den Minnesang beenden. Ein Ausblick auf die Konsequenzen, die Oswald von Wolkenstein aus der ihm vorausgegangenen Liedentwicklung gezogen hat, schließt die Arbeit ab. Der Prozeß des Übergangs ist vollendet, so daß zu detaillierter Deutung des letzten Minnesängers auf weiterführende Forschungsliteratur verwiesen werden darf.

A NATUREINGANG

I Einführung

Die Analyse ihrer Naturdarstellung soll in die Lieder der Schweizer Minnesänger einführen. Die Naturverse stehen meist am Liedanfang, eingepaßt in die Form des sogenannten Natureingangs (seltener erscheinen Naturelemente in Einzelversen, -vergleichen). Der Natureingang wird als erster Untersuchungsgegenstand aus folgenden Gründen gewählt: Als festgefügte, meist in sich geschlossene Einheit[1] läßt er sich vom Liedganzen lösen, ohne daß sein Gehalt oder der des Liedes beeinträchtigt würde. Als eigenständiges künstlerisches Gebilde 'en miniature' bietet er sich der Betrachtung dar und ermöglicht so eine erste Studie über den Schweizer Minnesang innerhalb eines fest umrissenen, überschaubaren Rahmens. Doch nicht allein um einer klaren Gliederung der Arbeit willen soll der Natureingang an ihrem Anfang stehen.

Der Natureingang fußt auf einer bis zu den Anfängen der Minnelyrik zurückreichenden Tradition,[2] die ihn für eine exemplarische Analyse der Entwicklungstendenzen innerhalb des Minnesanges qualifiziert. Diese Tradition soll im ersten Kapitel verfolgt, die Natureingänge der Schweizer Minnelieder ihr gegenübergestellt und in sie eingegliedert werden. Lassen sich durch den Vergleich mit der Überlieferung an ihnen charakteristisch spätmittelalterliche Züge ablesen, so wollen die Ausführungen exemplarisch für den Minnesang jener Zeit verstanden werden.

---

1) vgl. Barbara von Wulffen, Der Natureingang in Minnesang und frühem Volkslied, München, 1963, S. 9
2) Die vorausgehende Tradition, die sich über mittellateinische Dichtung bis zur Antike zurückverfolgen läßt, ist für diese Arbeit nicht von unmittelbarem Interesse.

Inhaltliche Bestandteile, sprachliche Gestaltung und funktionelle Bedeutung des Natureingangs sollen dargelegt werden. Eine strenge Differenzierung dieser drei Fragestellungen wird nicht immer zu leisten sein, bedingen doch die verschiedenen Komponenten einander, baut sich der Natureingang auf aus ihrer unmittelbaren Wechselwirkung und ihrem Zusammenspiel.

Die bisher geleisteten Forschungen auf diesem Gebiet haben sich in der Regel auf einen der Asprekte beschränkt.

Nachdem ältere Arbeiten mit dem Maßstab neuzeitlicher Dichtung die mittelalterliche Kunst vergeblich nach Natur - g e f ü h l abgetastet, den Ausdruck persönlichen Natur - e r l e b n i s s e s gesucht und die gefundene Monotonie stereotypen Repetierens eines bestehenden Formelbestandes mit dem Etikett 'naiver' Naturdarstellung versehen hatten,[1] leitete Hennig Brinkmanns Verweis auf die überpersönliche, transzendente Funktion und die daraus resultierende verallgemeinernde und idealisierende Darstellungsweise der mittelalterlichen Dichtung eine Aufwertung

---

1) So Alfred Biese, Die Entwicklung des Naturgefühls im Mittelalter und in der Neuzeit, Leipzig, 1888, Elisabet Haakh, Die Naturbetrachtung bei den mittelhochdeutschen Lyrikern, Leipzig, 1908, Bayard Quincy Morgan, Nature in Middle High German Lyrics, Göttingen, 1912, Adèle Stoecklin, Die Schilderung der Natur im deutschen Minnesang und im älteren deutschen Volkslied, Diss. Basel, Straßburg, 1913 (Teilpublikation), Wilhelm Ganzenmüller, Das Naturgefühl im Mittelalter, Leipzig/Berlin, 1914, Horst Oppenheim, Naturschilderung und Naturgefühl bei den frühen Meistersingern, Leipzig, 1931. Die oben genannte Betrachtungsweise hielt sich auch in den Studien, die sich vorwiegend dem Sammeln und Aufstellen verschiedener Bestandteile widmeten (vgl. Morgan).

ihres typisierenden, traditionsgebundenen Stiles ein.[1]

Böheim deutete den Symbolcharakter der Natur in mittelalterlicher Kunst schon an, hob ihre "Bezogenheit zum Menschen", durch die sie erst ihren "Wert und ihre Darstellungsberechtigung"[2] erhalte, hervor, ohne jedoch im weiteren auf eine Wertung nach Intensitätsgrad des Naturgefühls zu verzichten. Die Arbeiten von Johanne Messerschmidt-Schulz und Ludwig Schneider suchten das künstlerische Naturbild auf induktivem Wege zu analysieren, indem die erstere seine Bestandteile nach Sachgebieten ordnete und das allmähliche Ablösen des "sukzessiven" durch ein "simultanes" Raumerfassen verfolgte,[3] die Untersuchung Schneiders sich mit der sprachlichen Darstellung, den Ausdrucksmitteln beschäftigte, anhand des Formelschatzes und -gebrauchs die Entwicklung vom "Aesthetisieren" der Natur zu genauerer Beobachtung ("größerer Dingnähe") erkannte.[4] Nach den Toposforschungen E. R. Curtius',[5] die Brinkmanns Interpretation der mittelalterlichen künstlerischen Darstellungsweise durch Freilegen der weit zurückreichenden Tradition bestimmter Schemata (wie z. B. des 'locus amoenus' oder der Topoi aus provenzalischer Minnelyrik[6]) bestätigen, konnte nach Realitätsgrad

---

1) Hennig Brinkmann, Zu Wesen und Form mittelalterlicher Dichtung, Halle, 1928. Die Bedeutung dieser Untersuchung wird betont von Barbara von Wulffen, a.a.O., und Joachim Schröder, Zu Darstellung und Funktion der Schauplätze in den Artusromanen Hartmanns von Aue, Diss. Marburg, Göppingen 1972.
2) Julius Böheim, Das Landschaftsgefühl des ausgehenden Mittelalters, Leipzig/Berlin, 1934
3) Johanne Messerschmidt-Schulz, Zur Darstellung der Landschaft in der deutschen Dichtung des ausgehenden Mittelalters, Breslau, 1938
4) Ludwig Schneider, Die Naturdichtung des deutschen Minnesangs, Diss. Heidelberg, Berlin, 1938
5) Ernst Robert Curtius, Europäische Literatur und lateinisches Mittelalter, Bern/München, [7]1969
6) Vgl. Hennig Brinkmann, Entstehungsgeschichte des Minnesangs, Darmstadt, 1971 (unv. reprogr. Nachdruck der Ausgabe Halle (Saale), 1926)

und subjektivem Erlebnisgehalt der Naturbilder nicht mehr gefragt werden.[1] In 'Minnesangs Wende' vertiefte Hugo Kuhn[2] die Einsicht in den grundsätzlichen Unterschied zwischen Natur als gegebener Wirklichkeit und ihrer poetischen Funktion in mittelalterlicher Dichtung. Er betonte ihren künstlerischen Platz innerhalb eines "anthropomorphen Rahmen(s): eben dem der Deutung, der Verwendung im Sinne menschlicher Werte oder religiöser Axiologie",[3] ihre Aufgabe, gegenständlich "die Dialektik von 'fröide' und 'leit'" zu symbolisieren, sie zu objektivieren.[4] Die Arbeit Barbara von Wulffens unterstützte diese Auslegung. Ihre Überprüfung der Natureingangsfunktion im Minnelied führte zu einer Differenzierung zwischen Einleitungstopik, Szenenöffnung und "minnesängerisch bewegendem" Natureingang; der letztere vollziehe die Bindung der gesellschaftlichen Haltung an die gegenständliche Welt und leiste damit den symbolischen Bezug.[5] Da sich von Wulffen in ihrer Untersuchung hauptsächlich auf Neifen, Winterstetten und Lichtenstein als Vertreter des nachklassischen Minnesangs stützte, die Schweizer Dichter bis auf Hinweise auf einzelne Belegstellen weitgehend unberücksichtigt ließ, bleibt hinsichtlich der Natureingangsfunktion dieser Lieder auch nach der oben genannten Studie eine Lücke zu schließen.

---

1) Die Bedeutung Brinkmanns und Curtius' hinsichtlich der Naturinterpretation wird ausführlich besprochen von J. Schröder, a.a.O.
2) Kuhn, a.a.O.
3) ebd., S. 34
4) ebd., S. 74 f
5) von Wulffen, a.a.O.

Auch der Frage, inwieweit die unterschiedlichen
Funktionen der Naturverse nicht nur ihre Position
im Lied,[1] sondern auch ihre sprachliche Gestaltung
und ihren Bildinhalt beeinflussen können, wurde
bisher noch nicht erschöpfend nachgegangen.
Ist der poetische Ausdruck auch geprägt durch die
Tradition, so sind doch Nuancierungen und Akzent-
verschiebungen innerhalb des gegebenen Rahmens,
Variationen und Erweiterungen bereits von Schneider
nachgewiesen.[2] Neben der sprachlichen Formung werden
die den Natureingang konstituierenden inhaltlichen
Elemente, die Übernahme traditioneller Motive oder
ihr Austausch durch neue Bestandteile, Aufschluß
darüber geben, ob und inwieweit sich die in bisheriger
Forschung betonte Tendenz der Spätzeit zum Konkreteren,
Realistischen, Individuelleren feststellen läßt.

Vorzugsweise anhand des Natureingangs, der einerseits
auf eine lange literarische Tradition rekurriert,
andererseits sich aber auch mühelos für ein Hinein-
nehmen der Wirklichkeit in die Dichtung öffnen kann,
wird sich erkennen lassen, in welchem Maße das spätere
13. und beginnende 14. Jahrhundert die typisierende,
zum Allgemeingültigen abstrahierende Darstellungsweise
einer ideenrealistisch geprägten Zeit beibehält, wie
stark die nachklassische Zeit die vorgegebenen Formen
objektiviert, zu "Spielformen"[3] verselbständigt und
wann sich eine stärker realitätsorientierte, auf den
Nominalismus vorausweisende Haltung ankündigt.

Verfolgt man die Häufigkeit des Auftretens des Natur-
eingangs von den Anfängen des Minnesangs bis hin zum

---

1) Die rhetorische Exordialtopik steht immer am Liedbeginn,
der szenische und 'minnesängerisch bewegende' Natureingang
kann in einzelnen Fällen auch im Liedinneren zu finden
sein. Vgl. von Wulffen, a.a.O.
2) Schneider, a.a.O.
3) Brauneck, a.a.O., S. 2, Anm. 1; S. 18

14. Jahrhundert, so ergibt sich folgendes Bild:

Knapp 13 Prozent der erhaltenen Minnelieder und -strophen vor Dietmar von Eist weisen Naturverse auf. Dietmar verwendet den Natureingang schon in 50 Prozent der echten Lieder (sofern die Echtheitsfrage bisher hierzu wissenschaftlich erwiesen werden konnte); nach Kaiser Heinrich und Friedrich von Hausen greift ihn Heinrich von Veldeke in fast der Hälfte seiner Lieder wieder auf.

Nach Veldeke bis zu Heinrich von Morungen reduziert sich die Prozentzahl der Lieder mit Natureingang auf rund 20. In der Lyrik Morungens, Reinmars und Hartmanns geht die Zahl weiter auf etwa 15 Prozent zurück. Häufiger wird der Natureingang wieder von Walther von der Vogelweide verarbeitet (in etwa 30 Prozent der Lieder), und Neidhart von Reuenthal leitet fast alle seine Lieder mit ihm ein. Über 65 Prozent der Lieder der schwäbischen Gruppe (Neifen, Winterstetten, Hohenfels) enthalten ihn; vor allem ist es Neifen, der sich durch einen besonders ausgiebigen Gebrauch (über 85 Prozent) auszeichnet. Von den übrigen zahlreichen Liedern aus dem 13./14. Jahrhundert greifen ihn fast die Hälfte auf; 50 Prozent der Schweizer Minnelieder verwenden ihn.[1]

Die Prozentzahlen lassen erkennen, daß bis auf Eist und Veldeke der frühe Minnesang den Natureingang in nur geringem Maße verwendet, die Dichter der Blütezeit noch sparsamer mit ihm umgehen, bis Walther ihn als poetisches Ausdrucksmittel wiederentdeckt.[2] Nachdem

---

[1] Belege für die Prozentberechnung siehe Anhang 1.
[2] Vgl. von Wulffen, a.a.O., S. 15, vgl. Haakh, a.a.O., S. 75 und Willem Hendrik Moll, Ueber den Einfluss der lateinischen Vagantendichtung auf die Lyrik Walthers von der Vogelweide und die seiner Epigonen im 13. Jahrhundert, Diss. Amsterdam, 1925, S. 75.

Neidhart den Natureingang zum Aufbauprinzip seiner
Lieder erhoben hat, Neifen ihn ebenfalls beinahe
regelmäßig verwendet, wird er in der späteren Zeit
zu einem allgemein bekannten und beliebten Einleitungsschema.
Die verschiedenen Stufen seiner Entwicklung, Gründe
für sein Zurücktreten in der klassischen Epoche und
seine zunehmende Popularität in der darauffolgenden
sollen im folgenden aufgezeigt werden.

II Tradition von Anonyma bis Gottfried von Neifen

Die die Sammlung "Minnesangs Frühling" eröffnenden anonymen Lieder sind nicht eindeutig wissenschaftlich exakt datierbar. Die Forschung bestätigt frühe Entstehungszeiten für "Minnesangs Frühling" Anonyma X, 1 - 5; XI, 1 - 6 sowie für das fälschlich unter Dietmars Namen verzeichnete Lied V; für Anonyma XII wird jüngerer Ursprung angenommen.[1] Zusammen mit Meinloh von Sevelingen I, 9 bieten diese Lieder die ältesten Naturvers-Beispiele in der deutschsprachigen Minnelyrik.[2]

Rose, Vogelsang, Wald, Linde, Laub und Blumen bilden das Repertoire ihrer Naturelemente. Die sie in der Regel begleitenden Adjektive ("liehte rôse", "diu kleinen vogellîn" Anonyma X, 2.3; "bluomen rôt" Meinloh von Sevelingen I, 9.1, dienen keiner anschaulichen Beschreibung oder näheren Charakterisierung:

---

1) Zu Datierungsfragen vgl. Max Ittenbach, Der frühe deutsche Minnesang, Strophenfügung und Dichtersprache, Halle, 1939 und ed. by Olive Sayce, Poets of The Minnesang, Oxford, 1967. Es wird zitiert nach der Ausgabe bearbeitet von Hugo Moser und Helmut Tervooren (unter Benutzung der Ausgaben von Karl Lachmann und Moriz Haupt, Friedrich Vogt und Carl von Kraus, Des Minnesangs Frühling, I Texte, Stuttgart 36-1977.

2) Den Natureingang der Vagantenlieder und des provenzalischen Minnesangs mit einbeziehen zu wollen, ginge über den Rahmen des Themas dieser Arbeit hinaus. Es soll an dieser Stelle aber auf die bereits vor Beginn des deutschen Minnesangs bestehende literarische Tradition verwiesen werden. Weiterführende Angaben bei: Moll, a.a.O., K. Marold, Über die poetische Verwertung der Natur und ihrer Erscheinungen in den Vagantenliedern und im deutschen Minnesang, ZfdPh 23 (1891), S. 1 - 26 und Leonid Arbusow, Colores Rhetorici, Eine Auswahl rhetorischer Figuren und Gemeinplätze als Hilfsmittel für akademische Übungen an mittelalterlichen Texten, Göttingen, 1948.

Als Epitheta ornantia gehen sie mit den Substantiven
eine mehr oder minder feste formelhafte Bindung ein.[1]
Zu e i n e r Sinneinheit, e i n e m Begriff
verschmelzen "klein" und "vogellîn" als Bezeichnung
des Singvogels.[2] "Bluomen rôt" ist eine ähnlich
festgefügte Wendung, deren Formelcharakter die wiederholte
Position am Versende prononciert:

"Ich sach boten des sumeres, daz wâren bluomen
alsô rôt."

Meinloh von Sevelingen I, 9,1

"ez ist leider alze lanc,
daz die bluomen rôt
begunden lîden nôt."

Rietenburg IV, 8 - 10

Sie beschränkt sich nicht auf die Umschreibung der
Rose;[3] schon ihr frühestes Erscheinen im deutschsprachigen
Minnelied als "boten des sumeres" legt nahe,
daß sie verallgemeinernd für bunte Blumen-, sommerliche
Farbenpracht steht.[4] Die Bedeutung von "lieht"
in Anonyma XI, 1 als Verwelken und Kahlwerden der
Linde bleibt einmalig;[5] formelhafte Verwendung deutet
sich indes in Anonyma X, 2 ("liehte rôse") an. Wie das

---

1) Allgemeines über die formelhafte Wendung und die fester
   gefügten Formeln bei Marianne von Lieres und Wilkau,
   Sprachformeln in der mittelhochdeutschen Lyrik bis zu
   Walther von der Vogelweide, München, 1965.
2) Vgl. Otmar Schißel von Fleschenberg, Das Adjektiv als
   Epitheton im Liebesliede des zwölften Jahrhunderts,
   Leipzig, 1908, S. 65 f
3) Entgegen Haakh, a.a.O., S. 34 und Schneider, a.a.O.,
   S. 105.
4) Vgl. Fleschenberg, a.a.O., S. 67 und Minna Jacobsohn, Die
   Farben in der mittelhochdeutschen Dichtung der Blütezeit,
   Leipzig, 1915, S. 103. Es sei darauf verwiesen, daß das
   Adjektiv "rot" auch in allgemein-literarischer Formel oft
   keine Farbe benennen will, sondern Ausdruck ist für das
   Schöne, Glanzvolle, Leuchtende, vgl. "roter Mund", "rotes
   Gold", "roter Platz".
5) Daher wahrscheinlich auch von Lachmann durch "sleht" ersetzt
   worden; von Kraus läßt "lieht" stehen.

Epitheton "rôt", so drückt auch "lieht" keine
spezifische Farbqualität aus; es erfaßt vielmehr
die Gesamtheit alles Glänzenden, Strahlenden,
Hellen,[1] so daß es in der folgenden Zeit vielfältige Bindungen eingehen kann.[2]
Beide Epitheta: "rôt" und "lieht" verweisen allgemein
auf die Schönheit des Sommers. Sie charakterisieren
und konkretisieren nicht das dazugehörige Naturelement, welches wiederum selbst nicht als Einzelphänomen, sondern als Exemplum für die Gesamtheit
sommerlicher Freuden verstanden werden will.

"Vogellîn sanc", "bluomen rôt" und "liehte rôse"
vergegenwärtigen als partes pro toto sommerliche
Jahreszeit.[3]

"Die Dinge werden nicht gegeben, wie sie in der
natürlichen Wirklichkeit erscheinen, nicht das
Besondere ihres Soseins gelangt zur Darstellung.[4]

Das Allgemeine soll zur Geltung kommen, und
dieses fordert notwendig t y p i s c h e
D a r s t e l l u n g s f o r m ." [5]

Das Konkrete, Individuelle ist als das Zufällige ohne
Belang, vielmehr wird "das Gesehene der Idee einer
schönen Landschaft (angeglichen) ..., (die dem Dichter)
in Gemeinsamkeit mit den andern vor Augen schwebte."[6]

Ebenso wie die einzelnen Elemente des Naturbildes und
ihre Epitheta keine konkrete, selbständige Bedeutung
erhalten, so ist auch der Natureingang als künstlerische
Einheit nicht in sich selbst wesentlich, sondern weist
über sich hinaus.

---

1) Vgl. Jacobsohn, a.a.O., S. 38
2) "liehter schîn", "liehte varwe", "liehte tage" (Veldeke IV, 2.9; IIa, 1/2; Fenis VI, 1.4. Weitere Beispiele bei Fleschenberg, a.a.O., S. 55 und Schneider, a.a.O., S. 32
3) Diese drei Elemente wollen als Beispiele verstanden werden; weitere Formeln bei Schneider, a.a.O.
4) Brinkmann, a.a.O., S. 58
5) ebd., S. 82
6) ebd., S. 83

Welche Funktionen übernehmen die Naturverse im frühen Minnelied?

" 'Mich dunket niht sô guotes noch sô lobesam
sô diu liehte rôse und diu minne mîns man.
diu kleinen vogellîn
diu singent in dem walde, dêst menegem herzen liep.
mir enkome mîn holder geselle, ine hân der
                                summerwunne niet.' "
Anonyma X, 1 - 5

Dem Minneglück scheint im Schlußvers die Sommerfreude untergeordnet. Widerspricht dies aber nicht dem Liedbeginn, der ausdrücklich die Rose (=Sommer) der Minne in Wirkung und Wertung gleichsetzt? Dieser Gegensatz ergibt sich nur dann, wenn die Naturverse wörtlich, als die tatsächliche Jahreszeit darstellend, verstanden werden; - erkennt man sie aber als ein Bild, das nicht n e b e n der Minnefreude als comparatum, sondern als Symbol f ü r sie steht, löst sich der Widerspruch. Sommerliche Freuden sind nicht im Vergleich zum Liebesglück sekundär; sie stellen vielmehr Liebeserwartung und -erfüllung in bildhafter Form dar.[1]
Im Mittelpunkt steht die freudige/schmerzliche Erregung durch die Minne; der Sommerentwurf fungiert als poetisches Mittel, dieser Freude/diesem Schmerz Ausdruck zu verleihen, indem er das Gegenständliche bietet, an das sich die innere Haltung binden kann.[2]

---

[1] Johansdorfs Kopplung der Begriffe: "vröide und sumer" (VI, 1.8) macht den Symbolbezug besonders deutlich: Das Abstraktum wird der Jahreszeit gleichgesetzt; beide Begriffe verschmelzen zu einer Bedeutungseinheit. M. von Lieres' Hinweis auf den logischen Unterschied beider Begriffe, der eine vollkommene Deckungsgleichheit verhindere (vgl. a.a.O., S. 18), trifft wohl für die Doppelformel "winter und sîn langiu naht" (Dietmar von Eist, XIV, 1.6) zu, nicht aber für "vröide und sumer". Sommer ist im frühen Minnesang nicht konkreter Begriff (so wie Winter in der zitierten Formel), sondern Sinnbild der Freude.
[2] Vgl. Kuhn, a.a.O., S. 74

So sind die Einzelbilder "liehte rôse", "kleine()
vogellîn" wie auch die "summerwünne" in ihrer Gesamtheit "Zeichen des Minnegedankens",[1] symbolische
Einkleidung der ersehnten Liebeserfüllung.

"Symbolischen Naturalismus" nennt Hugo Kuhn die
Darstellungsweise des frühen Minnesangs;[2] sie
schließt die Natur als Symbol mit ein.

Symbolik im frühen Minnesang bedeutet die Übertragung
abstrakten Sinngehalts auf ein konkretes Bild,[3] dem
daher auch kein subjektiv-individueller Erlebnisgehalt
des Dichters zugrunde liegt, sondern das auf Typisches
- sie es durch die Wirklichkeit Erfahrbares (Realität
des Sommers), oder durch literarische Tradition
Bekanntes (poetische Naturtopik) - rekurriert.[4] Das
Symbol beansprucht Objektivität, denn es drückt
Allgemeinverbindliches aus.[5] Der Minnesänger kann
das Wissen des Publikums um dieses Allgemeine voraussetzen und deshalb die Symbole signalartig kurz und
asyndetisch darbieten. Die Bilder der "liehte(n) rôse"
und der "kleinen vogellîn" evozieren - ohne daß sie
einer näheren Ausführung oder Erklärung bedürfen -
als "Appelle der Sprache"[6] unmittelbar eine bestimmte
und allen Zuhörern gemeinsame Vorstellung: die der
"sumerzît".[7]

---

1) Ittenbach, a.a.O., S. 17 f
2) Kuhn, Soziale Realität und dichterische Fiktion am Beispiel
   der höfischen Ritterdichtung Deutschlands in: Dichtung und
   Welt im Mittelalter, Stuttgart, 1959, S. 31
3) Über das Symbol im frühen Minnesang, vgl. Ittenbach, a.a.O.
   und Rolf Grimminger, Poetik des frühen Minnesangs, München,
   1969, S. 36 ff
4) Vgl. ebd., S. 41, 50, 57 und Wolfgang Mohr, Die Natur im
   mittelalterlichen Liede, in: FS Werner Kohlschmidt, Bern,
   1969, S. 50
5) Vgl. Grimminger, a.a.O., S. 42
6) ebd., S. 50
7) Vgl. Fleschenberg, a.a.O., S. 82 und Messerschmidt-Schulz,
   a.a.O., S. 78.85 über die Formel als "Zeichen der Verabredung" zwischen Sänger und Auditorium, vgl. von Lieres,
   a.a.O., S. 9.

Anonyma X erweist sich, indem es mit asyndetisch aneinandergereihten Einzelbildern einsetzt, um sie dann im letzten Vers in der allgemeinen Bezeichnung "sumerwunne" zusemmenzufassen, als charakteristisches Beispiel für die frühe Zeit des Minnesangs.[1] Meinloh von Sevelingen geht in umgekehrter Reihenfolge vor: er nennt den Sommer vor der ihn vergegenwärtigenden Signal-Formel "bluomen rôt". ("Ich sach boten des sumeres, daz wâren bluomen alsô rôt." I, 9,1). Die symbolische Funktion wird zwar dadurch nicht geschmälert, wohl aber ist der appellartige Charakter des Einzelbildes durch Voranstellung des allgemeinen Begriffs gemindert. Es deutet sich eine - zumindest teilweise - Reduktion der Bildhaftigkeit und damit eine Rationalisierung der Sprache an, die zwar in der Symbolik verharrt, die suggestive Wirksamkeit des Einzelbildes aber zurücknimmt.[2]

Dietmar von Eist genügt das Signal an das Vorstellungsvermögen des Publikums durch eine kurz-prägnante, bekannte Formel noch weniger. Der Zuhörer muß kaum noch selbst assoziieren: Mit vier verschiedenen Naturbildern werden ihm in III, 1.1 - 3 vom Sänger die Charakteristika der Sommerzeit deutlich vor Augen geführt. Darüber hinaus wird die Jahreszeit nicht nur veranschaulicht; die Bilder werden paarweise unter eine allgemeine Bestimmung gestellt:[3]

---

1) Dietmar von Eist, V, wird von Grimminger als ein anderes typisches Beispiel des frühen Minnesangs gedeutet, a.a.O., S. 49 ff.
2) Vgl. Grimminger, a.a.O., S. 56.58
3) Ähnlich in III, 4, wenn erst nach Vorstellung der Szenerie das Einzelne, die "rôsenbluome", als Liebessymbol herausgegriffen wird - im Unterschied zu Anonyma X, 2.

"Ahî, nu kumt uns diu zît, der kleinen vogellîne sanc.
ez grüenet wol diu linde breit, zergangen ist der
                                                winter lanc.
nu siht man bluomen wol getân, an der heide üebent
                                                 sî ir schîn."

Im letzten Vers sind die Einzelbestandteile ("bluomen/
heide") durch Präposition miteinander verbunden,[1]
und auch die Beziehung des Sängers zur allgemeinen
Freudenstimmung wird jetzt sprachlich formuliert:

"des wirt vil manic herze vrô, des selben troestet
                                           sich daz mîn."
III, 1, 4

Es ist gleichfalls bezeichnend für die wachsende
Versprachlichung, daß das Liebessymbol ("rôsebluome")
allein nicht mehr genügt - es bedarf einer Bedeutungs-
erklärung:

"... ich sach die rôsebluomen stân,
die manent mich der gedanke vil, die ich hin zeiner
                                                    vrouwen hân."
III, 4, 3/4 [2]

Die drei Merkmale des Dietmarschen Natureingangs:
expliziter Übergang zum Minnethema, verallgemeinernde
begriffliche Ansage der Jahreszeit und zunehmende
Bilderfülle sind auch bei Heinrich von Veldeke zu
beobachten.
Kein Stichwort sagt die Jahreszeit an, vielfältige
Bilder malen sie aus; sie ist nicht Zustand, sondern
bewegt-lebendiger Vorgang.[3] Bekannte Formeln werden
variiert,[4] neue Naturelemente und Motiv-Verbindungen

---

1) In III, 4 schließen sich die Bilder sogar zu einer kleinen Szene zusammen. Vgl. Ittenbach, a.a.O., S. 178.
2) Vgl. "Sich hât verwandelt diu zît, daz verstên ich bî der vogel singen:" (XI, 1, 1)
3) Vgl. Variationsbreite der Verben in Verbindung mit dem Vogel-Motiv, verzeichnet bei Otto Peter Riecken, Das Motiv des vogellîns in der Lyrik Walthers von der Vogelweide verglichen mit dem Minnesang seiner Zeitgenossen, Diss. Hamburg, 1967.
4) "dat dî vogele openbâre/singen dâ men blûmen sît." (I, 56, 2/3); "In den tîden dat dî rôsen/tounen manech scône blat" (VII, 60, 29/30). Über weitere Formelabwandlungen vgl. Schneider, a.a.O., S. 36 f., 48 ff.

eingeführt.[1] Als erster kündigt Veldeke den Natureingang ausdrücklich an: "Het is gûde nouwe mâre" (I, 56, 1; III, 58, 26: "want ich weit vele lîve mâre:"); er ersetzt die unmittelbare Symbolkraft des Naturbildes durch eine vorausweisende und zusammenfassende begriffliche Formulierung. Die bildhaftsymbolische Funktion ist jedoch nicht in dem Maße verloren, daß "Natur ... als beziehungsloser, unintegrierter Block im Gedicht"[2] bezeichnet werden könnte. Der Natureingang wird durchaus mit dem Minnethema verbunden:

"Het is gûde nouwe mâre
dat dî vogele openbâre
singen dâ men blûmen sît.
tût den tîden in den jâre
stûnde't dat men blîde wâre:
leider des ne bin ich nît."

I, 56, 1 - 6

Enger verknüpft die Anthropomorphisierung der Vögel (vgl. XIV) Natur und Minne; die Objektivierung des Liebeswunsches im Naturbild ist keineswegs bloß zeichenhaft angedeutet, sondern deutlich ausgesprochen:

" ... dî vogele here singen,
sint sî minne vinden al dâ sî sûken
ane heren genôt, want here blîtscap is grôt
...
sî hûven here singen lûde ende vrôlîke,
nedere ende hô. mîn mût stéit ouch alsô
dat ich wille wesen vrô ..."

XIV, 62, 30 - 34; 63, 3 - 7

---

1) "merelâre" (V, 59, 27); "bûke" (XIV, 62, 28); "rîs" (XIV, 62, 36); "blad" (XIV, 62, 38); "boum" (XVIII, 64, 18). Die neuen Naturelemente und die Monatsbezeichnung "aprillen" sind aus dem provenzalischen Minnesang übernommen, die "kalde nechte" (XIX, 64, 26) als Charakteristikum des Winters stammen aus der Vagantendichtung. An sie erinnert auch der breit angelegte Natureingang. Vgl. Marold, a.a.O., S. 16 und von Wulffen, a.a.O., S. 54. Neue Motiv-Verbindungen siehe Anhang 2. Über unkonventionelle Verwendung auch des Epithetons vgl. Fleschenberg, a.a.O., S. 105 f.
2) Anthonius Hendrikus Touber, Rhetorik und Form im deutschen Minnesang, Diss. Utrecht, Groningen, 1964, S. 188.

Der Sommer mit seinen singenden Vögeln als Symbol für
Minnebegehren genügt nicht mehr: Die Objektivierung
geht so weit, daß Liebesverlangen auf die Natur
selbst übertragen, der Sommer als Paarungszeit der
Vögel dargestellt wird, und so der Sänger seine freudige
Erregung mit der der Vögel vollends identifizieren
kann.
Ist die Symbolfunktion des Natureingangs in den meisten
Liedern bewahrt, so hat sich doch in einigen die
Ursache der Minnefreude/-trauer gewandelt. In Lied I
klagt der Mann nicht über ungestilltes Begehren,
sondern daß er aus "dumpheit ... was gerende ûter
mâten" (I, 56, 24; 57, 4). Nicht die Trennung von der
Geliebten läßt ihn leiden, sondern die Zurückweisung
aufgrund der - nun als ungebührlich erachteten -
Kühnheit seiner Bitte: "dat sî mich mûste al umbevân."
(I, 57, 6). Die Freude der Frau - ebenfalls im Natur-
bild objektiviert (" 'Ich bin blîde, sint dî dage/
lîchten ende werden lanc' ", IIa, 57, 10/11) - resultiert
konsequenterweise auch nicht mehr aus erfüllter Liebe.
Nachdem sie den Mann aufgrund seines "dorperlîke(n)"
(IIa, 57, 31), "te lôse(n)" (IIa, 58, 3) Begehrens
abgewiesen hat, ist es die Freude über ihre Standhaftig-
keit, ihre beherrschte Haltung, die sich im Sommerbild
widerspiegelt. Es ist also nicht mehr ausschließlich
- wie in den frühesten Liedern - das Glück erlebter
bzw. das Leid unerfüllter Liebe, das der Natureingang
darstellt.[1]
An Veldekes Vorbild orientiert sich Ulrich von
Gutenburg. Er folgt Veldeke in der - über das verwei-
sende Symbol hinausgehenden - Angleichung kreatürlichen

---

1) Vgl. auch XXII, 65, 13 ff: Die Welt ist nicht "drûve ...
ende vale" (XXII, 65, 15), weil 'persönliches' Minneleid
den Sänger bewegt, sondern weil der Minnegedanke vernach-
lässigt wird.

und menschlichen Verhaltens;[1] er kehrt die Beziehung
um und überträgt Naturformeln auf den menschlichen
Bereich:

"si ist mîn summerwunne,
Si saejet bluomen unde klê
in mînes herzen anger;
...
der schîn, der von ir ougen gât,
der tuot mich schône blüejen,
Alsam der heize sunne tuot
die boume in dem touwe.
...
Ir schoener gruoz, ir milter segen,
mit eime senften nîgen,
daz tuot mir ein meien regen
rehte an daz herze sîgen."

Leich, I, 12 - 14.19 - 22.25 - 28

Gutenburg arbeitet mit Naturformeln, die dem Publikum
seit langem bekannt sind; er kann sie daher in einen
neuen Kontext einfügen, sie von der Jahreszeit lösen
und in den Minnepreis integrieren,[2] ohne daß das
Verstehen der Hörer erschwert würde. Er überträgt der
Minnedame Eigenschaften und Vermögen des Sommers, dem
Mann die Rolle der vom Sommer beglückten Natur. Dem
Urteil Hahns, daß Gutenburgs Bilder "mehr dem Schmuck-
bedürfnis dienen sollen als der Veranschaulichung"
und "keine Steigerung der Gefühle sinnbildlich ausge-
drückt (wird)"[3] kann nicht zugestimmt werden; denn
ein für die Entwicklung des Minnesangs bezeichnendes
Motiv deutet sich in Gutenbergs Versen an: Die
Identifikation der Frau mit dem Sommer impliziert
- gegenüber der traditionellen Symbolbeziehung, die
Minnezeit und Sommerzeit gleichwertig miteinander
verband - eine Bedeutungsminderung der Jahreszeit und

---

1) Der Einfluß Veldekes macht sich auch in der Übernahme des
"merelâre" bemerkbar: Gutenburg Lied, 1 "Ich hôrte ein
merlikîn wol singen"
2) Über Gutenburgs Abstraktion und Versprachlichung der Natur-
formeln, vgl. von Wulffen, a.a.O., S. 58
3) Alfred Hahn, Bildhafte Elemente im deutschen Minnesang,
Diss. (Masch) Bonn, 1939, S. 20

damit eine Aufwertung der Minne: Verkörpert die Frau
selbst "sumerwunne", so braucht es keine bildliche
Darstellung der Jahreszeit mehr. Die Übertragung der
sommerlichen Qualitäten auf die Frau bereitet die
ausdrückliche Ablehnung des Sommerbildes als unzurei-
chendes Symbol für Minne vor.

Neben der bislang besprochenen bildlich-symbolischen
Funktion des Natureingangs kennt der frühe Minnesang
noch eine zweite, die allerdings nur die winterliche
Jahreszeit betrifft. Der Winter kann Minneleid versinn-
bildlichen,[1] aber - als reale Jahreszeit - auch das
Glück langer Liebesnächte schenken.[2] Die Ablösung des
Sommersymbols durch den Zeitbegriff des Winters fordert
Verzicht auf Bildhaftigkeit, fordert Rationalisierung
der Darstellung: Formulierung und Begründung des Winter-
lobes.

"Der winter waere mir ein zît
sô rehte wunneclîchen guot,
wurde ich sô saelic, daz ein wîp
getrôste mînen seneden muot.
Sô wol mich danne langer naht,
gelaege ich alse ich willen hân!"
VII. 1. 1 - 6 (Ps. Dietmar)

"der winter und sîn langiu naht
diu ergetzent uns der besten zît,
swâ man bî liebe lange lît."
XIV. 1. 6 - 8 (Ps. Dietmar)

Reduktion der ursprünglichen Symbolkraft der Jahreszeit
gilt für die oben zitierten, den Winter als konkrete
Zeit darstellenden, Verse; auch für die übrigen Natur-
eingänge, die mit Bildformeln weiterhin arbeiten, daneben

---

1) S. Dietmar von Eist V., Anonyma XI
2) Anonyma XII. 3 - 7. Burggraf von Regensburg II.1; Dietmar
von Eist VII. 1, 1 - 6, XIV. 1, 6 - 8; Hartmann von Aue
XIV. 1, 3 - 6

aber allgemeinere Jahreszeitansagen einführen,[1] die symbolische Funktion des Bildes im Lied explizieren[2] und die sich im Naturbild objektivierende seelische Bewegung zudem begrifflich-abstrakt formulieren.[3]

Je stärker sich das Begriffliche durchsetzt, desto mehr verringert sich die ursprüngliche Symbolbedeutung des Sommers/Winters, bis das Jahreszeitenbild eine nur mehr komparative Funktion übernimmt.[4] Erst diese Abwertung des Naturbildes ermöglicht die antithetische Darstellungsweise, die bereits Rietenburg kennt und die sich in den jüngeren Liedern durchsetzt:

"Diu nahtegal ist gesweiget,
und ir hôher sanc geneiget,
die ich wol hôrte singen.
doch tuot mir sanfte guot gedinge,
Den ich von einer vrowen hân,
ich wil ir niemer abe gegân
und biut ir staeten dienest mîn.
als ir ist liep, alse wil ich iemer mêre sîn."

Rietenburg II.

"Sich hât verwandelt diu zît, daz verstên ich bî
                        der vogel singen:
geswigen sint die nahtegal, si hânt gelân ir
                  süezez klingen.
unde valwet oben der walt.
ienoch stêt daz herze mîn in ir gewalt,
der ich den sumer gedienet hân.
diu ist mîn vröide und al mîn liep, ich wil irs
                  niemer abe gegân."

Dietmar von Eist XI. 1

---

1) Veldeke: "Het is gûde nouwe mâre" (I, 56, 1)
2) Eist: "ich sach dâ rôsebluomen stân,/die manent mich der gedanke vil·die ich hin zeiner vrouwen hân." III. 4, 3 - 4
3) Eist: " 'sît ich bluomen niht ensach noch enhôrte der vogel sanc,/sît was mir mîn vröide kurz und ouch der jâmer alzelanc.' " III, 5, 3 - 4
4) Der komparative Funktion des Vogel-Motivs als ein Bestandteil des Natureingangs wird von Riecken, a.a.O., S. 17 ff detailliert herausgearbeitet.

Vergehen der Naturfreuden ist - ähnlich dem Minneleid symbolisierenden Wintereingang - auch Thema dieser Verse; nur objektivieren sie nicht den seelischen Zustand des Sängers. Dieser distanziert sich vielmehr ausdrücklich vom Naturgeschehen, setzt dem Winterbild seine innere Haltung entgegen. Um die Formulierung dieser Haltung, der "dienest"-Konzeption, zu unterstützen, greift Ps. Dietmar noch zum bekannten Sommersymbol ("der ich den sumer gedienet hân" XI, 1, 5). Rietenburg dagegen verzichtet auf Anschaulichkeit, faßt sein Minneverständnis rein abstrakt im Begriff des "staeten dienest" (II. 7).[1]

Bezeichnenderweise wird in den mit der Einstellung des Sängers kontrastierenden Wintereingängen - und in Minnesangs Frühling nur in diesen - die Nachtigall erwähnt.[2] Die Nachtigall scheint in diesen Natureingängen nicht austauschbar gegen die generelle Bezeichnung 'vogel', die sich in den übrigen Wintereingängen findet.[3] Während das Schweigen der Vögel dort nicht über die Bedeutung: Winter hinausgeht, sich daran eine Winter-/Minneklage knüpft, bietet sich in den antithetischen Wintereingängen die Nachtigall für einen Vergleich mit dem Sänger an:[4]

---

1) Rietenburgs Natureingang wird aufgrund des sprachlich ausgeführten, direkten Anschlusses an die Minneaussage von Wulffen, a.a.O., S. 39 und 53 als der erste minnesängerisch-bewegende in bewußter Anwendung bezeichnet.
2) Neben Rietenburg II und Ps. Dietmar XI. 1 noch Rugge: "ouch hât diu liebe nahtegal/ Vergezzen, daz si schône sanc./ie noch stêt aller mîn gedanc/mit triuwen an ein schoene wîp." Lied I. 1, 6 - 9. Der schon höfische Charakter dieser Minneauffassung klingt hier ebenfalls im Adjektiv "liep" an: ein häufig verwandtes Epitheton in der klassischen Epoche. Vgl. Fleschenberg, a.a.O., S. 18 f
3) Dietmar V. 2; Veldeke IV. 59.13; Veldeke XIV. 62, 30 (kein Wintereingang, nur Rückerinnerung); Fenis V. 1,3 f; Rugge VIII. 1, 3; Hartmann XIV. 1, 6
4) Über die Bezeichnung: Nachtigall für den Dichter, insbesondere für den Lyriker vgl. Haakh, a.a.O., S. 54 und Karl-Otto Sauerbeck, Das Naturbild des Mittelalters im Spiegel der spaetalthochdeutschen und mittelhochdeutschen Sprache, Diss. Tübingen (Masch), 1953, S. 279.

Er verstummt nicht wie sie im Winter (im Leid), sondern
setzt den Sang fort und harrt im Minnedienst in "staete"
und "mit triuwen"[1] aus. Das Winterbild stellt Unbestän-
digkeit, Vergänglichkeit dar, die der Sänger kraft seiner
Haltung zu überwinden, negieren sucht. Eine veränderte
Minnekonzeption liegt dieser Natursymbolik zugrunde:
Im Vordergrund steht nicht physische Liebesbefriedigung,
vielmehr Streben nach Vervollkommnung der ritterlichen
Tugenden durch den beherrschten und beharrlichen Dienst
für die Minnedame, an der Minne.
'Ethischer Idealismus'[2] löst den symbolischen Natura-
lismus ab. Der neue Minnebegriff gründet sich auf
Reflexion, erfordert intellektuelle Leistung. Er bezeich-
net nicht mehr sinnliches Begehren, sondern eine Geistes-
haltung, die den ehemaligen Symbolwert der Natur ablehnt
und ihren adäquaten Ausdruck weniger im Bild als im
abstrakten Begriff findet.[3]

Der Bedeutungsschwund der Jahreszeit als unmittelbares
Minneleid/-freude-Symbol bleibt nicht auf den Winter-
eingang beschränkt: Das Genießen des Sommers auch wird
abhängig vom "trôst", von der "hulde" der Dame:

"Diu heide ... noch der vogel sanc
 kan ân ir trôst mir niht vröide bringen"
Fenis VI. 2, 1 - 2[4]

---

1) Rugge Lied I. 1, 9
2) Kuhn, Dichtung und Welt, a.a.O., S. 32
3) Vgl. auch die Lösung der Formel 'wünneclîchiu zît' von der
   Jahreszeit und ihre Übertragung auf die Zeit der Minne;
   bezeichnenderweise bei den Dichtern, die entweder keine
   Naturverse einbeziehen, oder sich ausdrücklich von ihnen
   distanzieren: Hausen I. 5, 1/2; Rute III. 6/7; Reinmar IX.
   1, 5/6; über diese Bedeutungsverschiebung vgl. Fleschenberg,
   a.a.O., S. 58 ff.
4) Die Distanzierung von der Symbolbedeutung der Jahreszeit
   wird bereits in der ersten Strophe ausgesprochen: "Daz ich
   den sûmer alsô maezeclîchen klage,/- walt unde bluomen die
   sint gar betwungen -/daz ist dâ von, daz sîn zît mir noch
   her hât gevrumt harte kleine umb ein wîp." Fenis VI. 1 - 3.
   Die Zeit - gleichgültig, ob Sommer oder Winter -, die Minne-
   leid bringt, wird beklagt, die mit Minnefreude einhergeht,
   gelobt.

"nein, ine mac noch enlât mich mîn triuwe,
swie schiere uns aber diu sumerzît zergê.
des wurde rât, müese ich ir hulde hân.
die naeme ich vür loup unde vür klê."

Steinach I. 1, 6 - 9

Verzicht auf Epitheta und Verben und bloße Aneinanderreihung zweier Elemente kennzeichnen beide Natureingänge. Ein Bild wird nicht mehr assoziiert; die Aufzählung der Naturelemente deutet den Sommer bloß chiffrenartig an. Die additive Reihung nimmt die bildliche Aussagekraft der Naturzeichen zurück.

Heinrichs von Morungen Naturvers IV. 2, 3 zeigt ebenfalls Reduzierung des Bildhaften auf Formelpaare ("luft und erde, walt und ouwe").[1] Neben diesem Vers greift Morungen nur einmal den Natureingang auf:

"Uns ist zergangen der lieplîch sumer.
dâ man brach bluomen, da lît nu der snê.
mich muoz belangen, wenne sî mînen kummer
welle volenden, der mir tuot so wê.
Jâ klage ich niht den klê,
swenne ich gedenke an ir wîplîchen wangen,
diu man ze vröide so gerne ane sê."

XXV. 1

Die Wendung "da lît nu der snê", sowie das Reimpaar "snê - klê" erinnern an Veldekes Natureingang III. 58, 23 ff.[2]

Morungen wandelt Veldekes Sommereingang allerdings um in einen Wintereingang, der zunächst noch Kummer verbildlicht; der Verlust sommerlicher Freuden wird

---
1) Das erste Paar ist kein Topos des Natureingangs; die Zwillingsformel faßt als Vorstellungseinheit die Gesamtheit der organischen (atmosphärischen) Welt; vgl. von Lieres, a.a.O., S. 105. Die zweite Verknüpfung findet sich bei Morungen zum erstenmal; sie wird nach Walther zur festen Formel; vgl. ebd. a.a.O., S. 42.
2) Veldeke III. 58, 29/30: "dâ wîlen lach der snê,/ dâ steit nû grûne clê" zur Parallele vgl. Dieter Fortmann, Studien zur Gestaltung der Lieder Heinrichs von Morungen, Diss. Tübingen, 1966, S. 105

aber dann in Anbetracht der Schönheit der Dame nebensächlich. Die Unangemessenheit des Naturbildes für eine Einkleidung des Frauenlobes betont Morungen energisch am Liedende:

"Mich vröit ir werdekeit
baz danne der meie und alle sîn doene,
die die vogel singent; daz sî iu geseit."
XXV. 3, 5 - 7

Auch in dem oben zitierten Vers IV. 2, 3 ist der empfangene "trôst" der Dame primär; das Sommerbild hält dem Überschwang der Minnefreude nicht mehr stand; die "wunne", der "muot" des Sängers ist zu "hôe", um sich weiterhin im Naturbild lediglich zu spiegeln. Zunächst einander noch ergänzend ("Swaz ich wunneclîches schouwe,/daz spile gegen der wunne, die ich hân." IV. 2, 1/2), verdrängt das Glück der Erhörung den Sommer. Die Ausstrahlungskraft der Minne überträgt sich auf die Natur; die Minne - nicht der Sommer - entfaltet ihren Glanz ("luft und erde, walt und ouwe/suln die zît der vröide mîn enpfân." IV. 2, 3/4.

Der Sänger orientiert sich nicht mehr am Naturbild, die Natur vielmehr an ihm: nicht der Naturvers ist Ausgangspunkt und Maßstab für die Formulierung der Empfindung, sondern die seelische Gestimmtheit bestimmt jetzt das Naturbild.
Die Wirkung der Minne auf die seelische Verfassung des Mannes, ihr inneres Erleben werden zentral. Der Sänger sucht den psychischen Vorgang, den die Minne in ihm auslöst, zu fassen; die Darstellung seiner Reaktion und ihrer Ursache ist sein Anliegen. Die Naturverse Morungens verdeutlichen das Thema der Selbstbeobachtung, der Reflexion über Entstehen und Wesen der Minne:

Bis auf XXV. 1, 1/2 und XXIII. 1, 1 sind sämtliche
Naturverse und -vergleiche entweder direkt auf den
Mann oder auf die Minnedame bezogen.[1] Morungens
Naturbild versinnbildlicht nicht mehr Liebeserfüllung,
sondern umschreibt die minneauslösende Kraft, die in
der Schönheit, der makellosen Reinheit, der Tugend
der Frau durchsichtig wird,[2] veranschaulicht das
vertikale Ausgerichtetsein,[3] aber auch die Erkenntnis
der Unerreichbarkeit des Minneideals,[4] akzentuiert
sein unbeirrbares Festhalten an diesem Ideal, der
Einsicht in die Unerreichbarkeit, dem Leid zum Trotz.[5]
Den traditionellen Natureingang ablehnend, greift
Morungen zu dem Naturvergleich, der die Leuchtkraft
des Ideals sinnfällig macht; die ausstrahlende Wirkung
der Minne, die für den Menschen unfaßbare, das Irdische
übersteigende, Qualität des Minneideals.

---

1) Bezeichnend ist Morungens Übertragung des Adjektives "lieht" von den Naturelementen auf die Minnedame: "ir wol liehten ougen blicke" III. 1, 8 (vgl. Fleschenberg, a.a.O., S. 55 f), wie auch die Identifizierung von Naturelementen und Minnedame: "Si ist des liehten meien schîn/und mîn ôsterlîcher tac." XXIV. 1, 5/6; "Sô ist diu liebiu vrowe mîn/ein wunnebernder süezer meije,/ein wolkelôser sunnen schîn." XXXI. 2, 5 - 7. Ansatz dazu bei Gutenburg: "si ist mîn sumerwunne" Leich, 12, vgl. S. 15/16. Ein weiteres Beispiel ist auch die Bedeutungsverlagerung des Rosenbildes von Umschreibung der Liebeserfüllung (vgl. Anonyma XI) zur Darstellung der Frauenschönheit: "ir rôsevarwer rôter munt" IX. 2, 10; XVII. 1, 5; XXVII. 2, 2; vgl. dazu auch Haakh, a.a.O., S. 36.
2) "Ir tugent reine ist der sunnen gelîch,/diu trüebiu wolken tuot liehte gevar,/swenne in dem meien ir schîn ist sô klâr." (I. 4, 1 - 3); "Si liuhtet sam der sunne tuot/gegen dem liehten morgen." (VIII. 1, 7/8).
3) Vgl. Erwin Kobel, Untersuchungen zum gelebten Raum in der mittelhochdeutschen Dichtung, Zürich, 1949, S. 68 ff.
4) "Wâ ist nu hin mîn liehter morgensterne?/wê, waz hilfet mich, daz mîn sunne ist ûf gegân?/si ist mir ze hôh und ouch ein teil ze verne/gegen mittem tage unde wil dâ lange stân." (XV. 3, 1 - 4); "Ich was eteswenne vrô,/dô mîn herze wânde nebent der sunnen stân./dur die wolken sach ich hô./nû muoz ich mîn ouge nider zer erde lân." (XXIX. 2, 1 - 4).
5) "Ez ist site der nahtegal,/swanne sî er liep volendet, sô geswîget sie,/dur daz volge aber ich der swal,/diu durch liebe noch dur leide ir singen nie verlie." (VII. 1, 1 - 4).

Auch Reinmars Gedankenlyrik distanziert sich vom Natureingang.[1] Sommerliche Freuden bleiben für Reinmar bedeutungslos;[2] nimmt er dennoch in zwei Liedern das Sommer-/Wintermotiv auf, so einmal, um eine tradierte Formel umzukehren (aus der "winterlangen naht" werden bei ihm die "sumerlangen tage", die nicht mehr Liebesglück, sondern "minneclîche() arebeit" (XIII. 3, 3) schenken),[3] das andere Mal, um - wieder ohne Skizzierung eines Bildes - seine seelische Verfassung zu beschreiben ("ez muoz mir staete winter sîn:" XXXVIII. 4, 12). Ähnlich Morungen stellt Reinmar die abstrakte Reflexion über die Minnedialektik in den Mittelpunkt; etwas Äußerliches, wie die Jahreszeiten, kann ihm dabei nicht helfen: für ihn unterscheiden sie sich nicht mehr ("mir ist beidiu winter und der sumer alze lanc." VI a, 1, 11), er bleibt ihnen gegenüber indifferent.[4] Wie schon in Gutenburgs Leich und in den Liedern Morungens wird mit der Übertragung der Sommerformel auf den Liebespartner der Natureingang überflüssig:

---

1) Vgl. Rudolf Haller, Reinmar der Alte, in: hrsg. v. Karl Langosch/begr. von Wolfgang Stammler, Die deutsche Literatur des Mittelalters, Verfasserlexikon, Band III, Berlin, 1943, Sp. 1063.
2) "Mir sol ein sumer noch sîn zît/ze herzen niemer nâhe gân,/ sît ich sô grôzer leide pflige,/daz minne riuwe heizen mac./ .../Jô enmac mir niht der bluomen schîn/gehelfen vür die sorge mîn,/unde ouch der vogel sanc./ez muoz mir staete winter sîn:/sô rehte swaer ist mîn gedanc." (XXXVIII. 4, 1 - 4. 9 - 13).
3) Eine bewußte Anspielung auf Dietmar XIV. 1, 6 f und XIV. 2, 1 ist wahrscheinlich; vgl. Fleschenberg, a.a.O., S. 130.
4) Die Distanz zum Naturvers, die sich in dem das Charakteristische nivellierenden Zusammenfassen von Winter und Sommer ausdrückt, wird auch von Lieres, a.a.O., S. 34, betont. Reimars Kopplung rückt in die Nähe der Zwillingsformel "sumer unde winter", die die Jahreszeiten unter dem Oberbegriff: ganzes Jahr zusammenfaßt. Vgl. ebd., S. 18.

" 'Si jehent, der sumer der sî hie,
diu wunne diu sî komen,
und daz ich mich wol gehabe als ê.
...
Waz bedarf ich wunneclîcher zît,
sît aller vröiden hêrre Liutpolt in der erde lît "

XVI. 1, 1 - 3.7/8

Weder die "wünnecliche() zît" selbst,[1] noch der Sommerpreis des Dichters (" 'Si jehent, der sumer der sî hie") können den Schmerz über den Verlust des Geliebten mildern. Damit weist Reinmar nicht nur den "Gesang ... über neue Freuden im Sommer ... vor der übergroßen Trauer der Witwe"[2] zurück, sondern lehnt auch den Natureingang als poetisches Medium, als symbolischen Ausdruck von Freude/Leid ab, entzieht ihm jegliche Funktion; denn dem Sezieren der Minneproblematik, der Stilisierung und Sublimierung einer im Leid verharrenden Haltung kann bildhafte Darstellung nicht mehr genügen:

"Mir ist ein nôt vor allem mîme leide,
doch durch disen winter niht.
waz dar umbe, valwet grüene heide?
solcher dinge vil geschiht,
Der ich aller muoz gedagen.
ich hân mêr ze tuonne denne bluomen klagen."

XVIII. 1, 1 - 6

Überwunden wird dieser hohe Abstraktionsgrad, diese Distanzierung vom Realen zugunsten des rein Reflektiven von Reinmars Schüler, Walther von der Vogelweide. Einstimmig betont die Forschung die Neubelebung des Natureingangs, die wachsende Wirklichkeitsnähe, die Integration von Natur und Minne als eine der herausragenden künstlerischen Leistungen Walthers.

---

1) Das Adjektiv "wunneclîch" ist bei Reinmar bereits zum Epitheton ornans verblaßt. Vgl. Fleschenberg, a.a.O., S. 130.
2) Von Wulffen, a.a.O., S. 59

Auf einer etwa fünfzigjährigen Tradition des Natureingangs in deutschsprachiger Minnelyrik kann Walther aufbauen. Dieser Tradition entsprechend bleiben 'bluomen - vogele - heide - walt' die häufigst vertretenen Naturbestandteile auch in seinen Liedern.[1] Nicht die Hinzunahme neuer Elemente, sondern die poetische Formung zeichnet Walthers Naturdarstellung aus. Exemplarisch dafür ist sein Spiel mit einzelnen bekannten Zwillingsformeln und formelhaften Wendungen. "Bluomen unde klê" symbolisierte im frühen namenlosen Lied XII. 6 (auch in Gutenburgs Leich 13) Minneglück;[2] Walther hingegen dient die Doppelformel zur Darstellung eines Naturausschnitts, zur Vervollständigung einer Szene;[3] er stilisiert sie nicht mehr zum Minnesinnbild, sie bleibt Naturzeichen. Er bewahrt die konkret gegenständliche Qualität der beiden Elemente und läßt sie zu gleicher Zeit beispielhaft Frühlingswachstum und lebhafte Frühlingsfreude darstellen:

" 'dû bist kurzer, ich bin langer,'
    alsô strîtents ûf dem anger,
    bluomen unde klê. "

51, 34 - 36

Der Wettstreit der beiden bricht die Geschlossenheit der Formel auf;[4] noch offener die Fügung, die Einzelbestandteile noch selbständiger in 114, 27/28:

"dâ sach ich bluomen strîten wider den klê,
weder ir lenger waere."[5]

---

1) Belegstellen s. Anhang 3
2) Vgl. S. 24 der Arbeit.
3) "nu merket wie der linden stê/der vogele singen,/dar under bluomen unde klê:" 43, 33 - 35
   Kraus, Die Gedichte Walthers von der Vogelweide, Berlin/Leipzig, [10]1936.
4) Vgl. von Lieres, a.a.O., S. 37.
5) Über ähnliche Verselbständigung der Formelglieder "bluomen unde gras" und "walt und ouwe", vgl. ebd., S. 36 und 42 f.

Als weiteres Beispiel für Walthers Umgang mit vorgeprägten Formeln bieten sich die "rôten bluomen" an. Verse 89, 19 - 22 nehmen die Formel in traditioneller Bedeutung als Inbegriff des Sommers auf, sie aber steht in scharfer Kontrastierung zur Liebesfreude:

" 'Waz helfent bluomen rôt,
sît ich nû hinnen sol?
vil liebiu friundinne,
die sint unmaere mir "

Die Verknüpfung mit "heide" in 114, 32/33 teilt Walther mit Reinmar XXXIV a. 1, 2; allerdings weiß Walther die Wendung neu zu akzentuieren, wenn er durch die Zusammenstellung mit "grüener heide" die Farbtönung der Blumen unterstreicht, damit das in der formelhaften Bindung verblaßte Epitheton neu belebt.[1] Visuelle Intensität kennzeichnet auch den dritten Beleg der Formel: "wîzer unde rôter bluomen weiz ich vil:" (75, 12). Der Vers ist fest eingefügt in die Struktur des Liedes: Ein Blumenkranz wird der Frau in der ersten Strophe angeboten;[2] in Strophe zwei veranschaulicht das Bild der "rôse, dâ si bî der liljen stât" (74, 31) die Empfindungen der Frau bei der Kranzannahme (Widerspiegelung freudiger, doch noch scheuer Gefühle im Erröten und Erblassen); darüber hinaus steht das aus der Marienlyrik übernommene Symbol für frauliche Schönheit, mädchenhafte Reinheit und Liebe.[3]

---

1) "ich wânde daz ich iemer bluomen rôt/gesaehe an grüener heide." 114, 32/33. Das Farbenspiel: rot - grün kehrt in Versen 42, 20 - 22 wieder, abermals in neuem Kontext: "wan daz ich mich rihte nâch der heide,/diu sich schamt vor leide:/sô si den walt siht gruonen, sô wirts iemer rôt."
2) Über den Blumenkranz, der der Auserwählten beim Reigen übergeben wird, vgl. Johanne Osterdell, Inhaltliche und stilistische Übereinstimmungen der Lieder Neidharts von Reuental mit den Vagantenliedern der "Carmina Burana", Diss. Köln, 1928, S. 52 ff.
3) Über das Zusammenspiel beider Bedeutungen vgl. von Lieres, a.a.O., S. 40 f.

Auf Lilie und Rose beziehen sich deutlich die "wîze(n) unde rôte(n) bluomen" in Strophe drei, die zu gleicher Zeit auch als Umschreibung des Liebesbegehren ("dâ suln wir si brechen beide" 75, 16) auf die nächste Strophe vorausdeuten, die den - im Traum vollzogenen - Liebesakt in das Bild der niederfallenden Blüten kleidet ("die bluomen vielen ie/von dem boume bî uns nider an daz gras." 75, 19/20). Walther erweitert die ursprüngliche Formel der roten Blumen nicht nur sprachlich, er überträgt ihr auch konstitutive Funktion für den Liedaufbau, indem er verschiedene Sinnbezüge in ihr vereint (Reminiszenz an die Rose/Lilie-Metapher, erotisches Symbol).
Die beiden Beispiele mögen genügen, um Walthers souveränen Umgang mit dem Naturformelbestand, das organische Einpassen der vorgegebenen Wendungen in die Liedanlage und die damit verbundene Intensivierung und individuelle Nuancierung des Formelgehalts vorzustellen.
Anhand der oben herangezogenen Liedstellen läßt sich noch ein weiterer Unterschied zur vorausgegangenen Naturdarstellung erkennen: Walther anthropomorphisiert Blumen, Klee (vgl. 51, 34 - 36) und Heide (vgl. 42, 20 - 22) in verstärktem Maße und größerem Umfang als Veldeke zuvor.[1] Die Anthropomorphisierung der einzelnen Naturelemente, das Wettstreit-Motiv, die Personifizierung der Jahreszeiten und den Kampfestopos kennt Walther aus der Vagantenlyrik und führt sie in den Minnesang ein.[2] In der Personifikation der Natur drückt sich die enge Verknüpfung zwischen Naturhaftem und Menschlichem aus, die als das Charakteristikum der Waltherschen Lyrik gilt.[3]

---

1) Vgl. S. 22
2) Vgl. Moll, a.a.O., S. 53 ff
3) Über Walthers Gestaltung des Vogel-Motivs als entsprechendes Beispiel: siehe Anhang 4 und vgl. Riecken, a.a.O.

Neben der Gestaltung der einzelnen Naturmotive und
-formeln sind beachtenswert auch Aufbau und Funktion
des Natureingangs in Walthers Liedern. B. von Wulffen
macht darauf aufmerksam, daß nur noch in der Hälfte
der Fälle der Natureingang am Liedanfang erscheint;
daß Walther als erster frei über ihn als konstituierendes
Element seiner Lieder verfügt.[1]
Er kennt den rhetorisch einleitenden, allgemein gehaltenen
Naturvers, der lediglich die Jahreszeit nennt,[2] stellt
andererseits erotisches Natur-Sinnbild, übernommen aus
Vagantenlyrik, an den Anfang des Minnelieds[3] und
beherrscht den tradierten, breiter ausgeführten Eingang.

"Der rîfe tet den kleinen vogelen wê,
daz si niht ensungen.
nû hoere ichs aber wünneclîch als ê,
nû ist diu heide entsprungen.
dâ sach ich bluomen strîten wider den klê,
weder ir lenger waere.
mîner frowen seit ich disiu maere."
114, 23 - 29[4]

Neben der bereits erwähnten Anthropomorphisierung von
Vögeln, Blumen und Klee, dem Aufbrechen der Doppelformel
"bluomen unde klê" ist originell auch die Vermittlung
zwischen Naturbild und Minnethema durch den Schlußvers:
"mîner frowen seit ich disiu maere." Natur und Minne
sind weder unmittelbar symbolhaft oder vergleichend mit-
einander verknüpft, noch wird das eine dem anderen
gegenüber abgewertet; vielmehr schließt die Frühlings-
botschaft des Mannes seinen Liebesantrag unausgesprochen

---

1) Vgl. von Wulffen, a.a.O., S. 15.20.59
2) "Sumer unde winter beide sint/guoten mannes trôst, ..."
   (99, 6/7), vgl. 73, 23.25; 92, 9; 95, 17.19/20
3) "Müeste ich noch geleben daz ich die rôsen/mit der
   minneclîchen solde lesen" (112, 3/4), vgl. 102, 33 - 35.
4) B. von Wulffen zählt ihn, neben 51, 13 ff, zu den beiden
   "typischen Formen des minnesängerisch bewegenden Natur-
   eingangs bei Walther." Vgl. a.a.O., S. 54 f.

mit ein.[1] Durch Übermittlung der "maere" an die Frau
gelingt es Walther, die bei Veldeke ausschließlich auf
das Verhältnis zwischen Sänger und Sommer bezogene
Wendung ("want ich weit vele lîve mâre:" III. 58, 26)
mit dem Minnethema zu vereinen.
Auch wenn Walthers Naturverse am Liedende erscheinen,
sind sie mit einbezogen in die Gesamtstruktur.[2]
Die bisher genannten Natureingänge fügen sich organisch
in die Liedanlage ein, bilden aber doch - wie
traditionell üblich - einen kleineren, bei aller inhalt-
lichen und formalen Verknüpfung, eigenen Abschnitt des
Ganzen.

Völlige Integration, Einheit von Natur- und Minneerleben
erreicht Walther in den Liedern 74, 20 ff und 39, 11,
durchgängige Verflechtung von Naturbild und allgemeineren
Betrachtungen in 45, 37 (Frauenpreis) und 75, 25 (Welt-
zustand). Während in diesen beiden Liedern Natur noch
beispielhaft für Frühling (45, 37), Sommer und Winter
(75, 25) schlechthin steht,[3] gehört sie in 74, 20 und
39, 11 unmittelbar zur dargestellten Situation
- gleichnishaft im Traumlied, am Geschehen konkret
teilnehmend im Lindenlied. Ihren Realitätsgrad
charakterisiert von Wulffen treffend als "weniger im

---

1) Nicht allein der Schlußvers bezieht den Natureingang auf
den Minneteil: Die Anfangsverse der zweiten Strophe setzen
die Situation des Menschen in Parallele zum Naturgeschehen,
indem sie das Blumen- und Heidemotiv wieder aufnehmen
(vgl. von Wulffen, a.a.O., S. 55): "Uns hat der winter kalt
und ander nôt/vil getân ze leide./ich wânde daz ich iemer
bluomen rôt/gesaehe an grüener heide." (114, 30 - 33).
2) 64, 13 - 21; 118, 5/6; das Naturbild 64, 13 ff steht in
- auch sprachlicher - Parallele zum Frauenpreis der dritten
Strophe (64, 22 - 30): "sô wol ir des! ... (64, 30) - sô
wol dir, sumer, ..." (64, 17).
3) Zu 45, 37 vgl. von Wulffen, a.a.O., S. 29.

Sinne einer erlebten Wirklichkeit ... (sondern) als dichterische Wirklichkeit."[1] Diese Naturschilderungen zeichnen sich nicht nur durch ihre liedaufbauende, strukturbestimmende Funktion aus, sie bieten außerdem die ersten szenischen Ausgestaltungen der Natur im deutschsprachigen Minnesang.[2] Stehen Naturszene und Preis der Frau in 45, 37 ff noch im Vergleich einander gegenüber,[3] so konstituiert die Naturszenerie den Raum für das Minnegeschehen in 39, 11 ff:

" 'Under der linden
an der heide,
dâ unser zweier bette was,
dâ mugt ir vinden
schône beide
gebrochen bluomen unde gras.
vor dem walde in einem tal,
tandaradei,
schône sanc diu nahtegal."
39, 11 - 19

Das Naturbild stellt weniger die Zeit - wie bislang üblich - als den Ort vor, in den die Liebessituation unmittelbar eingebettet wird.[4]

In 74, 20 ff ist das Räumliche angedeutet ("wîzer unde rôter bluomen weiz ich vil:/die stênt so verre in jener heide./dâ si schône entspringent/und die vogele singent,/dâ suln wir sie brehen beide.' " 75, 12 - 16), klarer sind die Umrisse des Liebesortes in 39, 11 ff, perspektivisch gezeichnet ist der Naturausschnitt in 94, 11 ff:

---

1) Vgl. von Wulffen, a.a.O., S. 29
2) ebd., S. 28
3) "der meie bringe uns als sîn wunder,/waz ist dâ sô wünneclîches under,/als ir vil minneclîcher lîp?/ wir lâzen alle bluomen stân,/und kapfen an daz werde wîp./ .../gên wir zuo des meien hôhgezîte!/ ... /seht an in und seht an schoene frouwen,/werderz dâ daz ander überstrîte:" (46, 16 - 20.22.24/25).
4) Vgl. Riecken, a.a.O., S. 28

"aldâ die vogele sungen,
dô kom ich gegangen
an einen anger langen,
dâ ein lûter brunne entspranc:
vor dem walde was sîn ganc,
dâ diu nahtegale sanc.
Bî dem brunnen stuont ein boum:
dâ gesach ich einen troum.
ich was von der sunnen
entwichen zuo dem brunnen,
daz diu linde maere
mir küelen schaten baere.
bî dem brunnen ich gesaz"
94, 14 - 26

Sind die Bildkonturen auch deutlich und konkret, so ist Realität doch poetisiert, in 74, 20 ff und 94, 11 ff in die Sphäre des Traumhaft-Visionären entrückt. Wie Untersuchungen ergeben haben, orientieren sich diese Naturschilderungen am Vorbild des 'locus amoenus';[1] sie gründen sich auf einen literarischen Topos, nicht auf konkrete Wirklichkeit. Die tradierte Vorstellung vom lieblichen Ort dient dem Sänger als angemessene Einkleidung seines Wunschtraumes (74, 20 ff), durch bewußt enge Anlehnung an den Topos als - die Schlußpointe vorbereitende - Banalisierung und Ironisierung des Geträumten (94, 11 ff).[2]

In Walthers Liedern kann der Natureingang neben seiner 'minnesängerisch bewegenden' und Szenen aufbauenden Funktion noch eine dritte übernehmen: In 41, 13 ff und 122, 24 ff symbolisieren die Naturverse die Vergänglichkeit irdischen Glücks ("nieman kan hie fröide vinden, si zergê/sam der liehten bluomen schîn:" 42, 11/12), unterstützen Walthers Weltabkehr und -absage:

---

1) Der Topos war Walther aus mittellateinischer Dichtung bekannt. Vgl. Riecken, a.a.O., S. 28 f, 94 ff; vgl. von Wulffen, a.a.O., S. 30.
2) ebd.

"Ein meister las,
troum unde spiegelglas,
daz si zem winde
bî der staete sîn gezalt.
loup unde gras,
daz ie mîn fröide was,
swiez nû erwinde,
iz dunket mich alsô gestalt;
dar zuo die bluomen manicvalt,
diu heide rôt, der grüene walt.
der vogele sanc ein trûric ende hât;
dar zuo der linde
süeze und linde.
sô wê dir, Werlt, wie dirz gebende stât!"
122, 24 - 36

Gelingt es Walther - nach Morungen und Reinmar - den Natureingang als poetisches Ausdrucksmittel neu zu etablieren, indem er ihn strukturierenden Bestandteil des Liedganzen werden läßt, ihn von der temporalen Zustandsschilderung zur lokalen Szenenzeichnung führt, so verarbeitet Walther ihn doch nur in etwa einem Drittel seiner Lieder,[1] der Natureingang wird für Walther nicht zur Notwendigkeit, er bleibt "dichterische Möglichkeit."[2]

Zum Gesetz erhebt ihn erst Neidhart von Reuenthal. Seiner dominierenden Rolle entsprechend gliedert sich das Neidhart-Opus in die zwei verschiedenen Gruppen der Sommer- und Winterlieder.

Der Sommereingang dehnt sich meist über mehrere Strophen aus,[3] er kann über die Hälfte des Liedes für sich in Anspruch nehmen,[4] ja, das gesamte Lied bestimmen.[5] Von einigen wenigen Ausnahmen abgesehen,[6] entwirft er

---

1) Vgl. S. 13 der Arbeit
2) Von Wulffen, a.a.O., S. 76
3) ausgenommen Lieder 1, 6, 11, 18 hrsg. von Edmund Wießner, Die Lieder Neidharts, Tübingen, ^{3}1968.
4) Lieder 3, 15, 17, 23 und 24
5) Lieder 4, 5
6) Rhetorisch einleitend nennt von Wulffen die erste Natureingangsstrophe in Lied 27, vgl. a.a.O., S. 21 minnesängerisch bewegende, also objektivierende Funktion überwiegt in den Liedern 11, 26 und 28; vgl. ebd., S. 41, 55; Abstraktion findet sich in Lied 29; vgl. ebd., S. 61

Szenenbilder, die sich von denen Walthers aber wie
folgt unterscheiden: Der Szenenort wird in den meisten
Fällen durch eine Angabe benannt,[1] nicht durch
mehrere Ortshinweise persprektivisch umrissen;[2] er
bleibt in Neidharts Liedern fast immer der gleiche
(Linde und Anger), während Walther variiert. Enger als
Walther bindet Neidhart den Ort an die Zeit: Eine
Zunahme der Zeitansagen ist in Neidharts Liedern zu
beobachten.[3] Walther hebt seine Szenen, indem wohl
sommerliche Jahreszeit vorausgesetzt, nicht aber
ausdrücklich genannt wird, aus dem Bereich des Konkret-
Realen in den des Allgemein-Gültigen; Neidhart hingegen
führt die Szenen zurück in die Wirklichkeit, die
sinnlich-konkret faßbar wird (und nicht nur im Fiktiven
existiert). Frühling und Sommer sind weniger Zeichen
und Sinnbild als reale Zeit der aufblühenden und
reifenden Natur, an deren Erwachen und Entfalten der
Mensch teilnimmt,[4] sind Ursache seiner Freude. Die
sommerliche Jahreszeit entfesselt gleichermaßen die
Triebe in der äußeren Natur wie die des Menschen - die
Neidhartsche Minne ist "Naturtrieb."[5] Der Frühling
ruft auf zu Bewegung und Begegnung, zu Tanz und Liebe.
Der Jahreszeit kommt initiative (nicht objektivierende)
Funktion zu; der Ort des Geschehens gibt an, wo und wie

---

1) "zuo der linden" Lieder 5, 8, 10, 14, 17, 18; "ûf dem anger"
   Lieder 8, 22, 27; "ûf der strâze" Lieder 4, 24; "ze velde"
   Lied 2; "wise" Lied 21
2) Vgl. Walther 94, 15 - 20: "dô kom ich gegangen/an einen
   anger langen,/dâ ein lûter brunne entspranc:/vor dem walde
   was sîn ganc,/ ... /Bî dem brunnen stuont ein boum:"
3) Siehe Anhang 5
4) Der Natureingang wird oft in direkter Rede wiedergegeben:
   Lieder 2, 6, 7, 8, 9, 10, 13, 16, 17, 18, 19, 21; direkte
   Rede und Darstellung des Sängers in 15, 23, 24, 25, 28.
5) Mihail D. Isbasescu, Minne und Liebe, Ein Beitrag zur
   Begriffsdeutung und Terminologie des Minnesangs, Diss.
   Tübingen, 1939, S. 68.

sich die Vitalität entlädt (beim Reigen unter der Linde, beim Ballspiel auf der Straße, beim Blumenlesen und Kranzwinden auf Heide, Wiese, vor dem Wald = deutlich erotische Motive).[1] Zeit und Raum sind für die in Neidharts Liedern auftretenden Personen Realien, keine Symbole. So wird der Sommerzustand auch nicht zeichenhaft angedeutet, sondern ausgemalt, werden einzelne Vorgänge in der Natur beobachtet:

" Ez gruonet an den esten,
daz alles möhten bresten
die boume zuo der erden."[2]

Nr. 2, VI, 1 - 3

" Der linden welnt ir tolden
von niuwem loube rîchen;
dar under lâzent nahtigal dar strîchen:"

Nr. 22, I, 1 - 3

"diu nahtigal diu singet uns die besten wol ze
prîse,
ze lobe dem meien al die naht.
manger leie ist ir gebraht,
ie lûter danne lîse."

Nr. 27, IV, 2 - 5

Schneider sieht allerdings die "Entwicklung zu größerer Wirklichkeitsnähe" durch "die sehr weit geführte Personifizierung" der Jahreszeiten gehemmt.[3] Müssen sich Realitätsnähe und Personifikation aber ihrer F u n k t i o n nach widersprechen? Geht es Neidhart denn nicht weit mehr um die Tatsache der irrationalen, unbändigen Kraft des Triebhaften - der die äußere Natur, wie auch die menschliche gleichermaßen unterworfen ist - als um detailgetreue Abbildung der Wirklichkeit? Die Parallelität, der Einklang von Natur- und Minnegeschehen stehen im Mittelpunkt, und dieses

---

1) Blumenlesen in Liedern 7, 1; Kranzwinden in Liedern 15, 17, 21, 23.
2) Gilt auch bei L. Schneider als Beispiel der "Ansätze zur Darstellung des Beobachteten", a.a.O., S. 73.
3) ebd.

Miteinander kann auf zwei unterschiedliche Weisen
ausgedrückt werden. Einmal ist Natur Ausgangspunkt:
die naturhaften Vorgänge werden betrachtet, konkret-
gegenständlicher als bislang üblich wiedergegeben und
das menschliche Verhalten in Parallele zu ihnen
gerückt;[1] zum anderen kommt die Gleichartigkeit
von naturhaftem und menschlichem Treiben auch dann
zum Ausdruck, wenn Vorstellungen und Begriffe aus
dem menschlichen Bereich auf die Natur übertragen
werden:[2] Der Wald wird zum Krämerladen, der seine
Gaben feilbietet, ihn führt der Mai bei der Hand, wie
der Ritter das Mädchen beim Tanze, beide: Natur und
Mädchen legen Frühlingskleider an, Sänger und Mai
schicken ihre Botschaft aus.[3]

Mit Hilfe der Personifizierung gelingt es Neidhart,
die Macht (des Verwundens und Heilens, des Verjüngens,
des Bezwingens und Bindens), die im klassisch-höfischen
Sang in die Hand der Minnedame gelegt war,[4] nach dem
Vorbild der Vaganten auf die Jahreszeit zu übertragen:[5]

"(meie) heilet, daz der winder het verwundet;
er hât mit sîner süezen kraft der siechen vil
                              gesundet."

Nr. 15, IV, 3/4

---

1) So z. B. in der Rede der Mutter an die Tochter in Lied 8:
"vil kleine grasemugge,/wâ wilt dû hüpfen hin/ab dem
neste? ..." (III, 4 – 6).
2) Über die Entlehnungen der Personifikationen aus der
Vagantenlyrik, vgl. Marold, a.a.O.
3) " 'Der meie der ist rîche:/er füeret sicherlîche,/den walt
an sîner hende.' " Nr. 2, I, 1/3; " 'ich springe an sîner
hende zuo der linden.' " Nr. 18, I, 7; vgl. 23, V, 5/6;
24, IV, 5/6; 27, VIII, 1 – 5; Frühlingskleid der Natur:
Nr. 4, 5, 10, 16, 17; des Mädchens: Nr. 7, 10, 17, 18, 22;
Botenlieder: Nr. 11, 12; "die hât der meie vür gesant,/
daz si künden in diu lant/sîne kunft .... Swer nu sîne
brieve hoeren welle!" (Nr. 20, I, 3 – 5. IIII, 1)).
4) Einige Beispiele bieten Morungen IX, 1, 9; XXV, 2, 5 – 7;
XIa, 2, 7; XXIIII, 3, 5 – 7; Rote II, 1 – 5.
5) Vgl. Osterdell, a.a.O., S. 344 ff.

Die Verlagerung der Fähigkeit und Aufgaben der Minne
(oder Minnedame) auf die Jahreszeit macht die Minne-
konzeption der Neidhartschen Sommerlieder deutlich:
nicht Reflexion über den steten Dienst an einer Idee,
sondern Hingabe an das Ungezügelt-Naturhafte, das
Ausleben des Vitalen.
Die Jahreszeit bleibt Konkretum und fungiert als
Szenenhintergrund auch in den frühen Winterliedern.[1]

Ähnlich den Sommerliedern leitet der Natureingang ein
Tanzvergnügen ein, das im Wunter vom Dorfplatz in die
Stube verlegt wird:

" Winder, uns wil dîn gewalt
in die stuben dringen
...
Tanzet, lachet, weset vrô!
daz zimt wol den jungen
disen winder lanc."

Nr. 1, I, 1/2.II, 1 - 3

Wirklichkeitsnahe Schilderungen, wie etwa die Sorge um
frische Luftzufuhr für die Tänzer oder die Aufforderung
zur Schlittenfahrt und der Wegzug (anstelle des sonst
üblichen Verstummens) der Nachtigallen tragen zur
Gegenständlichkeit und szenischen Funktion des Winters
bei.[2] Es sind allerdings nur wenige Winterlieder, die
das realistischere Moment der Sommerlieder teilen.[3]
Auffallend ist, daß sich der Naturteil in den Winter-
liedern verringert, der Gesamtumfang der Lieder indes
zunimmt.[4] Die Bedeutung des Natureingangs wird zurück-

---

1) Vgl. von Wulffen, a.a.O., S. 33 und Richard Alewyn,
   Naturalismus bei Neidhart von Reuental, ZfdPh 56 (1931),
   S. 51.
2) "werfet ûf die stuben, sô ist ez küele,/daz wint/an diu
   kint/sanfte waeje durch diu übermüeder!" Nr. 4, III, 5 - 8;
   "Kint, bereitet iuch der sliten ûf daz îs!"/ ... dar zuo
   sint die nahtigal/alle ir wec gevlogen." Nr. 3, I, 1.9/10.
3) Über Realismus und Naturalismus vgl. Alewyn, a.a.O.
4) In rund 85 % der Winterlieder steht dem Natureingang eine
   Strophe oder auch weniger zu; siehe Anhang 6.

genommen, und die meisten Wintereingänge übernehmen
wieder 'minnesängerisch bewegende' Funktion; die
Jahreszeit verliert ihre reale Bedeutung, wird
erneut Mittel zum Zweck der Minneaussage, dient, wie
Alewyn feststellt "nur noch der Vorbereitung der
Stimmung, nicht mehr der Herstellung der Situation."[1]
Die Anknüpfung erfolgt selten ohne spachlichen Bezug;
der additiv und komparativ parallele Anschluß überwiegt.[2] Über den gemeinsamen Grundtenor der Klage
hinaus kann Verbwiederholung Natur- und Minneteil
verschränken:

"   Owê, sumerwünne,
 daz ich mich dîn   â n e n   muoz!
 ...
 nâch der ie mîn herze ranc!
 sol ich mich ir   â n e n ,
 daz ist under mînen danc."
WL 33, I, 1/2. 7/8[3]

Die parallele Beziehung ist die häufigste, doch Neidhart
kennt auch andere Anschlußmöglichkeiten: Überordnung der
Minne- über die Naturklage, Distanzierung von der
Wintertrauer der anderen, antithetische Gegenüberstellung,
mögliche Überwindung des Winterleides durch Erhörung,
Gleichgültigkeit gegenüber den Jahreszeiten.[4] Neidhart
nimmt nicht allein die üblichen Anschlüsse zwischen
Natureingang und Minnethema wieder auf, er wiederholt
auch innerhalb des Naturteils die tradierten Formeln,
während er die Sommereingänge noch durch die Einführung
neuer Motive (vor allem aus der Vagantenlyrik übernommene) zu beleben und zu bereichern wußte.

---

1) Alewyn, a.a.O., S. 62
2) "Wie überwinde ich beide/mîn liep und die summerzît?"
   WL 13, I, 1/2; "winder, dîn unstaetic lôz/twinget uns ze
   lange:/von dir und einem wîbe lîde ich leider ungemach"
   WL 19, II, 4 - 6; "Mirst von herzen leide,/daz der küele
   winder/verderbet schoener bluomen vil:/sô verderbet mich
   ein senelîchiu arebeit." WL 27, I, 1 - 4.
3) Hervorhebungen in den zitierten Versen von der Verf. vgl.
   WL 32, 35.
4) Beispiele siehe Anhang 7.

Während die Sommerlieder das lebensnahe Element und
die szenische Funktion der Naturdarstellungen der
Vaganten und Walthers fortsetzten, greift Neidharts
Winter-'klageliet' zurück auf die Tradition des hohen
Minnesangs vorwalthescher Prägung.[1]

Der vorbereitende Überblick über die Entwicklung des
Natureingangs soll abgeschlossen werden mit der
Betrachtung eines Sängers, der zu Beginn des 13. Jahrhunderts auf eine nun schon über ein Jahrhundert lange,
mit der Zeit durch vielfältige Einflüsse bereicherte,
Tradition zurückgreifen kann, dem also unterschiedliche Funktionstypen des Natureingangs, verschiedene
Überleitungsformen, bewährte Bilder und formelhafte
Wendungen der Naturdarstellung vorgeprägt zur Verfügung
stehen. Gottfried von Neifen soll als Vertreter der
ersten Generation nachklassischer Minnelyrik überleiten
zu den Schweizer Minnesängern.

Wie schon Neidhart vor ihm, betrachtet Neifen den
Natureingang als feststehenden Bestandteil des Minneliedes.[2] Auch er beherrscht gleichermaßen die Formen
des Sommer- und Wintereingangs,[3] ohne daß sie sich
aber wie bei Neidhart grundsätzlich voneinander unterscheiden. Den Neidhartschen Sommereingang verwendet
Neifen der Form nach, ohne die entsprechende inhaltliche
Aussage (Minne als Naturtrieb, Tanzszene) mit zu übernehmen.[4] Der Natureingang - in seinen bestehenden

---

1) Vgl. Alewyn, a.a.O., S. 57
2) Lediglich 5 (XI, XXVII, XXXIX, XL, XLI) von Neifens 51
Liedern weisen keine Naturverse auf; hrsg. von Carl von
Kraus, Deutsche Liederdichter des 13. Jahrhunderts, Band I:
Text, Tübingen 1952.
3) Sommerlieder = 60 %; Winterlieder = 40 %
4) Auch Neifens Natureingang hat imperativischen Einsatz,
"leien"-Anrede, Personifikation und Tanzmotiv: Elemente
der vagantischen Tradition. Im Unterschied zu Neidhart
aber ist der Natureingang selten szenisch ausgestaltet.

Fassungen - ist für Neifen ein Formkonstituens, ein
mit dem Minneteil kaum mehr verknüpftes, selbständiges,
objektives literarisches Schema. Sämtliche Varianten
des Natureingangs: parallele und antithetische Beziehung
zwischen Sommer/Winter - Minnehoffnung/-klage,
Indifferenz, Unterordnung des Sommers/Winters unter
den Frauenpreis/Minneschmerz[1] stellt Neifen vor, ohne
daß jedoch der folgende Minneteil die im Natureingang
und seiner Überleitung vergegenwärtigte Stimmungslage
konsequent beibehielte und weiterführte. Fehlt auch
selten eine sprachlich ausgeführte Überleitung zum
Minnethema,[2] so muß Touber doch zugestimmt werden,
wenn er Neifens Natureingang einen "beziehungslose(n),
isolierte(n) ... sprachlich unintegriert(en) Block"[3]
nennt, denn auch die Anschlußformeln gehören für Neifen
zum Schema des Natureingangs, sie kündigen nicht unbe-
dingt das Thema des Minneteils an. Die Form des ursprüng-
lich 'minnesängerisch bewegenden' Natureingangs bleibt
erhalten, kann aber nun mehr schematisch, in bloß
rhetorisch einleitender Funktion verwandt werden. [4]
So wie der Natureingang zu einem statischen Eingangs-
schema, die Überleitung zum Minneteil zu einem "fest-
gefroren(en) ... Form-Mosaiksteinchen"[5] werden, so ist
für Neifen auch die Naturdarstellung selbst "fertig
gestaltetes Sprachgut,"[6] dessen 'Objektivität' keine
inhaltliche Variation mehr zuläßt, wohl aber zu form-
künstlerischen Bemühungen herausfordert.[7] Die Aufzählung
ist ein Charakteristikum des Neifenschen Stils:

---

1) Beispiele siehe Anhang 8
2) Sprachlicher Bezug fehlt nur in Liedern XX, XVIII, XXV.
3) Anthonius H. Touber, Rhetorik und Form im deutschen
   Minnesang, Diss. Utrecht, Groningen, 1964, S. 123.
4) Vgl. von Wulffen, a.a.O., S. 21
5) ebd. S. 77
6) ebd.
7) Vgl. Kuhn, Minnesangs Wende, a.a.O., S. 72 ff.

"Walt heid anger vogel singen
sint verdorben von des kalten winters zît."
Nr. V, V. 1/2

"Loup gras bluomen vogel singen
vor dem walde und in den ouwen,
ûf der heide rôsen rôt"
Nr. IX, V. 1 - 3[1]

In ihrer asyndetischen Reihung verlieren die Naturelemente an Bildhaftigkeit; in ihrer stichwortartigen Verkürzung werden die Motive zu sprachlichen Typen, zu formalen Bausteinen im Dienste der Strophen- und Versstruktur.[2]
Ein weiteres Kennzeichen dafür sind die zahlreichen Wiederholungen - nicht nur bestimmter Wendungen in verschiedenen Liedern - auch einzelner Versabschnitte, einzelner Worte innerhalb eines Natureingangs als Anapher, Binnen- und Endreim.[3]
Die vielzitierte Inhaltsleere und starre Monotonie des Neifenschen Natureingangs erweist sich als Formalisierung eines vorgegebenen Gehalts, als Objektivierung eines vorgeprägten Motivschatzes.[4]
Die Ausführlichkeit der vorangegangenen Einführung in den Natureingang des Minnelieds ist gerechtfertigt durch die - mittelalterlichem Kunstverständnis entsprechende - Traditionsverpflichtung auch des späteren Minnesangs und damit als Vorinformation für die folgenden Analysen notwendig.
Es seien die wichtigsten Entwicklungsstufen des Natureingangs im deutschsprachigen Minnelied kurz zusammengefaßt:

---

1) Weitere Beispiele in Nr. IV, VI, XVII, XX, XXXII, XXXVII, XLVI.
2) Vgl. von Wulffen, a.a.O., S. 62 f; vgl. Schneider a.a.O., S. 75.
3) Beispiele für Anapher- und Reimwort-Wiederholungen siehe Anhang 9.
4) Vgl. Kuhn, Minnesangs Wende, a.a.O., S. 72 ff und von Wulffen, a.a.O., S. 77.

Das Naturbild im frühen Minnesang ist - in bereits
formelhaft geprägter Gestalt, als "pars pro toto"
für sommerliche/winterliche Jahreszeit - unmittelbares
Symbol für erfülltes/verhindertes Minneglück. Das
anfangs kurze sprachliche Signal wird bald erweitert,
die Unmittelbarkeit des Bildhaften tritt hinter
zunehmender Literarisierung und Rationalisierung der
Darstellung zurück.
Mit der Formulierung der höfischen Minnekonzeption
erhält der Natureingang eine neue Funktion: Der sich
am Ideal orientierende Sänger distanziert sich vom
äußeren Naturgeschehen, lehnt schließlich den Natur-
eingang als poetisches Ausdrucksmittel ab, denn er
sieht seine Aufgabe ausschließlich in der Analyse
seiner seelischen Reaktion auf und in der Reflexion
über das Phänomen: Minne.
Walther überwindet diese Abkehr von äußerer Wirklichkeit
und bezieht das natürlich Gegebene in seine Lieder mit
ein. Seine Naturdarstllung gewinnt an Gegenständlichkeit,
an Räumlichkeit, an szenischer Anschaulichkeit, ohne
ihre verweisende, symbolische Funktion aufzugeben.

In Neidharts Sommerliedern setzt sich die Jahreszeit
als sinnlich erfahrbares Konkretum durch; Natur in
Bewegung, die ihrerseits Aktivitäten des Menschen weckt,
wird dargestellt.
Den Rückzug vom real Erlebbaren zur literarischen Form
vollzieht Neifen. Der Natureingang wird zum poetischen
Gesetz, zum Instrument der Liedformgestaltung, zum
festen Schema, das nicht mehr inhaltlich, nur noch als
Formelement interessiert.

III Schweizer Minnesang

1. Ulrich von Singenberg

Im folgenden sollen Gestalt und Funktion des Natureingangs in den Liedern der Schweizer Minnesänger untersucht werden. Um der Analyse Übersichtlichkeit und Prägnanz zu bewahren, wird nicht jeder der 26 in der Ausgabe Karl Bartschs zusammengestellten Minnesänger[1] einzeln behandelt, sondern es werden einige von ihnen als Repräsentanten ihrer Generation (erste und zweite Hälfte des 13., erste Hälfte des 14. Jahrhunderts) herausgestellt und an ihnen beispielhaft Umgang mit dem überlieferten Gut, bestimmte Einflußbereiche und auch individuelle Neuerungen aufgezeigt.

Der älteste Schweizer Minnesänger des 13. Jahrhunderts, Ulrich von Singenberg (bezeugt von 1209 bis vor 1228, gest. um 1230)[2] macht nach dem Muster der klassischen Epoche geringen Gebrauch von der Möglichkeit des Natureingangs. Lediglich Lied 12 beginnt mit einem bezeichnenderweise knapp und allgemein gehaltenen Natureingang, der Singenberg zur Verdeutlichung seiner Zeitklage dient:

"   Sumer unde sumerwünne
wünnent niht ze rehte sich,
noch die vogel in ir künne,
noch die liute, dunket mich.
nû waz sol ich danne singen"
V. 1 - 5

---

1) Zitiert nach: hrsg. v. Karl Bartsch, Die Schweizer Minnesänger, Darmstadt, 1964 (reprograph. Nachdruck der Ausgabe Frauenfeld 1886). Bartsch verzeichnet 32 Schweizer Dichter, wovon Fenis einer früheren Generation angehört, Pfeffel, Wengen und Gast unter die Spruchdichter einzuordnen sind und Bruder Eberhart von Sax und Ringgenberg religiöse Lieder schreiben.
2) Vgl. ebd., S. XXVII ff

Die Verse erinnern an Walthers Alterslied ("der
vogele sanc ein trûric ende hât;/ ... sô wê dir,
Werlt, wie dirz gebende stât!" 122, 34.37).[1]
Während aber in Walthers Lied die Naturverse Ausdruck der Unbeständigkeit und Nichtigkeit aller
w e l t l i c h e n Freuden, alles Irdischen
schlechthin sind, spiegeln die Singenbergs lediglich das Schwinden der h ö f i s c h e n Freude
wider (und damit den gegenwärtigen Verfall des
höfisch-zuchtvollen Verhaltens, das diese Freude
begründete).[2] Singenbergs Natureingang ist auf
die "liute", auf die in seinen Augen degenerierte
Gesellschaft bezogen;[3] er selbst sucht - nach
höfischem Vorbild - Erhaltung von 'vuoge' und 'vröude'
in der Frauenverehrung.[4] So steht Singenbergs Natureingang in antithetischer Funktion ("liute" - "ich"),
allerdings in Umformung der üblichen Gegenüberstellung;
nicht: alles freut sich, und nur er ist traurig,
beziehungsweise alles ist traurig, aber er freut sich,
sondern er ist traurig darüber, daß seine Zeit zu
'richtiger', d. h. zu "höveschlîch" (V. 9) Freude
nicht mehr fähig zu sein scheint.

---

1) Eine gewisse Parallelität läßt sich auch zwischen Vers 3
   und Walthers Versen 58, 27 - 29 feststellen: "ich hôrte
   ein kleine vogellîn daz selbe klagen:/daz tet sich under:/
   'ich singe niht, ez welle tagen.' "
2) Sittenverfall beklagt auch Walther, z. B. in 24, 3 ff,
   90, 15 ff und 64, 31 ff, allerdings bis auf Verse 65,
   21 - 23 ("die tuont sam die frösche in eime sê,/den ir
   schrîen alsô wol behaget,/daz diu nahtegal dâ von verzaget")
   und den in Anm. 1 zitierten ohne naturbildhafte Veranschaulichung. Über den Einfluß der Waltherschen Zeitklage
   auf Singenberg vgl. Bartsch, a.a.O., S. XXXVIII; vgl. Ludwig Wolff, Ulrich von Singenberg, in: Verfasserlexikon,
   Band IV, Berlin [1]1953, Sp. 599; vgl. B. Kuttner, Zu Ulrich
   von Singenberg, ZfdPh 14, 1882, S. 474.
3) Walther hingegen bezieht die Naturverse in 122, 24 ff auf
   sich: "loup unde gras,/daz ie mîn fröide was" (V. 28/29).
4) "Waz kan wîbe unt wîbes êren/unde ir güete sîn gelîch,/
   diez ze guote wellen kêren? ... solde eht iemer wîbes lîp/
   herze vreun, daz sî wol solde/mannes herze machen vrô./
   erst niht man, der daz niht wolde:/alse ich bin, ich
   wolte ez sô." Nr. 12, V. 17 - 19.28 - 32

Er selbst versteht es noch, sich an "wîbes êren
unde ir güete" (V. 17/18) zu erfreuen, während
"gaebe() site" (V. 14) den Frauen "crankes zuo
gedenket" (V. 23).

Ob dieser Natureingang tatsächlich von Singenberg
stammt, bleibt zumindest fraglich;[1] denn die
übrigen Naturverse in 20, 9 und 31, 8/9, anhand
derer Wolff und Kuttner Singenbergs Übung in
Naturschilderung zu bestätigen suchen,[2] sind wohl
kaum konkret-wörtlich zu verstehen. In beiden
Liedern lehnt sich Singenberg ausdrücklich an
Walther an und übernimmt unter anderem auch die
entsprechenden Waltherschen Naturverse:

Walther:

"gerne wolde ich, möhte ez sîn, bî eigenem fiure
erwarmen.
zâhiu wiech danne sunge von den vogellînen,
von der heide und von den bluomen, als ich wîlent
sanc!
...
sô mac der wirt baz singen von dem grüenen klê.
die nôt bedenkent, milter künec, daz iuwer nôt
zergê."

28, V. 3 - 5.9/10

Singenberg:

"mîn meister claget sô sêre von der Vogelweide,
in twinge daz, in twinge jenz, daz mich noch nie
getwanc.
...
sus heize ich wirt und rîte hein: da ist mir niht wê.
dâ singe ich von der heide und von dem grüenen klê.
daz staetent ir mir, milter got, daz es mir iht
zergê."

Nr. 20, V. 4/5.8 - 10

---

1) Er ist nur in A überliefert, weshalb schon Roethe (Reinmar
von Zweter, S. 178, Anm. 218) seine Echtheit bezweifelte.
Vgl. auch Ewald Jammers, Das Königliche Liederbuch des
deutschen Minnesangs, Eine Einführung in die sogenannte
Manessische Handschrift, Heidelberg, 1965, S. 145.
2) Vgl. Wolff, a.a.O., Sp 596 und Kuttner, a.a.O., S. 470.

Walther:

" Ich saz ûf eime grüenen lê:
da ensprungen bluomen unde klê
zwischen mir und eime sê.
der ougenweide ist dâ niht mê.
...
daz tuot den vogellînen wê."

75, V. 32 - 35.38

Singenberg:

"dâ kêre ich ûf des meisters slâ
der ê sanc von der nebelkrâ.
...
Genouge sprechent 'sing als ê,
prüef uns die bluomen und den klê.'
die wellent niht daz ich verstê,
waz mir dar an ze herzen gê.
swie vil ich in hie vor geschrê,
daz tet in in den ôren wê."

Nr. 31, V. 3/4.8 - 13

Die beiden Naturverse Singenbergs gehen über eine
pflichtgemäße Bindung an die Tradition hinaus -
sie erweisen sich als Zitate, in Lied 20 nicht nur
der Form, sondern auch der Sache nach.
Analog zu Walther 28, V. 9 gilt das poetische
Ausdrucksmittel des Naturverses als Kriterium für
eine bestimmte persönliche Lage des Sängers: vom
Minnethema völlig abstrahiert als Ausdruck der
Freude über - durch äußere Nöte und Sorgen unbe-
einträchtigte - künstlerische Arbeitsbedingungen.[1]
Während Walthers dreimalige Betonung des Singens
(28, V. 4.5.9), seine Angabe von vier auf drei
Verse verteilten Elementen ("vogellînen - heide -
bluomen - klê) das tatsächliche Anstimmen eines
Freuden-Naturgesanges glaubhaft machen, erscheint
in Singenbergs verkürzter und vereinfachter Version
die Walthersche Bewegtheit formelhaft erstarrt und
damit die Wahrscheinlichkeit einer konkreten,
wörtlich aufzufassenden Bedeutung dieses Verses
stark reduziert.

---

1) Walther faßt es in Form eines Wunsches; für Singenberg
ist es ein Faktum.

Wenn Singenberg auch in Lied 31 die Vorlage selbständiger verarbeitet,[1] ist Kuttners Interpretation der Strophe 2 nicht unbedingt zwingend,[2] ergibt sich doch in seiner Auslegung ein offensichtlicher Widerspruch zwischen Vers 8 und Vers 13, der Bitte des Publikums um eine Liedweise, die doch "keine sonderliche Anerkennung"[3] gefunden haben soll. Der Widerspruch löst sich nur dann, wenn Verse 12/13 nicht als auf 8/9 bezogen und als Erklärung für Vers 11, sondern als Gegenstück zum ersten Strophenteil verstanden werden: Singenbergs bisherige Lieder haben beim Publikum keine Resonanz gefunden; es wünscht sich eine populäre[4] Sangesweise, mit der sich Singenberg aber bisher nicht hat anfreunden können.

Diese Interpretation wird durch Singenbergs Gesamtwerk bestätigt. Bis auf die Tagelieder Nr. 9 und 14 (für die aber vom üblichen Minnelied unterschiedliche, eigene Gesetzmäßigkeiten gelten),[5] und eben Lied 31 hält Singenberg stets an der höfischen 'mâze',[6]

---

1) Der Kontext der übernommenen Formel 'bluomen unde klê' ist zwar nicht mehr so eng, wie in Lied 20, an Walther angelehnt; doch ist Singenbergs Variation wiederum weniger selbständig als die Version des Schreibers Rudolf, der die Walthersche Vorlage umformt zu einer naturindifferenten, - ablehnenden Haltung: "mich frumt niht meie noch sîn klê, ich ahte ûf bluomen alse ûf snê, mirst swaere der süeze vogel schrê." Nr. I, 2, V. 3 - 5, in: von Kraus, a.a.O.
2) "Singenberg hat den umgekehrten entwicklungsgang zurückgelegt, wie Walther: er hat zuerst die volksmässige poesie gepflegt, deren bestandteile bekanntlich blumenpracht und vogelsang, der tanz auf grüner heide usw. sind; vgl. str. 5 und 127, welche letztere zugleich den grund angibt, weshalb der dichter sich dieser populären poesie abgewant hat: er hat keine sonderliche anerkennung gefunden." Kuttner, a.a.O., S. 470.
3) ebd.
4) " 'sing als ê' " muß nicht auf Singenberg persönlich, sondern kann allgemein auf eine bestimmte Liedtradition bezogen sein.
5) Das Tagelied kann daher nicht als Bestätigung dafür dienen, daß sich Singenberg generell von der 'hohen' Minne abwendet und sich "auf den Boden der niederen Sinnenminne" begibt, wie Isbasescu, a.a.O., S. 96 f meint.
6) "ich wil in der mâze, des mich diuhte wol gevarn" Nr. 23, V. 23; "Swaz wîbes êre wol gezam,/dar ûf stount ie mîn muot, daz ich daz mêrte." Nr. 25, V. 1/2

am zuchtvoll beherrschten Verhalten, an der
distanzwahrenden Frauenverehrung fest.[1] Wie er
auch an anderer Stelle zugibt, entspricht aber die
von ihm gepflegte Tradition der 'hohen' Minne-
konzeption nicht länger dem zeitgenössischen
Geschmack:

"   Waz sol singen oder sagen
  alder iht des hôhem muote wol gezimt?
  ich sold anders mich bejagen,
  sît es nieman war nâch sînem werde nimt."
Nr. 23, V. 25 - 28

Während er über die **Unerreichbarkeit** des Liebes-
zieles klagt, fordert das Publikum den von Walther
(und Neidhart) eingeführten freudigen Gesang über
problemloses Minneglück. Die "bluomen und klê"-
Formel kennzeichnet das heiter-unbeschwerte Lied,
dessen sinnliche Anschaulichkeit Walther durch
Naturverse zu betonen wußte, während "geschrê" auf
die klassische Wehklage hindeutet.[2] Den Vorsatz,
die Zuhörer damit nicht länger "touben" zu wollen
(sich "anders (zu) bejagen" 23, 27), führt Singen-
berg in Lied 31 auch tatsächlich aus: es folgt
keine wörtliche Befolgung der in Vers 9 vorgetragenen
Bitte, wohl aber der unverblümte Wunsch unmittelbarer
Liebeserfüllung ("baet ich die schoenen ûf ein strô."
V. 28), der von Walther häufig (von Neidhart stets)
in einen Naturteil eingebettet wurde.

---

1) Stellt er eine direktere Forderung an die Frau, so nimmt
   er sie am Ende wieder reumütig zurück: "mîn **unvuoge vüeget wol/**
   daz mich nieman troesten sol." Nr. 27, V. 37/38. Isbasescus
   Interpretation, daß Singenberg sich gerade in diesem Lied
   "von der idealistischen Minne los(reißt) und sich immer
   mehr der gegenseitigen Liebe zu(wendet)" a.a.O., S. 95,
   läßt den Liedschluß unberücksichtigt.
2) "geschrê" ist wohl von Walther 75, 28 ("nû schrîet aber diu
   nebelkrâ.") übernommen, erscheint aber auch nochmals in
   Lied 21, 30 in Klageruf-Bedeutung, nicht zuletzt aufgrund
   der sich anbietenden Reimmöglichkeit auf 'wê'. "... sost
   allez daz ich wê/geschrê, mit vröiden gar **gesweiget**."

Beide Aspekte: zum einen die wörtliche Anlehnung
an Walther, zum anderen der zeichenhafte, auf
einen bestimmten Liedcharakter (Nr. 31) und einen
bestimmten Gemütszustand des Sängers (Nr. 20)
verweisende (eben nicht bildhaft-konkrete) Charakter
der Naturverse lassen den Schluß auf frühere Lieder
Singenbergs mit ausgeführtem Naturteil sehr fraglich erscheinen.[1] Interesse verdienen die überlieferten Naturverse Singenbergs, weil sie beispielhaft das Gerinnen zur Formel und damit das Verblassen
der bildhaften Ausdruckskraft zeigen: Ihre Bedeutung
ist eine übertragene, verweisende (auf Liedart und
Lebenssituation des Sängers), ihre Funktion verselbständigt.

Bewußte Fortsetzung höfischer Poetik - wie insbesondere
von Reinmar formuliert - verbietet beweglich ausgeführten Natureingang.[2] Der verbliebene Naturvers
dieser Tradition ist fast wörtlich übernommene,
formelhafte Wendung - bei Singenberg mit noch sinnbildlicher Bedeutung, bei Teschler schon eingesetzt
nach rein formalem Ordnungsprinzip. In seinen 13
überlieferten Liedern bietet Heinrich Teschler nur
einen einzigen Naturvers an: "loup gras bluomen
ouwe walt und heide" (Nr. 12, V. 19) Dieser Vers ist
in zwei Dreiergruppen gegliedert, die jeweils aus
zwei tradierten Doppelformeln zusammengesetzt sind:
"loup gras bluomen" aus "loup und gras/bluomen und

---

1) Lediglich Verse 18 (Lied 5) und 20 (Lied 31), die in Wortwahl und Motivik einander ähneln, entbehren nicht einer
gewissen Anschaulichkeit: "lât sî jugent an mir verderben,/
sost lîht allez dürre daz nû grüene lît." (Nr. 5, V. 17/18;
"ich dorte als ein erfroren zwî" (Nr. 31, V. 20). Diese
beiden Naturvergleiche fallen aber angesichts des Gesamtwerkes, das in der Nachfolge des 'hohen' Minnesangs im
begrifflich-Reflexiven bleibt, kaum ins Gewicht.
2) So auch bei Heinrich Teschler, ebenfalls Nachfahre der sogenannten Wiener Schule (vgl. de Boor, a.a.O., S. 317, 337),
der in seinen 13 überlieferten Liedern nur einen Naturvers
anbietet (Nr. 12, V. 19), reduziert auf die asyndetische
Substantivreihe: "loup gras bluomen ouwe walt und heide".

gras"; "ouwe walt und heide" aus "walt und ouwe/ walt und heide". Teschlers Dreiergruppen sind formal geschlossene Einheiten - aufeinander bezogen, indem die letzten drei Begriffe "ouwe walt und heide" als Landschaftsbezeichnungen die ersten drei Elemente "loup gras bluomen" subsumieren.

Allgemein kennzeichnend für den Naturvers - auch noch bis in die zweite Hälfte des 13. Jahrhunderts hinein - bleibt die enge Bindung an vorgegebene Muster, sei es an das Reinmars,[1] Walthers (Ulrich von Singenberg) oder auch Neidharts.[2]

---

1) Ablehnung des Naturverses, weil er "trüebe(m) klagen", dem "fröidelôs gedoene" (Teschler, Nr. 6, V. 29.30) unangemessen sei.
2) Goeli ist Neidhart-Schüler im Schweizer Raum. In Motivik und sprachlicher Darstellung hält er sich an die Vorlage, setzt Neidhartsches Wintergeschehen aber in sommerliche Szene: Goelis Sommereingang orientiert sich an Neidharts Winterlied. Vgl. Samuel Singer, Die mittelalterliche Literatur der deutschen Schweiz, Frauenfeld/Leipzig, 1930, S. 151 und Ferdinand Mohr, Das unhöfische Element in der mittelhochdeutschen Lyrik, von Walther an, Diss. Tübingen, 1913, S. 68 f.

2. Konrad Schenk von Landeck

Repräsentativ für die weit verbreitete Neifen-Nachfolge im Minnesang des späteren 13. Jahrhunderts sind die Natureingänge Konrads, des Schenken von Landeck (bezeugt von 1271 - 1306).[1] Er bietet sich der Untersuchung an aufgrund der relativ großen Zahl seiner Lieder (22), die sämtlich mit Natureingang einsetzen und verschiedene Variationen seiner Gestaltung wie auch der Überleitung zum Minneteil aufweisen. Das Verhältnis der Sommer- und Wintereingänge ist mit 12 zu 10 ausgewogen.[2]

In rund einem Drittel seiner Lieder umfaßt der Natureingang eine Strophe, in acht Liedern ist sein Umfang geringer, und im restlichen Drittel dehnt er sich bis auf die zweite Strophe aus.[3] Der kürzere Natureingang dient nur in Lied 17 einem deutlich rhetorischen Zweck:

" Ich wil aber singen,
wan ez ist mir in dem muote,
sît diu nahtegal geswigen ist:"
V. 1 - 3

Die verstummte Nachtigall ist hier weniger Zeichen für den anbrechenden Winter als vielmehr Aufforderung an den Dichter, den eigenen Gesang fortzusetzen: die Verse stehen damit in der Tradition der seit der Antike bekannten rhetorischen Exordialtopik.[4]

---

1) Vgl. Bartsch, a.a.O., S. CXXIX ff
2) Sommereingang: Nr. 2, 3, 4, 7, 8, 10, 11, 12, 15, 16, 18, 19;
   Wintereingang: Nr. 1, 5, 6, 9, 13, 14, 17, 20, 21, 22.
3) Eine Strophe: Nr. 1, 2, 8, 14, 15, 20, 21;
   kürzer: Nr. 3, 4, 6, 9, 13, 16, 17, 22;
   länger: Nr. 5, 7, 10, 11, 12, 18, 19.
4) Vgl. von Wulffen, a.a.O., S. 19

Auf eine knappe Form reduziert sind auch die Natureingänge in den Liedern 16 und 9, doch deutlich auf das Naturthema zurückgeführt:

Die Anzahl der Naturelemente nimmt im Vergleich zu Lied 17 zu, die Jahreszeit wird in typischer Weise der Erhörung untergeordnet:

" Ich verklagte wol die zît
und die wunnebernden ouwe,
trôste mich mîn trût, mîn frouwe"
Nr. 16, V. 1 - 3

" Swie daz nû die rîfen kalt
selwent walt und heide und ouwe,
doch sô wil ich frô bestân."
Nr. 9, V. 1 - 3

In Lied 3 geht der eigentliche Natureingang ebenfalls nicht über zwei Verse hinaus; es folgt ihm allerdings eine Aufforderung zu allgemeiner Freude, die - in Neidhartscher Manier - ursächlich mit dem Frühling verbunden ist:

" Spilnde wünne
wil uns der meie bringen:
wir sun froelîch reien, singen,
lieber maere sîn gemeit.
swer sich künne
mit liebe lieplîch zweien,
der sol fröide in herze heien:"
V. 1 - 7[1]

In den Liedern 4, 6, 13 und 22 umschließen die ersten Strophen einen breiter ausgeführten Natureingang (6 bis 12 Verse) mit der Überleitung zum Minneteil (2 bis 4 Verse.[2]

In Nr. 5, 7, 10, 11, 12, 18 und 19 sprengt der Naturteil die erste Strophe: um einen Vers in Liedern 5 und 12. Er erfüllt eine lediglich die voraus-

---

1) Vgl. auch die sprachlichen Parallelen zu Neidhart.
2) Lied Nr. 4: 8 Verse Natureingang/4 Verse Übergang; Nr. 6: 6 / 4; Nr. 13: 6 / 4; Nr. 22: 12 / 2.

gegangene Naturstrophe zusammenfassende und zum
Minneteil überleitende Funktion. Im Allgemeinen
(und Repetieren in Nr. 12) verharrt dementsprechend
auch die sprachliche Formulierung:

" Swie der winter uns wil twingen,
 doch wil ich der lieben singen"
Nr. 5, V. 11/12

"(diu zît ist ze fröiden wol gestalt:
...
   Helfent mir die zît enphâhen"
Nr. 12, V. 3.13

Wiederaufnahme in der Naturstrophe genannter
Elemente kennzeichnen die ersten Verse der zweiten
Strophe in Lied 18. Sie beginnen mit einer nur
leicht variierten Wiederholung der die erste
Strophe abschließenden Zeile, sind auf diese Weise
fest mit dem vorausgegangenen Naturteil verbunden,
fungieren aber innerhalb Strophe 2 als Anknüpfungs-
punkt der persönlichen Aussage des Sängers:

"(anger heide ûf berge und in dem tal.
...
   velt und ouwe stênt geblüemet:
...
   dâ sich nahtegal der zît in sange rüemet.)
    Daz diu nahtegal wol singet,
 daz geblüemet stêt diu heide,
 des hab ich ze fröide enkeine war."
V. 3.7.10.11 - 13

Diese Aufgabe: die eigene Stimmung von der in der
Jahreszeit reflektierten allgemeinen abzuheben,
haben auch die übrigen Naturverse der zweiten Lied-
strophen. In den Liedern 11 und 19 gehen Naturteil
und Darstellung der Gemütslage bruchlos ineinander
über; in Nr. 7 und 10 betont nach der Kontrastierung:
Sänger - Allgemeinheit/Natur noch einmal ein Natur-
vers die Macht der Minne:

"   Swer den winter trûric waere,
der sol nû des meien fröuwen sich.
er ist guot für selhe swaere:
sost mîn trôst mîn frouwe minneclich.
der ich diene ân allen wanc,
diu muoz mir vil baz gevallen
   dan der meie und aller vogellîn sanc."
Nr. 7, V. 8 - 14 [1]

Dagegen:
"   Swen der meie troesten mac,
der ie âne herze swaere;
diu zît wart nie baz gestalt:
sô fröit mich kein sumertac;
nieman wan diu saeldebaere,
diu hât fröide an mir gewalt."
Nr. 11, V. 11 - 16 [2]

Die Naturverse in Strophe 2 jener vier Lieder
(7, 10, 11, 19) bestehen nicht mehr nur aus bloßen
Wiederholungen aus Strophe 1. In Nr. 11 hält sich
die Variation "sumertac" (V. 14) allerdings noch
eng an die in Vers 1 vorgegebene "sumerzît"; in
Nr. 19 sind die Elemente "sanc - bluomen - anger"
schon in eine neue Bindung gebracht:

"wie der meie blüemet manic velt.
...
anger walt und heide und ouwe
blüent ...
wan hoert vogelsanges widergelt:
ûz dem loube singent witewal"
Str. 1, V. 4.6 - 9

"manic dirne singet,
diu nâch bluomen in den anger gert."
Str. 2, V. 15/16

---
1) Vgl. Lied 10, V. 14 - 20: "Swen die rîfen/twungen und dar zuo der snê,/der sol nû ze fröiden grîfen,/sît man siht den klê:/sost mîn wunne/gar ein reine saelic wîp;/mich fröit weder loup noch sunne"
2) Vgl. Lied 19, V. 13 - 17: "Meie ist alsô wunneclich,/ daz er swaeren muot verdringet:/manic dirne singet,/diu nâch bluomen in den anger gert./selcher fröide enterbe ich mich:"

Strophen 2 in den Liedern 7 und 10 führen eigenständig einen Rückblick auf den vergangenen Winter ein. Unter allen Naturversen der zweiten Strophen zeichnen sich die in Lied 10 aus, indem sie auf eine erneute Ansage der Jahreszeit verzichten und statt dessen fünf, in der ersten Strophe nicht erwähnte, Winter- und Sommerelemente vorstellen:

" Junge und alde,
fröit iuch gegen des meien zît,
wan ez gruonet in dem walde;
seht, wie schône er lît:
sost diu heide
sumerlîchen wol bekleit;
diu hât bluomen ûf ir kleide,
der ist sî gemeit."

V. 1 - 8

"ûf dem rîse
doenent wol ze prîse
vogellîn ir schal:
süeze wîse
singet nahtegal
Swen die r î f e n
twungen und dar zuo der   s n ê ,
der sol nû ze fröiden grîfen,
sît man siht den   k l ê :
sost mîn wunne
gar ein reine saelic wîp;
mich fröit weder   l o u p   noch   s u n n e
niht wan eine ir lîp."

V. 9 - 21[1]

Neifens und Winterstettens Lieder weisen ebenfalls unterschiedliche Ausdehnung des Natureingangs auf;[2] doch in der Mehrzahl der Fälle umfaßt ihr Natureingang nicht die gesamte erste Strophe, und er reicht nur gelegentlich bis in die folgende hinein.

---

1) Hervorhebungen in den Zitaten von der Verf.
2) Auch Winterstetten gilt neben Neifen als Vorbild Landecks. Über Natureingangs-Längen siehe Anhang 10.

In der proportionalen Ausgewogenheit der unterschiedlichen Natureingangs-Längen übertrifft Landeck seine Vorgänger.[1]

Auch die Variationsvielfalt in der Fortführung des Natureingangs in der zweiten Strophe (Umfang: 1 bis 7 Verse; Übergang: fließend, oder mit Wiederaufnahme des Naturverses nach der Gegenüberstellung; Bestandteile: Wiederholung oder die Einführung neuer Motive) ist lediglich bei Winterstetten angedeutet.[2]

Die Natureingangs-Länge ist für die Gestaltung des Übergangs zum Minneteil nicht ohne Bedeutung. Die sprachlich ausgeführte Überleitung schließt sich entweder innerhalb der Eingangsstrophe an den Naturteil an oder folgt den Naturversen in der zweiten Strophe. Nur einmal, in Lied 8, setzt eine neue Strophe mit dem Übergang ein ("Sich fröit al diu werlt gemeine,/wan daz ich betrüebet bin:" V. 13/14). In den übrigen sechs Fällen (Lieder 1, 2, 14, 15, 20, 21), in denen der Naturteil eine gesamte Strophe in Anspruch nimmt, fehlt ein sprachlich

---

1) Unter den übrigen Schweizer Minnesängern im 13. Jahrhundert wenden die verschiedenen Natureingangs-Längen an: Teufen, Klingen und Goeli; bei Steinmar sind sie auch vertreten, er baut aber den ausgedehnten Natureingang um, indem er in Lied 4 die erste Strophe mit einem Naturvers einleitet und erst in Strophe 2 mit einem ausführlichen Sommerlob einsetzt.
2) Bei Neifen erstreckt sich der Natureingang nur auf einen Vers der 2. Strophe und wiederholt zu Beginn genanntes. Bei Winterstetten kann er sich bis zu drei Versen auf die 2. Strophe ausdehnen, die Form einer allgemeinen Überleitung (Nr. 20, 2, 1/2: "Sich fröit al diu werlt gemeine/gen der wunneclîchen zît."), die einer Zusammenfassung des ersten Teils (Nr. 25, 2, 1/2: "Swie vil meie bringet/fröiden und sîn liehten tage), oder die der rhetorischen Frage annehmen (Nr. 3, 2, 1/2: "Waz klag ich der vogel sanc/und die liehten heide"). Winterstetten greift hier stets auf vorangegangene Naturelemente zurück. Von den Schweizern teilt nur von Teufen mit Landeck den bis in die zweite Strophe durchgängigen, repetitionsfreien Natureingang (Nr. 3). Bei Goeli tritt in Lied 2 die Vorfreude auf den Reigen zwischen die Naturverse der 1. und 2. Strophe.

formulierter Bezug. Diese Überleitung ist zwar in
den übrigen Liedern zur Erklärung des Aussage-
gehaltes - weil traditionell festgelegt - und
der allgemein bekannten Funktion des Natur-
eingangs nicht notwendig, ist vielmehr selbst zum
formelhaften Schema geworden; wesentliches Element
aber bleibt sie, indem sie die Naturverse dem
Minneteil zu- (meist: unter-) ordnet, sie in den
Dienst der Minneaussage stellt. Fällt dieser Über-
gang fort, so ist dem Natureingang die Möglichkeit
zur Verselbständigung gegeben. Die mit dem nach-
folgenden Liedgehalt unverbundene Naturstrophe
bildet ein sich geschlossenes Ganzes, eine für
sich bestehende Einheit.
Vom Minneteil weitgehend unabhängig,[1] ist der
einstrophige Natureingang ein eigenständiger
Bestandteil des Liedes, das den Gesamtaufbau
entscheidend mitstrukturiert.[2] Die inhaltliche
Bezogenheit wird durch eine formbildende und
-stützende abgelöst.
Die Natureingangsstrophe erfüllt eine form-
konstituierende Aufgabe in Hinblick auf das Lied-
ganze. Für ihre eigene Ausgestaltung fordert sie
das handwerkliche Können des Dichters heraus: in
seiner Isolierung und Selbständigkeit gibt der
Liedeingang dem Sänger Gelegenheit, sein form-
künstlerisches Arbeiten mit den tradierten Topoi
und sprachlichen Schemata vorzuführen.

---

1) Einen indirekten Bezug zwischen Natureingang und Minneteil
wird durch die Parallelität der Freude-/Klagestimmung her-
gestellt (Lieder 2, 15, 20, 21). Die zweimalige Antithetik
(Nr. 1 und 14) trennt beide Teile deutlicher voneinander.
2) Landeck erhebt die selbständige Naturstrophe noch zu kei-
nem allgemein gültigen Typus (sie kommt nur in einem
Drittel seiner Lieder vor), wie es Brauneck für Konrad von
Würzburg nachweist, der die Liedanlage - unter Einbezug
des einstrophigen Natureingangs - in einem Maße schemati-
siert, daß "das Lied insgesamt zur Formel" wird; Brauneck,
a.a.O., S. 2.

Landeck paßt den Aufbau des Natureingangs der
Strophenstruktur an, läßt ihn die Dreigliedrigkeit
akzentuieren. In der Mehrzahl der Fälle läuft die
Entwicklung des Natureingangs gradlinig durch die
Stollen und kulminiert im Abgesang. Meist ist ein
Allgemeines Ausgangspunkt, dem sich Spezifizierung,
Detaillierung im zweiten Stollen und Abgesang an-
schließen.

In etwa 60 Prozent der Lieder führt eine rhetorische
Anrede (an die Jahreszeit, an die Allgemeinheit)[1]
in den Natureingang ein, die mit der Jahreszeit-
angabe, einer Aufforderung an das Publikum, seinen
Blick auf das Geschehen in der Natur zu lenken, im
Allgemeinen, im Rhetorischen verharrt.

In anderen Liedern genügt Landeck zu Beginn ein
Verweis auf die generelle Wirkung der Zeit.[2] Im
zweiten Stollen und Abgesang wird der Gegenstand
der Betrachtung deutlicher vor Augen geführt, werden
die einzelnen Charakteristika der jeweiligen Zeit
genannt. Die Perspektive verengt sich im Verlauf
des Natureingangs:

" Fröit iuch, wol gemuoten leien,
gegen dem wunneclîchen süezen meien.
diu zît ist ze fröiden wol gestalt:
fröit iuch, junge und alt.
man hoert ûf dem blüenden rîse
vogele singen in ir besten wîse:
vor in allen doenet nahtegal
lobelîch ir schal.
anger gruonet und diu liehte heide;
des stêt wunneclîch ir ougen weide:
wan siht allenthalben ûf dem plân
vil der bluomen stân."

Nr. 12, V. 1 - 12

---

[1] Anrede: Nr. 1, 2, 4, 6, 8, 10, 11, 12, 14, 18, 19; Lieder 3, 9, 16, 17 sind aufgrund ihres verknappten Natureingangs nicht mit einbezogen.
[2] In Liedern 5, 13, 15 beginnt Landeck mit einer allgemeinen Zeitbestimmung. Aus dem Rahmen fallen: Nr. 7, 20, 21, 22.

Der umgekehrte Entwicklungsverlauf: vom Detail
zum Übergeordneten erscheint in konsequenter
Durchführung nur einmal:

" Nû ist heide wol geschoenet
mit vil manigem blüemelîn gemeit:
sô ist ouwe wol bedoenet,
dâ diu vogellîn singent sunder leit.
gegen des süezen meien zît
fröit iuch wol gemuoten leigen,
sît sîn kunft uns manige fröide gîlt."
Nr. 7, V. 1 - 7

Lieder 20 und 21 setzen auch mit Einzelkennzeichen
der Jahreszeit ein; der allgemeine Oberbegriff,
bzw. die Zusammenfassung der Wirkung, folgt hier
schon am Ende des ersten Stollens: es findet also
lediglich eine Umkehr innerhalb des einleitenden
Stollens (nicht innerhalb der Strophe) statt:

" Rîfen unde winde kalt
roubent ouwe und ouch den walt,
linde rêret:
sus verkêret
sich ein zît, diu fröide bar."
Nr. 20, V. 1 - 5 [1]

Ist in diesen beiden Liedern der Verlauf schon
nicht mehr gradlinig fortschreitend, so deutet sich
in den Liedern 5 und 15 eine zum Ausgangsstollen
zurückkehrende Kreisbewegung an: mit dem allgemeinen
Zeitbegriff setzen die Natureingänge ein, die
Aufzählung der Einzelelemente beginnt bereits im
ersten Stollen und wird bis in den Abgang fortgesetzt.
Die Abschlußverse des Abgesangs aber wenden sich
erneut dem Allgemeinen zu, runden die Strophe mit
den Schlüsselbegriffen der Minnelyrik: "trûren" -
"fröide" ab, die als Bezeichnungen der Reaktionen
auf die "zît verkêret/wol gestalt" zum Ausgangsvers
zurückführen:

---

1) Lied 21, V. 1 - 5: "Kalte winde/gar geswinde/selwent heide:/
grôzer leide/kumt uns mê."

"   Diu zît ist sô wol gestalt,
wan siht dur daz gras ûf dringen
vîol unde rôsen rôt.
dâ bî loubet uns der walt:
sô hoert man die vogele singen
suoze, als in diu zît gebôt.
in dem süezen touwe
gegen der sunnen schîn
glenzet manic blüemelîn.
in der wunneclîchen schouwe
sol diu werlt in fröiden sîn."
Nr. 15, V. 1 - 11[1]

Der Natureingang in Lied 8 zeigt die Rahmenstruktur durch die anaphorische Bindung der Eingangsverse und Schlußzeile besonders deutlich:

"   Fröit iuch gegen dem meien schoene,
fröit iuch gegen des meien zît.
heide in grüener varwe lît:
sost geblüemet berg und tal.
...
walt hât und ouwe von loube ein dach:
rôsen in touwe, der ich mangen sach,
stênt in wunneclîcher bluot:
fröit iuch jungen hôhgemuot."
V. 1 - 4.9 - 12

Am Beispiel von Lied 1 soll der Aufbau eines Landeckschen Natureingangs ausführlich aufgezeigt werden.
Die Dreigliedrigkeit der Strophe ist klar herausgearbeitet: Thema des ersten Stollens und des Abgesangs ist die gegenwärtige Winterzeit; die Rückerinnerung an den vergangenen Sommer nehmen sie in ihre Mitte. Beide Rahmenteile sind durch Motivwiederholung ("snê" V. 4 - "blanke wât" V. 12), anaphorische Bindung ("tuot er" v. 5.16) und darüber noch hinausgehende fast vollständige Versrepetitionen (V. 3/13; 4/15) eng miteinander verknüpft; der Mittelteil dagegen ist selbständiger gestaltet:

---

1) Vgl. Lied 5, V. 1 - 10: "Nû hât sich diu zît verkêret,/ daz vil manigem sorge mêret:/walt und ouwe die sint val,/ dâ bî anger und diu heide,/die man sach in liehtem kleide,/ in den landen über al./ dâ bî klage ich vogellîn;/wan sî singent süeze doene/in des blüenden meien schoene:/seht, diu müezen trûric sîn."

" Nû helfent mir klagen daz der vogellîn
　　　　　　　　　　　　　　　　　schallen
der winter hât gesweiget:
des müeze er sîn geveiget!
mit sînem snê,
tuot er manigem dinge wê.
daz muoz mir und mangem harte missevallen:
ich klage ouch heide und anger,
diu hiure wurdent swanger
vil bluomen glanz:
dâ wart gebrochen manic kranz.
seht wie der winter die werlt gekleidet hât!
uns gît mit grimme sîn kunft blanke wât.
des müeze er sîn verwâzen,
daz er sus kan unmâzen:
mit sîner kraft
tuot er diu herze schadehaft."

V. 1 - 16

Der Einsatz der beiden Stollen und des Abgesangs
ist deutlich markiert; er verbindet die Abschnitte
miteinander, indem die ersten Verse des Abgesangs
auf den Beginn der beiden Stollen zurückgreifen.
Vers 1 ruft die Zuhörerschaft auf, in die Winter-
klage miteinzustimmen; stehen sich im imperativen
Vers Sänger und Gemeinschaft noch gegenüber, so
bilden sie in Vers 6, im gemeinsamen Urteil, ("daz
muoz mir und mangem harte missevallen") eine Einheit.
Beides, die Aufforderung des Sängers an die Gemein-
schaft ("seht" V. 11) und die darauf folgende
Bindung zur Gemeinsamkeit ("uns" V. 12) wird im
Abgesang wieder aufgenommen. Der Einbezug der
anderen im Schlußteil der Strophe, der im allum-
fassenden Begriff "diu herze" (V. 16) gipfelt, dämpft
das Persönliche der Klage in den beiden Stollen ("nû
helfent mir klagen" V. 1; "ich klage" V. 7) und
betont ihre Allgemeingültigkeit. Der auf diese Weise
fest in sich gefügten Naturstrophe folgt keine
Überleitung zum Minneteil: der Natureingang kann als
durchkomponierte poetische Gestalt für sich bestehen;
seine Eigenständigkeit gewinnt er aus der formalen
Dichte und Geschlossenheit seines Aufbaus.

Die einzelnen Bestandteile des Natureingangs werden von Landeck nicht nach ihrem Symbolwert für die Minneaussage, nicht nach ihrer unmittelbaren Anschaulichkeit und szenischen Wirksamkeit zusammengefügt; sie werden in seinen Liedern der Strophenform entsprechend koordiniert; im Konstituieren und Tragen der Form liegt ihre Bedeutung.

Die Funktion der Einzelelemente läßt sich am Gebrauch der Doppelformeln erkennen: Am häufigsten sind die Doppelformeln "heide und anger" und "walt und ouwe" vertreten,[1] es folgen "berg und tal", "rîfe und snê", "walt und heide".[2]

Sie erscheinen nicht nur an exponierter Stelle in ihrem jeweiligen Vers (zu Beginn oder Schluß),[3] sondern auch innerhalb der Strophe: sie akzentuieren Anfang und Ende der Stollen, auch des Abgesangs:[4]

"   Nû hât sich diu zît verkêret,
daz vil manigem sorge mêret:
w a l t   und   o u w e   die sint val,
dâ bî   a n g e r   und diu   h e i d e ,
die man sach in liehtem kleide,
in den landen über al."

Nr. 5, V. 1 - 6

---

[1] "heide und anger": Nr. 1, V. 7; 4, 3/4; 5, 4; 12, 9; 18, 3; 22, 1/2. "walt und ouwe": Nr. 4, V. 8; 5, 3; 8, 9; 20, 2; 22, 3.
[2] "berg und tal": Nr. 8, V. 4; 11, 10; 18, 3. "rîfe und snê": Nr. 10, V. 14/15; (20, 1.14). "walt und heide": Nr. 6, V. 1.
[3] Versende: Nr. 1, V. 7; 4, 3/4; 5, 4; 20, 2; 8, 4; 11, 10; 18, 3; 10, 14/15; 6, 1. Versbeginn: Nr. 5, V. 3; 8, 9; 18, 3. Versbeginn und -ende: Nr. 12, V. 9; 22, 3; (20, 1.14)
[4] Beginn des Aufgesangs: Nr. 6, V. 1; 10, 14/15; 22, 1/2. Ende des 1. Stollens: Nr. 4, V. 3/4; 5, 3; 8, 4; 18, 3; 22, 3. Beginn des 2. Stollens: Nr. 5, V. 4. Ende des Aufgesangs: Nr. 4, V. 8. Beginn des Abgesangs: Nr. 8, V. 9; 12, 9. Ende des Abgesangs: Nr. 11, V. 10.

" Fröit iuch gegen dem meien schoene,
fröit iuch gegen des meien zît.
heide in grüener varwe lît:
sost geblüemet b e r g und t a l .
...
w a l t hât und o u w e von loube ein dach:
rôsen in touwe, der ich mangen sach,
stênt in wunneclîcher bluot:
fröit iuch jungen hôhgemuot."
Nr. 8, V. 1 - 4.9 - 12

In Lied 20 dient die Aufspaltung einer Doppelformel
gar als formale Abrundung der gesamten Naturstrophe,
die mit "rîfen unde winde kalt" (V. 1) beginnt, mit
"snêwes val" (V. 14) schließt und so von den Gliedern
der Formel "rîfe und snê" zusammengehalten wird:

" R î f e n   unde w i n d e   kalt
roubent ouwe und ouch den walt,
linde rêret:
sus verkêret
sich ein zît, diu fröide bar.
...
dâ von swîgent nahtegal:
winter wilde
grôz unbilde
brüevet mit des   s n ê w e s   val."
V. 1 - 5.11 - 14[1)]

Die Doppelformeln können auch untereinander durch
ein gemeinsames Prädikat verbunden sein: aufeinander
folgend, die Paarformen noch bewahrend in Lied 5
("walt und ouwe die sint val,/dâ bî anger und diu
heide" V. 3/4), eine Formel sprengend, aber die
ursprüngliche Zusammengehörigkeit der Glieder durch
die gemeinsame Position am Versende hervorhebend in
Lied 22 ("Jârlanc valwet manic anger/und ouch vil
der liehten heiden,/ouwe und ouch der grüene walt."
V. 1 - 3); nach der Dreierreihe in Lied 9, V. 2
("walt und heide und ouwe") werden die Doppelformeln
in Lied 18, V. 3 und Nr. 19, V. 6 schließlich in
einem Vers vereinigt:

---

1) Hervorhebungen in den Zitaten von der Verf.

"   Helfent grüezen mir den meien
der sô lobelîchen schoenet
a n g e r   h e i d e   ûf   b e r g e   und
                          in dem   t a l ."
Nr. 18, V. 1 - 3

"diu zît wart nie baz gestalt:
 a n g e r   w a l t   und   h e i d e   und
                                          o u w e
blüent in süezen touwe."
Nr. 19, V. 5 - 7 1)

In der Aufreihung der Formelglieder geht Neifen
dem Schweizer voraus; im Unterschied zu ihm aber
meidet Landeck die längere asyndetische Reihe; es
gelingt ihm in Lied 18 durch präpositionale
Bindung eine geschmeidige Verknüpfung innerhalb
des Verses, und auch in Lied 19 bleibt der
Zusammenhalt gewahrt, indem die Elemente auf den
Oberbegriff der "zît" Bezug nehmen, sie das
Erscheinungsbild der Zeit näher ausführen ("diu
zît wart nie baz gestalt:" V. 5). Ähnlich verfährt
Landeck in Lied 18, wenn er die Farbreihe: "wîz
brûn gel rôt grüene weitvar blâ" (V. 9) vorstellt.
Sie steht nicht beziehungslos innerhalb der
Strophe; die zwei vorausgehenden Verse bereiten
sie vor:

"velt und ouwe stênt geblüemet:
manic sunder varwe ist dâ,
wîz brûn gel rôt grüene weitvar blâ"
V. 7 - 9

Die Farbbezeichnungen sind zwar nicht mehr unmittelbar mit ihren Objekten verbunden, wie noch bei
Johansdorf ("wîze, rôte rôsen, blâwe bluomen, grüene
gras" VII, 90, V. 32), teilen andererseits aber auch
nicht den Grad der Verselbständigung, den Winterstettens Farbreihe in Lied XXV, V. 7/8 aufweist

---

1) Hervorhebungen in den Zitaten von der Verf.

("swer wil blâ rôt grüen gel schouwen/ûf dem anger ..."). Landeck subsumiert die Aufzählung unter den Oberbegriff "varwe" (V. 8), diesen wiederum bindet er an den Begriff der Blumen ("stênt geblüemet" V. 7): die Farbreihe wird auf diese Weise zum integrierten Bestandteil eines bis zu Vers 9 logisch konsequent durchgeführten Abgesangs.

Das Nachtigallen-Motiv in Nr. 18, V. 10 schließt sich dagegen unvermittelt an; seine Funktion besteht darin, eine Annäherung zum Liedbeginn, wie auch einen Übergang zu Strophe 2 herzustellen:

" Helfent grüezen mir den meien
...
dâ sich nahtegal der zît in sange rüemet.
Daz diu nahtegal wol singet,
daz geblüemet stêt diu heide,
des hab ich ze fröiden enkeine war."
V. 1.10.11 - 13

Nicht nur formelhaften Wendungen, auch bestimmten Motiven überträgt Landeck formgestaltende Funktion.

Das in seinen Liedern häufig vertretene Motiv der Nachtigall erscheint stets gegen Ende des Natureingangs.[1] Es ist allgemein üblich, die Nachtigall durch Anfangs- oder Endstellung innerhalb einer Reihe hervorzuheben,[2] - so wie Landeck es auch in Lied 19 praktiziert ("ûz dem loube singent witewal,/ tröschel hôhe ûf waldes wilde,/lerche ob dem gevilde,/in den ouwen doenent nahtegal." V. 9 - 12).

---
1) "nahtegal"/ Nr. 8, V. 8; 10, 13; 11,7; 12, 7/8; 14, 6 - 9; (17, 3); 18, 10.11; 19, 12; 20, 11; 21, 11
2) Vgl. Sauerbeck, a.a.O., S. 284

Ihre exponierte Position behält die **Nachtigall** auch
in den übrigen Liedern bei. Das Motiv als
Kulminationspunkt ist zu einem festen Schema
geworden, so daß es nun von der Aufzählungsreihe
verschiedener Vogelarten gelöst und auf die gesamte
Naturstrophe übertragen werden kann: in drei Fällen
findet der Aufgesang im Nachtigallen-Motiv seinen
Höhepunkt (Lieder 8, 12 und 14[1]), in den restlichen
sieben Liedern ist es Auftakt zum Abgesang (Nr. 11,
20 und 21), oder Abschluß und zugleich Klimax der
gesamten Natureingangsstrophe (Lieder 10, 17,[2]
18 und 19).

Das Motiv, das ursprünglich inhaltlicher Höhepunkt
der Vogelreihe war, wird von Landeck eingesetzt,
um den Abschluß des Aufgesangs, bzw. Abgesangs zu
betonen. Er stellt es, wie die Doppelformeln, in
den Dienst der Strophenform. Die inhaltliche Aussage
(Nachtigall als vornehmster Vogel) ist allgemein-
gültige Vorstellung geworden, und als 'objektives'
poetisches Element übernimmt es die Aufgabe der
Formgestaltung. Die Formalisierung des Motivs kann
bis in den sprachlichen Ausdruck hineindringen:
variiert noch in den Sommerliedern ("in der blüenden
blüete schîn/doenet wol diu nahtegal" Nr. 8, V.
7/8;[3] "süeze wîse/singet nahtegal" Nr. 10, V.
12/13;[4] "dâ sich nahtegal der zît in sange rüemet"
Nr. 18, V. 10) wird das Motiv in den Winterliedern
zur sprachlichen Formel:

"dâ von swîget aber nahtegal"   Nr. 14, V. 6
"dâ von **swîgent nahtegal:**"   Nr. 20, V. 11
"dâ von swîget manic nahtegal:"   Nr. 21, V. 11[5]

---

1) In Lied 14 zum Abgesang überleitend.
2) Natureingang umfaßt hier nur 3 Verse.
3) Vgl. Nr. 19, V. 12; 12, 7/8
4) Vgl. Nr. 11, V. 7/8; 18, 11
5) Vgl. auch Lied 17, V. 3: "sît diu nahtegal geswigen ist:"

Die Formalisierung des Inhalts enthüllt sich in der
sprachlichen Verhärtung; die Statik der Formel
stützt zu gleicher Zeit die formale Funktion des
'objektiven' Verses: in allen drei oben genannten
Liedern ist er Einleitungsformel des Abgesangs.

Die Gerinnung zur Formel bleibt nicht allein auf
das Nachtigallen-Motiv beschränkt. Die Verse "sost
geblüemet berg und tal" (Nr. 8, V. 4; 11, 10),
"dâ die bluomen (vîol) (unde rôsen rôt) dringent
dur daz gras" (Nr. 2, V. 4; 14, 10; 15, 2/3) und
"diu zît ist sô wol (wart nie baz) gestalt" (Nr. 11,
V. 13; 15, 1; 19, 5) werden gleichermaßen als
starre Versformeln zu formalen Zwecken, zur
Markierung der Strophengliederung eingesetzt.[1] In
den Liedern 12 und 20 dehnt sich die Verfestigung
des Motivs zur Formel sogar über mehrere Zeilen aus:

"wan siht allenthalben ûf dem plân
vil der bluomen stân."
Nr. 12, V. 11/12

"wan siht anger und den plân
beide sunder bluomen stân."
Nr. 20, V. 6/7

Auch hier ist es der Stropheneinschnitt (Beginn des
zweiten Stollens in Nr. 20; Abschluß des Aufgesanges
in Nr. 12), der durch 'objektive' Wiederkehr des
gleichen Verses angesagt wird.[2]

---

1) "sost geblüemet berg und tal" schließt in Lied 8 den
1. Stollen, in Nr. 11 den Abgesang. Beispiel 2 markiert in
Nr. 2 das Ende des Aufgesangs, in Nr. 14 das des Abgesangs
und in Nr. 15 das des 1. Stollens; mit dem 3. Beispiel
beginnt Lied 15, der 2. Stollen in Nr. 19, und es endet
mit ihm der 1. Stollen der 2. Strophe in Nr. 11.
2) Über Ähnliches bei Neifen, vgl. Brinkmann, Zu Wesen und
Form, a.a.O., S. 156 und Kuhn, Minnesangs Wende, a.a.O.,
S. 72.

Dienten die bisher betrachteten Bestandteile des
Natureingangs der Akzentuierung der verschiedenen
Strophenabschnitte, so helfen andere, den Zusammen-
halt innerhalb der Strophe zu wahren. Hierzu dient
vorzugsweise der Reim.
Wiederkehr der gleichen Reimpaare in den Natur-
eingängen ist nicht selten;[1] einige bilden als
Paar eine feste Formel, die wiederholt zur Stollen-
bindung dient:

" Wis willekomen, wünneclîcher meie,
wan dû fröuwest manic herze, daz ê trûric was.
dîn kunft wil fromen daz vil manic reie
wirt gesungen dâ die bluomen dringent dur daz gras."
Nr. 2, V. 1 - 4

" Helfent grüezen mir den meien
der sô lobelîchen schoenet
anger heide ûf berge und in dem tal.
wir sun tanzen springen reien,
sît der walt ist wol bedoenet:
dâ hânt vogellîn fröiderîchen schal."
Nr. 18, V. 1 - 6

" Nû ist heide wol geschoenet
mit vil manigem blüemelîn gemeit:
sô ist ouwe wol bedoenet,
dâ diu vogellîn singent sunder leit."
Nr. 7, V. 1 - 4

" Fröit iuch gegen dem meien schoene,
...
dâ bî hoert man süeze doene"
Nr. 8, V. 1.5

Für eine Verflechtung der Strophenabschnitte sorgen
ferner die Reimformeln:

```
"zît     -  lît"       (11, 1.4)
"dringen -  singen"    (15, 2.5)
"bringet -  singet"    ( 4, 2.6)
"tal     -  nahtegal"  ( 8, 4.8)
"val     -  nahtegal"  (14, 3.6)
"alt     -  gestalt"   (19, 1.5)
"walt    -  kalt"      (14, 1.4)
```

---
1) Siehe Anhang 11

Mit dem Reim kehrt die Verszeile - vollständig,
oder nur leicht variiert - wieder: Die Formel-
haftigkeit der Reimpaare greift auf den gesamten
Vers über:

"   Fröit iuch gegen der zît,
 ...
 schouwent, wie der anger lît"
 Nr. 4, V. 1.3

"fröit iuch gegen des meien zît,
 ...
 seht, wie schône er lît:"
 Nr. 10, V. 2.4

"fröit iuch gegen des meien zît.
 heide in grüener varwe lît:"
 Nr. 8, V. 2/3

"   Wol dir, liebiu sumerzît,
 ...
 heide in grüener varwe lît:"
 Nr. 11, V. 1.4[1)]

Die formkonstituierende Funktion der einzelnen
Bestandteile des Natureingangs (Einleitung, Natur-
motive, -Doppelformeln), seines Aufbaus (Gliederung,
Reimbindung) soll anhand eines Beispiels zusammen-
fassend dargelegt werden:

"   Fröit iuch gegen dem meien schoene,
 fröit iuch gegen des meien zît.
 heide in grüener varwe lît:
 sost geblüemet berg und tal.
 dâ bî hoert man süeze doene
 von den kleinen vogellîn:
 in der blüenden blüete schîn
 doenet wol diu nahtegal.
 walt hât und ouwe von loube ein dach:
 rôsen in touwe, der ich mangen sach,
 stênt in wunneclîcher bluot:
 fröit iuch jungen hôhgemuot."
 Nr. 8, V. 1 - 12

---

1) Weitere Reimvers-Wiederholungen:
   Nr. 5, V. 4/5 - Nr. 10, V. 5.7   Nr. 12, 3/4 - Nr. 19, 1.5
   Nr. 8, 4.8   - Nr. 11, 7.10   Nr. 14, 3.6 - Nr. 20, 11.14
   Nr. 10, 9.12   - Nr. 12, 5/6   Nr. 14, 7.10 - Nr. 15, 2.5

Als in sich geschlossene Gestalt erweist sich der Natureingang durch den anaphorischen Rahmen der Aufforderung: "fröit iuch" (V. 1.2.12.)[1] Wiederholung und zu Formeln erstarrte Verszeilen charakterisieren den Aufgesang.[2] Eine Doppelformel und das Nachtigallen-Motiv unterstreichen die Stollengliederung, während Reimformel-Paare die Parallelität im Bau beider Stollen hervorheben. Der Abgesang wird von den Stollen abgesetzt, indem die Doppelformel an den Versanfang rückt, und sie mit dem Rosen-Topos durch Binnenreim verbunden wird.[3] Die Naturelemente "von loube ein dach - rôsen in touwe - in wunneclîcher bluot" (V. 9.10.11) gehören zu den in Landecks Liedern seltener verwandten:[4] sie betonen den Strukturunterschied zwischen Aufgesang und Abgesang, bevor sich der Kreis in den letzten Versen schließt.[5]

Neben dem streng formalen Aspekt, der die Gestaltung des Natureingangs überwiegend bestimmt, lassen sich einige wenige Beispiele finden, in denen die Erstarrung des Inhalts zur Form durchbrochen wird, so etwa in Lied 19:

---

1) Er wahrt dadurch seine Eigenständigkeit, wenn Landeck in diesem Lied auch auf eine Überleitung zum Minneteil nicht verzichtet, und die zweite Strophe einsetzt mit dem Rückbezug: "Sich fröit al diu werlt gemeine,/wan daz ich betrüebet bin:" (V. 13/14).
2) Wiederholung in V. 1/2; Versformeln: "heide in grüener varwe lît": vgl. Nr. 11, V. 4; "sost geblüemet berg und tal": vgl. Nr. 11, V. 10; "süeze doene" der Vögel: vgl. Nr. 2, V. 5/6; 5, 7/8; 10, 10/11; 15, 5/6; Nachtigallengesang: vgl. Nr. 10, V. 12/13; 11, 7/8; 12, 7/8; 14, 7/8; 18, 10/11; 19, 12.
3) Binnenreime treten nur im Abgesang der Naturstrophen auf: vgl. Nr. 2, V. 4/6 und 7, 5/6.
4) Das Laubdach findet sich nur in diesem Lied, die Rose noch einmal in Nr. 15, V. 3, der Tau in 15, 7 und 19, 7, die Blüte neben Nr. 8, V. 7 in 12, 5 in adjektivischer Form. Die drei letzten Motive sind noch einmal miteinander verbunden in Lied 4, im Naturvergleich V. 27/28: "ir munt stêt in süezer bluot/sam in touwe ein liehtiu rôse rôt."
5) Bezieht sich V. 12 auf Verse 1 und 2 zurück, so klingt in V. 11 das Blütenmotiv des 2. Stollens an.

"ûz dem loube singent witewal,
tröschel hôhe ûf waldes wilde,
lerche ob dem gevilde,
in den ouwen doenent nahtegal."
V. 9 - 12

Drossel und Lerche sind schon vor Landeck in Natureingängen belegt,[1] und auch im Zusammenstellen der Vogelarten bleibt Landeck nicht allein.[2] Originell indes ist die durchgängige und doch stets variierte Form, in die Landeck seine Vogelreihe einpaßt. Die Vogelarten werden nicht einfach aneinandergereiht,[3] sondern jeder Vogel erhält seinen eigenen Vers.

Parallel strukturiert sind die Rahmenverse (Ortsbestimmung, Verb, Vogelbezeichnung), in ihrer umgekehrten Reihenfolge (Vogelart, Ortsbestimmung) hebt sich das mittlere Verspaar von ihnen ab. Allen Versen gemeinsam ist die Verbindung des Vogels mit einer Ortsbestimmung; diese jedoch und die zugehörige Präposition wechseln mit den verschiedenen Vogelarten. Der ständige Wechsel der Vögel und ihres Aufenthaltes ruft den Eindruck von Bewegung, Lebhaftigkeit hervor. Wirklichkeitsnahes Beobachten Landeck zusprechen zu wollen, ginge zu weit,[4] gehören doch die erwähnten Vögel und Orte durchaus zum allgemeinen Bildgut des Natureingangs.[5] Lebendig wirkt dieser Abschnitt weniger aufgrund seiner Bilder (allenfalls sind es die Präpositionen, die zur Anschaulichkeit beitragen), als vielmehr durch das Mit- und Gegeneinander seiner Verse, durch seine abwechslungsreiche Strukturierung.

---

1) "Droschel, nahtigal" Neidhart SL 23; "lerche" Winterstetten, Leich IV, V. 8
2) "lerche, troschel, nahtegal,/amsel und galander" Konrad von Würzburg, 17, V. 9/10 (Ausgabe: Edwart Schröder, Kleinere Dichtungen Konrads von Würzburg. III Die Klage der Kunst. Leiche, Lieder und Sprüche, Berlin ²1959).
3) Vgl. Konrad von Würzburg, Anm. 5
4) Vgl. Schneider, a.a.O., S. 87 ff
5) Ausgenommen der "wilde walt" ist ein bekannter Topos, wenn auch häufiger in epischer Dichtung als in lyrischer anzutreffen.

Wiederum setzt Landeck formaltechnisches Können
ein; nur will er diesmal nicht durch Formalisierung
der Verszeilen 'objektives' Material für den
Strophenbau gewinnen, sondern sucht - umgekehrt -
in der Koordinierung mehrerer Verse Auflockerung
ihres formelhaften Charakters, größere Anschaulich-
keit, lebendigere Wirkung zu erzielen.
Der Versuch, durch Formgestaltung Beweglichkeit
statt Verfestigung des Ausdrucks hervorzurufen,
wird von Landeck in diesem Maße nicht wiederholt.
Er bemüht sich zwar auch, den Wintereingang zu
bereichern, ihm größere Anschaulichkeit zu verleihen,
ihn damit vom Pendant des Sommereingangs unabhängiger
werden zu lassen (Winter nicht nur als negativen
Sommer darzustellen), doch diese Intention findet
nur in einigen wenigen Verben Ausdruck:
"val" werden, "valwen" wechseln mit "selwen" und
"rêren",[1] "grîsen", "rîsen" und "dorren" sind vom
Sommereingang nicht übernommene, selbständige Verben
des winterlichen Verfalls,[2] und in Lied 21, V. 12
wird der für den Wintereingang charakteristische
verstummte Vogel zum erstenmal durch einen qualvoll
schreienden ersetzt ("cîsel schrîget,/ungefrîget/
ist sîn swaere.").

Es ist ebenfalls ein Winterlied, in dem Landeck vom
herkömmlichen Schema abweicht: der Natureingang in
Lied 13 enthält sieben geographische Angaben (es
folgen sechs weitere, darunter vier neue, in Strophe
2), die nicht dem üblichen Topoi-Schatz entnommen
sind, sondern reale Orte benennen:

---

1) "selwen" Nr. 9, V. 2; 21, 3; "rêren" Nr. 14, V. 2; 20, 3
2) "grîsen" Nr. 20, V. 8; "rîsen" Nr. 20, V. 9; "dorren"
   Nr. 21, V. 10

" Mich muoz wunder hân
wiez sich stelle bî dem Rîne,
umb den Bodemsê,
ob der sumer sich dâ zer.
Francrîch hât den plân,
den man siht in trüebem schîne:
rîfen tuont in wê
bî der Sêne und bî dem mer.
dise selben nôt hânts ouch bî Aene,
da ist ir fröide kranc.
wunne und vogelsanc
ist in Swâben, das ich waene:
dar sô jâmert mich
nâch der schoenen minneclich.
...
diu vil süeze reine wandels vrîe
zieret Swâbenlant:
Hanegöwe Brâbant,
Flandern Francrîch Picardîe
hât sô schoenes niht"

V. 1 - 14.23 - 27

Das hic et nunc der Situation wird neben der Ortsnennung ferner betont durch die mehrmalige Erwähnung des Pronomens der 1. Person singularis, das in diesem Lied (im Unterschied zu anderen Natureingängen Landecks) nicht Bestandteil einer formelhaften Wendung ist.[1] Die persönlichen Aussagen "mich muoz wunder han ... ob" (V. 1) und "ich waene" (V. 12)[2] sind in ihrer fragenden, vermutenden, noch unbestimmten Form für einen Natureingang ungewöhnlich.[3] Vom allgemein Feststellbaren, vom literarisch Tradierten verlagert sich der Akzent auf das persönlich Wahrnehmbare, das individuell Erfahrene. Der Dichter schildert eine konkrete Situation; die Forschung datiert sie in das Jahr 1289, als Landeck am Heereszug König Rudolfs von Habsburg gegen den Pfalzgrafen von Hochburgund teilnimmt und sich im winterlichen

---

1) Wie etwa: "helfent mir klagen (grüezen)" - Nr. 1, V. 1; 18, 1; "ich klage (verklagte)" - Nr. 1, V. 7; 5, 7; 16, 1; "ich sach (nam war)" - Nr. 8, V. 10; 20, 10.
2) Vers 13 "dar sô jâmert mich" gehört bereits zur Überleitung zum Minneteil und ist eine bekannte Wendung.
3) Im Natureingang werden üblicherweise Feststellungen getroffen ("ich sach"), oder eine Reaktion wiedergegeben ("ich klage").

Frankreich nach seiner Heimat zurücksehnt.[1]
Konkret-real sind allerdings lediglich die Ortsangaben; die Winter/Sommer-Charakteristika wahren die tradierte Form ("in trüebem schîne" V. 6; "rîfen tuont ... wê" V. 7; "wunne und vogelsanc" V. 11) und führen damit das persönliche Erleben wieder zurück zum Allgemeinen: die Besonderheit der Situation wird durch die formelhafte Darstellungsweise wieder weitgehend aufgehoben.

Für die Wiedergabe individueller Erfahrungen kennt der Dichter noch keine eigenständige Ausdrucksweise - noch ist das Persönliche nur in der Bindung an das Festgelegt-Gültige, an die tradierte poetische Formel aussagbar.

Konsequente Formalisierung der überlieferten Natureingangsstrophe und der -verse, der Einzelelemente und der -motive ergibt sich als zusammenfassendes Resultat der Analyse. Bild und Formelreihe strukturieren Vers- und Strophenform; Naturverseinheiten und Eingangsstrophe gliedern die Liedanlage. In seiner nunmehr rein formalen Funktion hat der Natureingang unmittelbare inhaltliche Aussagekraft und Symboldeutung verloren, hat sie 'objektiviert'.

Er ist zu einem Schema geworden, das - fest geschlossen und formal eigenwertig - zu Lockerung, Veränderung und Erweiterung herausfordert.

---

[1] Vgl. Bartsch, a.a.O., S. CXXXIII. Ähnlich nimmt Landeck in Lied 5 Bezug auf Rudolfs Belagerung von Wien im Jahre 1276: "der vil süezen, der ich diene,/singe ich disen sanc vor Wiene,/dâ der künic lît mit gewalt" V. 44 - 46.

3. Steinmar

Lange begnügte sich die Forschung mit der Bezeichnung 'epigonal' in Hinblick auf die Lieder Ulrichs von Singenberg und Konrads von Landeck. Im Lichte dieses Urteils erscheinen diese Sänger zu unbedeutend für eine detaillierte literarische Analyse.

Steinmar hingegen hat seit je die Aufmerksamkeit der Interpreten auf sich gezogen, zu Auslegung und Stellungnahme herausgefordert. "Wirklichkeitsnähe", "Realismus" sind als Kennzeichen seiner Lieder immer wieder hervorgehoben worden, - sei es als Deterioration,[1] oder positiv als Vitalisierung[2] der Minnesangtradition.[3]

Umfassende und detaillierte Untersuchungen der Steinmarschen Lieder bieten Alfred Neuman, Robert Auty und - in neuerer Zeit - Diether Krywalski.[4]

Neben eingehender Formanalyse sucht Neumann eine kontinuierliche Entwicklung im Liedcorpus Steinmars aufzudecken[5] und unterschiedliche Einflüsse auf das Steinmarsche Liedschaffen zu klären. Er spricht sich gegen einen direkten Einfluß Neidharts aus,

---

1) Vgl. u. A. Mihail D. Isbasescu, a.a.O.
2) Vgl. Helmut de Boor, Die deutsche Literatur im späten Mittelalter, Zerfall und Neubeginn, Erster Teil, 1250 bis 1350, München, ^{4}1973.
3) Über die Diskrepanz in der Beurteilung Steinmars vgl. Diether Krywalski, Untersuchung zu Leben und literaturgeschichtlicher Stellung des Minnesängers Steinmar, Diss. München, 1966, S. 30 f.
4) Alfred Neumann, Über das Leben und die Gedichte des Minnesingers Steinmar, Diss. Leipzig, 1885; Robert Auty, Studien zum späten Minnesang, mit besonderer Berücksichtigung Steinmars und Hadlaubs, Diss. (Masch) Münster, 1937; Diether Krywalski, a.a.O.
5) Gemäß einer gradlinigen Entwicklung vom 'konventionellen' Minnesang zu realistischer Schilderung bis zur Ironisierung des Traditionellen und expliziter Absage stellt Neumann folgende Liedordnung auf: 2, 12, 13 (1. Periode) - 4, 5, 6, 7, 8, 9, 10, 13 (2. Periode) - 11, 14, 1 (3. Periode a.a.O., S. 25 - 44.

zieht vielmehr Parallelen zu Neifen, Winterstetten und Tannhäuser.[1]

Robert Autys Ziel ist es, Steinmar als Dichter des Übergangs zu verstehen, ihm einen literaturhistorischen Rang zuzuordnen. Steinmar ist ihm ein charakteristischer Exponent des späten Mittelalters, indem seine Lieder die höfischen Normen durchbrechen und sich anpassen "an die Wirklichkeit des erlebten Lebens."[2] In der zeitgemäßen Relativierung der Minne, ihrer Reduktion auf den Bereich sinnlich erfahrbarer Wirklichkeit und in der damit verbundenen Aufhebung des Dualismus zwischen 'hoher' und 'niederer' Minne sieht Auty die künstlerische Leistung Steinmars.[3]

Krywalski bezweifelt Steinmars bislang angenommene schweizerische Herkunft und sucht ihn als den schwäbischen Ritter Steinmar von Sießen-Stralegg zu erweisen. Geleitet hat ihn hierzu vor allem Steinmars Anspielung auf "Gebewîn" (Lied 1, V. 15), in dem Krywalski den Onkel Steinmars von Sießen-Stralegg erkennt. Krywalski stellt sich die Aufgabe, den Umkreis der auf Steinmar wirkenden Traditionen zu sichten.[4]

Er erhärtet die bereits von Neumann gesehenen Einflüsse Neifens, Winterstettens und Tannhäusers. Darüber hinaus zieht er die Traditionen der mittellateinischen Streitgespräche, der Pastourellen, der Trink- und Schlemmerlieder der Vaganten und der 'volkstümlichen' Martinslieder heran,[5] um darzulegen,

---

1) Neifen und Tannhäuser gelten als Vorbilder für Steinmars Lieder der 'niederen Minne', Neifen und Winterstetten für Form- und Sprachgestalt, Tannhäuser für die Parodierung des höfischen Minnedienstes. Vgl. Neumann, a.a.O., S. 66 - 85.
2) Auty, a.a.O., S. 30
3) Vgl. ebd., vor allem S. 39 ff.
4) Vgl. Krywalski, a.a.O., S. 30 ff.
5) Vgl. Krywalski, a.a.O., S. 54 ff

in welchem Maß Steinmar sich die verschiedenartigen Liedformen fügbar macht. Krywalski zeichnet mit Akribie die Beziehungen zwischen dem Steinmarschen Herbstlied und den oben genannten Liedgattungen nach und revidiert so das in der Forschung lange aufrecht gehaltene Bild Steinmars als eigenständigen Begründer des Herbstliedes und der deutschsprachigen Trink- und Schlemmerlied-Tradition.
Obwohl mit Krywalskis Nachforschungen der Zweifel an Steinmars Schweizer Herkunft laut geworden ist, so sollen Steinmars Lieder dennoch in die Untersuchungen dieser Arbeit mit einbezogen werden. Es ist hier nicht Aufgabe, dem Für und Wider der neu erhobenen These nachzugehen, denn Steinmar bleibt - auch im Falle einer schwäbischen Herkunft - für die späten Schweizer Minnesänger Buwenburg und Hadlaub von größter Bedeutung. Steinmars Bemühen um Distanz von der Minnelied- und damit auch von der Natureingangs-Konvention kann in einer Untersuchung über den späten Minnesang nicht übergangen werden.
Die Uneinheitlichkeit der Steinmarschen Lieder, ihre Spannbreite, die den konventionellen Stil ebenso wie seine ironische Aushöhlung und offene Ablehnung umfaßt, hat die Forschung stets betont, jedoch unterschiedlich ausgelegt. Neumann erkennt eine kontinuierliche dreischrittige Entwicklung vom "engen Anschlusse an das konventionelle Minnelied"[1] über das "Schwanken ... (eines) mit sich noch nicht einigen Dichters"[2] bis zum vollständigen

---

1) Neumann, a.a.O., S. 28
2) ebd., S. 31

Durchbruch des "Gegensatzes zum idealen höfischen Minnesange."[1]

Auty hingegen schließt nicht auf einen konsequent fortschreitenden Prozeß, sondern sieht Steinmars Leistung gerade im gleichberechtigten Neben- und Miteinander unterschiedlicher Minne- und Realitätsauffassungen. In der Relativierung der hohen Minne zu einem "Erlebnistypus" neben verschiedenen anderen offenbare sich der spätmittelalterliche Dichter, der auf die Vielfalt der Erlebnismöglichkeiten, auf die Fülle der "Einzelwirklichkeiten" aufmerksam wird, qualitative Differenzierung durch quantitative Entgrenzung ersetze.[2]

Krywalski deutet Steinmars Variationsbreite als charakteristische spätmittelalterliche Offenheit für unterschiedliche Gestaltungsmöglichkeiten, für Aufnahme und Umformung vielfältiger Liedtraditionen. Seine Untersuchungsergebnisse erhärten Neumanns Chronologie der Steinmarschen Lieder.[3] Da Krywalski weniger nach der inneren Entwicklung des Dichters, vielmehr nach der Art seiner Traditionsrezeption fragt, steht im Mittelpunkt seiner Analyse die Einteilung nach Liedgattungen.[4]

---

1) Neumann, a.a.O., S. 38. Zur 1. Periode zählt Neumann die Lieder 2, 12, 3; zur 2. Periode: 4, 5, 6, 7, 8, 9, 10, 13 und zur 3. Periode: 11, 13, 1.
2) Vgl. Auty, a.a.O., S. 26 ff; insb. S. 26 f, 36.41 f.
3) Anhaltspunkte für die Einordnung der Lieder gewinnt Krywalski vor allem aus Steinmars historischen Anspielungen und der metrischen Analyse; vgl. Krywalski, a.a.O., S. 16 - 24.84 - 105.
4) Vgl. ebd. Die Einordnung, mit der Krywalski seine Untersuchung beschließt, enthält keine gravierenden Änderungen zu der Neumanns: Lieder 12 und 13 werden ausgetauscht (12 mit Einschränkung der 'konventionellen' Gruppe zugeordnet) und 7, 11, 14 in die Pastourellen-Tradition gestellt. Der groben Einteilung zu Beginn in Lieder über hohe und niedere Minne (vgl. a.a.O., S. 35): 2, 3, 4, 5, 6, 9, 10, 12, 13 / 7, 8, 11, 14 folgt in Anlehnung an Strackmann (VL, IV, Sp. 267 - 271) eine detailliertere Klassifizierung in: 'selbständige Epigonendichtung': 2, 3, 6, 13; Lieder, die mit parodistischen Mitteln den Stil des hohen Minnesangs zersetzen: 4, 9, 10, 12; 'dörperliche Parodien' des Minnesangs (ohne direkten Neidhart-Einfluß): 7, 11, 14; 'dörperliche Parodie' des Tageliedes: 5, 8; und das Herbstlied: 1

Ein besonderer eigener Rang wird von allen
Forschern Steinmars Herbstlied zugebilligt, selbst
noch von Krywalski, obwohl seine Analyse der
Traditionszusammenhänge die bisherige Lehrmeinung
von Steinmars eigenwilliger Originalität revidiert.[1]

Steinmars uneinheitliche Minneauffassung ist zwar
nicht Gegenstand dieses Kapitels, doch wird
Steinmars Natureingangsgestaltung auf sie verweisen.

Es soll dargelegt werden, inwieweit die Natureingänge eine Klassifizierung der Lieder unterstützen, Steinmars vielfältige Traditionsgebundenheit, wie auch seine selbständigen Umformungen und Neuansätze zum Ausdruck bringen.

Steinmars Natureingänge sollen zunächst mit denen einiger seiner Zeitgenossen verglichen werden, um ihre Besonderheiten prononcierter herausstellen zu können.

Der Vergleich soll die neuere Steinmar-Studie Krywalskis ergänzen und gleichzeitig den Gegenstandsbereich der vorliegenden Arbeit auch auf weniger bekannte und sonst kaum besprochene Minnesänger ausdehnen.

Als ungefähre Zeitgenossen Steinmars und als Verfasser mehrerer Natureingänge werden Walther von Klingen, Kraft von Toggenburg, Winli und von Trostberg gewählt.

Gefragt werden soll zunächst nach der Gestaltung der Natureingangs-Exposition.

---

[1] Das Herbstlied sei "eine höchst originelle Leistung, originell jedoch in dem Sinne, daß Steinmar es verstand, verschiedene z. T. weit auseinanderliegende Literaturformen zu einer neuen Gattung zu vereinen." Krywalski, a.a.O., S. 81.

Sieben seiner zehn Sommer- und Wintereingänge[1]
(das Herbstlied soll gesondert betrachtet werden)
leitet Steinmar mit der direkten Jahreszeit-
angabe ein. Stets, auch in den Winterliedern,
nennt er den Sommer. Variierende Umschreibungen
sind selten;[2] die Wiederholung von "sumerzît"
auffallend häufig.[3] Die übrigen Natureingänge
- mit der Ausnahme von Lied 13 - beginnt Steinmar
mit den traditionellen Doppelformeln: "gras/
bluomen" (Lied 3), "heide/ouwe" (Lied 6).

Demgegenüber setzen Klingen und Winli nur je ein-
mal (von insgesamt je fünf Natureingängen) mit
der Nennung der Jahreszeit ein.[4] Im Unterschied
zu Steinmar wird in Klingens Wintereingang die
Zeit bei ihrem Namen genannt und nicht (wie in
Steinmars Liedern 11, 12 und 14) negativ als
entschwundener Sommer bezeichnet.[5] Auch Winlis
Ansage "sumerwunne" (Lied 6) hebt sich von
Steinmars "sumerzît" ab. Winlis Kompositum ist
zwar keineswegs ungewöhnlich, doch stellt es eine
Verbindung zwischen einfacher Angabe der Jahreszeit
und Deutung ihrer Wirkung her, die in Steinmars
Bezeichnung fehlt. In die übrigen Natureingänge
Klingens und Winlis führen Naturelemente ein, die
sich wie bei Steinmar zu Doppelformeln zusammen-
schließen (Winli, Lied 2: "walt/heide") oder eine

---

1) Sommereingänge: Lieder 3, 4, 6, 7, 9, 10 und 13; Winter-
eingänge: Lieder 11, 12 und 14. Die Jahreszeit wird zu
Beginn genannt in Nr. 4, 7, 9, 10, 11, 12, 14.
2) Nr. 9: "schoene zît"; Nr. 4: "wunneclîche tage"
3) In Nr. 7, 10, 11, 12; verkürzt auf "sumer" in Nr. 14.
4) Klingen Nr. 2; Winli Nr. 6
5) Die positive Winteransage im Schweizer Minnesang ist
nicht gerade geläufig. Häufiger tritt sie erst um und
nach der Wende zum 14. Jahrhundert auf, so bei Landeck
Nr. 1, Wart Nr. 4, Hadlaub Nr. 40 und Sarnen Nr. 3;
Klingen Nr. 2 und Toggenburg Nr. 5 nehmen sie vorweg.

feste Dreierbindung eingehen können (Klingen, Lied 3:
"heide/vogele/walt"). Beide Sänger handhaben sie
jedoch insgesamt abwechslungsreicher und freier als
Steinmar.

So variiert Klingen z. B. den Kontext der Elemente:
"heide/vogele/walt" in den Liedern 3, 4 und 5 fol-
gendermaßen:

"   Fröit iuch, fröit iuch, grüeniu heide,
  fröit iuch, vogele, fröit iuch, grüener walt!"
Nr. 3, V. 1/2

"   Heide ist aber worden schoene,
  si hât manger hande varwe kleit:
  vogele singent süeze doene."
Nr. 5, V. 1 - 3

" Ich sach bluomen schône erspringen,
  daz ist vor dem walde schîn:
  ...
  mit den vogelen wolde ich singen"
Nr. 4, V. 1/2.6

In Winlis Natureingängen bleibt es bei der einen
oben genannten Doppelformel als Einführung; im
übrigen wechselt er ab zwischen "blüete" (Nr. 3)
und "vogellîn" (Nr. 5).

Toggenburg nennt die Jahreszeit zu Anfang des Natur-
eingangs wieder häufiger,[1] jedoch variationsreicher
als Steinmar ("sumerwunne" Nr. 4; "winter" Nr. 5;
"sumerzît" Nr. 7).[2] Leitet Toggenburg mit Natur-
elementen ein, so bewahrt er auch hier größere
Vielfalt der Gestaltung: Lieder 1 und 2 beginnen
mit nur jeweils einem Element vor der Jahreszeit-
ansage; eine Doppelformel ("bluomen/klê") benutzt

---

1) In Nr. 4, 5 und 7
2) Selten wiederholt sich ein Jahreszeitausdruck auch im
   weiteren Verlauf der Toggenburgschen Natureingänge;
   lediglich "mei" erscheint zweimal in Lied 1; "winter"
   kehrt in Nr. 3, 4 und 5 wieder; "sumerwunne" - allerdings
   mit verschiedenen Epitheta - in Nr. 4 und 7. Im übrigen
   spricht Toggenburg von "sumerbluot" Nr. 1, V. 3; "des
   meien sumersüeziu wunne" Nr. 1, 26; "liehten tage(n)"
   Nr. 2, 2; "der vil schoenen zît" Nr. 4, 5 und "wunneclîche(n)
   tage(n)" Nr. 6, V. 2.

Lied 6; mit einer Dreierreihe setzt Lied 3 ein
("heide und anger und diu tal").

Dem Natureingang Steinmars am nächsten kommt
Trostberg. Jedem seiner Natureingänge[1] stellt er
die Jahreszeitnennung voran; die Ansage "mei" wird
in keinem Lied variiert.

Als ein erstes Ergebnis ist festzustellen, daß
Steinmar die Einführung in den Natureingang - im
Unterschied zu anderen zeitgenössischen Sängern -
starr, monoton und stereotyp gestaltet. Steinmars
reduzierte Bildhaftigkeit und häufige Wiederholung
des einen Jahreszeitbegriffes ist lediglich noch
einmal in den Liedern von Trostberg zu beobachten.

Inwieweit treffen diese Charakteristika auch auf
die weitere Ausgestaltung der Natureingänge
Steinmars zu?

Fast die Hälfte der Eingänge (4) enthält eine nur
geringe Zahl von Naturelementen: Lied 4 weist
überhaupt keines auf; das "vogelîn" ist einziges
Element in Liedern 9 und 11, und Lied 6 bringt
lediglich die Doppelformel "heide/ouwe". Demgegenüber sind nur bei Toggenburg zwei ähnlich auf
wenige Elemente reduzierte Natureingänge zu finden.[2]
In der Wahl der Naturelemente hält sich Steinmar
vorwiegend an das konventionelle Schema: "vogelîn",
"heide" und "bloumen" werden am häufigsten wiederholt.[3]

---

1) Lied 1 beginnt mit einem Naturvergleich und zählt nicht
   unter die üblichen Natureingänge.
2) In Nr. 2 und 4; Winli, Klingen und Trostberg bauen ihre
   Natureingänge stets mit wenigstens drei Elementen auf.
3) "vogelîn": Nr. 3, 9, 11, 12, 13, 14 (6); "heide": Nr. 3,
   6, 7, 10, 13, 14 (6); "bloumen": Nr. 3, 7, 13 (V. 3.8)
   (4).

Hierin unterscheiden sich Klingen und Toggenburg
nicht von ihm,[1] wohl aber Winli und Trostberg.
Winlis Vorliebe gilt der "blüete/bluot", die in
seinen Natureingängen die "bluome" ersetzt,[2]
und Trostberg verzichtet weitgehend auf das
traditionelle Vogel-Element.[3] Feste Doppelbindungen
von Elementen kommen in den Natureingängen fast
aller dieser Sänger vor.[4] Steinmar ist allerdings
der einzige, der eine Doppelformel wiederholt.[5]

Hinsichtlich Anzahl, Auswahl und Bindung der Naturelemente in Steinmars Eingängen überschreiten die Lieder 7, 13 und 14 den üblichen Rahmen: aus sechs verschiedenen Elementen konstruieren sich die Natureingänge 7 und 14; sieben sind es in Lied 13.[6]

Gerade unter diese Elemente zählen auch die von Steinmar nur einmal gebrauchten und die, die keine Doppelformel-Bindungen eingehen.[7]

---

1) "vogele": Klingen Nr. (2), 3, 4, 5 (4); "heide": Klingen Nr. 2, 3, 5 (3); "bluomen": Klingen Nr. 2, 4 (2) - "bluomen": Toggenburg Nr. 1 (V.9.21.25), 2, 5, 6, 7 (7); "vogele": Toggenburg Nr. 1, 2, 3, 4, 5, 7 (6); "heide": Toggenburg Nr. 1, 2, 3, 5, 7 (V. 2.9) (6)
2) "blüete/bluot" Nr. 2, 3, 4, 5, 6 (V. 4.28.33)
3) "vogellîn" erscheint nur einmal in Lied 4; Trostberg behält "heide" und "bluomen" aber als häufigst gebrauchte Elemente bei.
4) Siehe Anhang 12
5) "heide und ouwe" in Nr. 3, V. 5 und Nr. 6, V. 1
6) Lied 7: "krûte - heide - meien kleider - bluomen - kranze - garten"; Lied 13: "sât - bluomen - vogelîn - walt - heide - bluomen - touwe"; Lied 14: "walt - loup - este() - heide() - rîfe - vogelîn".
7) Einmal vorkommend: "krûte - kranze - garten" in Lied 7; "sât - touwe" in Lied 13; "loup - este" in Lied 14. Die Natureingänge 4, 9 und 11 können keine Doppelformeln aufweisen, da sie entweder keines, oder nur ein Element enthalten. Die Doppelformeln von Liedern 3 und 6 sind auf S. 88 dieser Arbeit verzeichnet. Eine Variante liegt vor in Nr. 10, V. 9/10: "meie hât die heide wol geschoenet/und den walt mit sange wol bedoenet:" Die Besonderheit von Lied 1 wird an anderer Stelle besprochen.

Vorerst soll dieser Hinweis auf die von den übrigen
Natureingängen differierenden Merkmale genügen;
eine Deutung muß die Charakteristika des Epitheta-
Gebrauchs und der Naturvergleiche mit einbeziehen.

Im Vergleich zu Klingen, Toggenburg, Winli und
Trostberg erscheint Steinmar in der Verwendung der
Epitheta am unbeweglichsten. Ist die Anzahl der
unterschiedlichen schmückenden Beiworte bei all
diesen Sängern noch ungefähr gleich, so läßt Steinmar
in der Häufigkeit der Wiederholungen die Dichter-
kollegen hinter sich: über 90 Prozent seiner Epitheta
sind Repetitionen.[1]

Einmalig bleiben Steinmars Epitheta "saelderîche
(sumerwunne)" Nr. 4, V. 11; "ungeslahte(r) (winter)"
Nr. 11, V. 3; "saeligiu (sumerzît)" Nr. 12, V. 1
und "leide() (rîfe())" Nr. 14, V. 4 - innerhalb
seiner Natureingänge sowie innerhalb der des
Schweizer Minnesangs.

Das Winterattribut "leide" ist durch die Neidhart-
Tradition überliefert;[2] Beispiele für anschauliche
Epitheta in den Wintereingängen des späteren
Minnesangs verzeichnen Schneider und Neumann,[3]
doch nur von Steinmar ist "ungeslaht" überliefert.
"Saelderîch" und "saelig" als Epitheta ornantia für
den Sommer sind im Minnesang vollends ungewöhnlich;
Neifens Verse IV, 1 - 3 ("Saelic sî diu heide! ...")
und XIII, 1 - 4 ("Saelic saelic sî diu wunne ...")[4]

---

1) Siehe Anhang 13
2) Vgl. Neidhart WL 12, V. 7: "daz ist allez von dem leiden
   rîfen kalt;" häufig bei Neidhart: "der leide winter"
   (Nr. 3, V. 2; 5, 11; 14, 3; 18, 2)
3) Vgl. Schneider, a.a.O., S. 31, auch Marold, a.a.O., S. 25
   und Neumann, a.a.O.
4) Neifen IV, V. 1 - 3: "Saelic sî diu heide!/saelic sî diu
   ouwe!/saelic sî der kleinen vogellîne süezer sanc!"
   XIII, V. 1 - 4: "Saelic saelic sî diu wunne,/saelic sî
   des wunnebernden meien zît,/saelic sî der vogel singen,/
   saelic sî diu ouwe, saelic sî der walt!"

bedeuten noch keine Transposition des Adjektivs "saelig" von der Dame/der Minnefreude auf die Jahreszeit[1] sondern rekurrieren auf eine geläufige Segensformel.[2] Sarnens Verse Nr. 4, V. 8/9 ("gar in saelden swebt/liehte sumerwunne") und die Verknüpfung von Liebes- und Frühlingsfreude in Nr. 3, V. 27 ("mîner saelden meiewunne") werden wohl schon unter dem Einfluß Steinmars stehen.[3]

Es wird im folgenden zu fragen sein, ob die beiden Epitheta "saeldenrîch" und "saelig" im Zuge allgemeiner Bedeutungsnivellierung nun von Steinmar auch auf die Jahreszeit übertragen werden können, oder ob Steinmar sie bewußt als Mittel der Übersteigerung einsetzt.

Analog zum Gebrauch der Naturelemente und der Adjektive gilt für Steinmars Naturvergleiche einerseits die auffallend häufige Wiederholung konventioneller Bilder, andererseits die Neigung zu ungewöhnlichen, originellen Wendungen.

---

1) "saelderlîche/saelic frouwe" und die "saelde", die sie dem Manne schenken kann, gehören zum festen Bestandteil der Minneterminologie. Vgl. Heinrich Götz, Leitwörter des Minnesangs, Berlin, 1957, S. 49 ff. Beispiele aus dem Schweizer Minnesang siehe Anhang 14.
2) Vgl. von Lieres, a.a.O., S. 139. Ebenso sind Konrads von Würzburg Verse Nr. 3, V. 1/2 ("Nû gît aber der süeze meie/saelde und êre manger leie") kaum als bewußt künstlerische Transposition anzusehen, denn die Aussagekraft der Doppelformel: "saelde und êre" ist zu seiner Zeit bereits stark reduziert und fast nur noch Formel-Versatzstrück.
3) Für einen Einfluß Steinmars auf Sarnen sprechen auch andere Parallelen: Siehe Anhang 15.

Fast 70 Prozent seiner Vergleiche beruhen auf den bekannten Sonnenlicht- (allein fast 40 Prozent), Vogel-, Mai- und Rosenmotiven.[1] Kann noch das Bild vom Weichwerden des härtesten Steines (Nr. 9, V. 27) als vorgeprägt nachgewiesen werden,[2] so muß den drei folgenden Naturvergleichen Originalität zugestanden werden:[3]

" Als ein swîn in einem sacke
vert mîn herze hin und dar.
wildeclîcher danne ein tracke
viht ez von mir zuo zir gar.
ez wil ûz durch ganze brust
von mir zuo der saelden rîchen:"
Nr. 4, V. 31 - 36

"vor minnen schricken ich
mich tûchen als ein ente sich,
die snelle valken jagent in einem bache."
Nr. 10, V. 12 - 14. 26 - 28

Klingen, Toggenburg, Winli und Trostberg bemühen sich zwar stärker als Steinmar innerhalb des konventionellen Topoi-Angebots um Alternativen,[4] weisen aber keine ähnlich individuellen Bildprägungen auf.

Es seien die formalen Charakteristika der Steinmarschen Natureingänge noch einmal zusammengefaßt:

---

1) Sonnenvergleich: Nr. 6, V. 20/21; 9, 19/20; 12, 8.(18). 24/25. (28.38.48); 13, 19/20; Vergleich mit dem in die Lüfte aufsteigenden Vogel: Nr. 2, V. 5 - 7; 13, 29/30; Rosenvergleich: Nr. 12, V. 9.(19.29.39.49)
2) Vgl. Krywalski, a.a.O., S. 37; er verweist auf Morungen, Wolfram und Neidhart.
3) Vgl. ebd., S. 126; er verzeichnet Vorstufen und Anlehnungen Steinmars in der Darstellung der stürmischen Herzensbewegung. Steinmars Bild in Lied 4 jedoch bleibt auch seinen Nachforschungen zufolge "Eigenleistung" (ebd., S. 111), wie auch die Verfolgungs-Metapher in Lied 10 (vgl. ebd., S. 112).
4) Siehe Anhang 16

a) häufige Jahreszeitangabe zu Beginn ohne
   Varianten;
b) geringe Zahl von Naturelementen;
c) zahlreich wiederkehrende traditionelle
   Epitheta und
d) Wiederholung konventioneller Naturvergleiche.

Ausnahmen bilden unter Punkt a) Lied 13, unter b)
Lieder 7, 13 und 14, unter c) Lieder 4, 11 und 12
und unter d) Lieder 4, (9) und 10. Insgesamt weichen
die Natureingänge Nr. 4, 7, 10, 11, 12, 13 und 14
auf verschiedene Weisen von der Norm ab.[1]
Stackmanns Einteilung zufolge[2] gehören - bis auf
Nr. 13 - gerade diese Lieder entweder zu den den
Stil des konventionellen hohen Minnesangs zersetzenden
(Nr. 4, 9, 10, 12) oder zu "dörperlichen" Parodien
(Nr. 7, 11 und 14). Auch Krywalski erkennt in den
genannten Liedern - mit Ausnahme von Nr. 12 -
parodistische Ansätze (Nr. 4, 9, 10, 13) oder
ironische Verkehrung (Nr. 7, 11, 13).[3]

Beide kamen zu ihren Ergebnissen aufgrund einer
Untersuchung des Liedgehaltes; doch auch die Formung
des Natureingangs, die von beiden Autoren nicht
herangezogen wurde, kann - wie sich ergab - eine
Klassifizierung der Lieder unterstützen.
Wie Steinmars Natureingänge im einzelnen zur Auslegung
der Lieder beitragen können, soll im folgenden
aufgezeigt werden.

---

1) Die Natureingänge 3, 6 und 9 (mit Einschränkung) bleiben
   innerhalb des konventionellen Rahmens: rhetorisch ein-
   leitende Doppelformel in Lied 6; übliche Antithetik zwischen
   Sommerfreude/Minneleid in Lied 9 und durchgängiges Re-
   kurrieren auf die Tradition im Natureingang 3: zwei Doppel-
   formeln, enge Bindung zwischen Maien- und Frauenschönheit
   durch gemeinsame Ableitung vom göttlichen Ursprung,
   Publikumsanrede als Überleitung.
2) Vgl. Karl Stackmann, Herr Steinmar, Berthold, in: Verfasser-
   lexikon, Band IV, Berlin 1953, Sp. 267 - 271.
3) Vgl. Krywalski, a.a.O., S. 110 - 112, 117 - 119.

Die oben unter a) bis c)[1] aufgelisteten Merkmale erfüllen eine gemeinsame Funktion: Ansage der Jahreszeit, eine geringe Zahl Naturelemente, ständig wiederkehrende Epitheta verhindern einen bildhaft-anschaulichen Eindruck; kaum wird die jeweilige Jahreszeit von ihrer Wirkung auf die Natur her beschrieben, selten die Natureinführung metaphorisch ausgeschmückt. Das Ornamentale wird reduziert auf das B e g r i f f l i c h e . Besonders deutlich dominiert der Begriff in den Wintereingängen:

"   Diu vil liebiu sumerzît
hât gelâzen gar den strît
dem ungeslahten winter lanc.
ach ach, kleiniu vogellîn
müezen jârlanc trûric sîn:
geswigen ist ir süezer sanc.
daz klag ich: sô klage ich mîne swaere"
Nr. 11, V. 1 - 7

"   Nu ist der sumer hin gescheiden,
wan siht sich den walt engesten,
loup von den esten rîset ûf die heiden:
dien leiden rîfen bin ich gram
und der winterzît alsam.
    sumer sumer süeze,
    schôn ich geleben müeze,
    deich manic vogellîn grüeze!
Nr. 14, V. 1 - 8

Im ersten Beispiel folgt den beiden Jahreszeitbegriffen nur das traditionelle Vogelmotiv; in Beispiel 2 sind die Naturelemente von "sumer" und "winterzît" umschlossen; der Begriff wird im Refrain erneut aufgenommen. Die dominante Funktion des Begrifflichen im Natureingang wird im Verlauf der Lieder deutlich: die Jahreszeit ist für Steinmar kein formtechnisches Medium (vgl. Landeck), kein poetisches Imago, sondern ein konkretes F a k t u m .

---

1) zu d): **Naturvergleiche gehören nicht zum Natureingang im engeren Sinne. Die Vergleiche, die ihre Bedeutung für das jeweilige Lied aus ihrer Beziehung zum Natureingang erhalten, werden an späterer Stelle besprochen.**

Nicht die bildkünstlerische Ausgestaltung, sondern
die Jahreszeit selbst – mit ihrer tatsächlichen
Begleiterscheinung – ist von Interesse: explizit
heben Strophen 2 und 5 in Lied 11 und Strophe 3 in
Lied 14 die winterliche Kälte hervor:

"armuot und der winter kalt
die went mir jârlanc heinlich sîn."
Nr. 11, V. 16/17

"wie wilt den winter du genesen?
du maht dich vor armuot niht bedecken"
Nr. 11, V. 39/40

" ... diu kluoge,
diu nâch dem pfluoge muoz sô dicke erkalten,
...
sumer sumer süeze,
vür winter ich dich grüeze:
ich schuohe ir niht der füeze."
Nr. 14, V. 18/19.22 – 24

"Kalt" ist kein verblaßtes Epitheton ornans, sondern
eine körperlich spürbare Eigenschaft des Winters,
die sich auf den Minner konkret auswirkt: in Lied 11
auf eine Umbettung des Strohlagers in die warme
Stube, in Lied 14 auf seine Ablehnung, der Geliebten
Schuhe zu schenken. Hand in Hand mit dem konkret
erlebten Winter geht der Hinweis auf die konkrete
Situation des Sängers; die von Steinmar neu geprägte
Doppelformel: "armuot und der winter kalt" (Nr. 11,
V. 16) bringt es prägnant zum Ausdruck.

Aus dem Unverhältnis zwischen konventioneller Form
("vogellîn"-Topos, traditionelle Überleitung vom
Natur- zum Minneteil: "geswigen ist ir süezer sanc./
daz klag ich: sô klage ich mîne swaere" Nr. 11,
V. 6/7) und inhaltlicher Umgestaltung ergibt sich
Steinmars parodistischer Ansatz. Seine "swaere" ist
nicht das Paradoxon der Minne (notwendige Zurück-
haltung der geliebten Frau), die für die Minne zu
leistende ideelle Aufgabe, – die Sorge gilt vielmehr

seiner Geldknappheit und der drohenden Verkühlung
beim Liebesspiel:

"sost min kumber manicvalt:
armuot und der winter kalt
die went mir jârlanc heinlich sîn."
Nr. 11, V. 15 - 17

Ähnlich wird in Lied 14 der Natureingang durch die
nachfolgende Umformung des Refrains relativiert
und ironisiert:

"sumer sumer süeze,
schôn ich geleben müeze,
deich manic vogellîn grüeze!
...
sumer sumer süeze,
als rîch ich werden müeze
daz ich beschuohe ir füeze!
...
sumer sumer süeze,
vür winter ich dich grüeze:
ich schuohe ir niht der füeze."
Nr. 14, V. 6 - 8.14 - 16.22 - 24

Refrain 2 und 3 tauschen das konventionelle Natur-
motiv, das symbolische Liebes-, Freudenbild ein
gegen die Forderung einer materiellen Liebesgabe
und die abschließende Weigerung, sie zu erfüllen.
In beiden Winterliedern hebt die von der Frau
gewünschte Bezahlung ihrer Liebesdienste den
ideellen, im traditionellen Natureingang objektivierten,
Anspruch der Minne auf. Dem weitgehend in seiner
konventionellen Form übernommenen Natureingang ist
damit seine ehemalige Funktion genommen; sinnentleert
wird er dem Minnelied vorangestellt und damit
ironisiert. Steinmars Ironie trifft die Sublimierung
des Naturgeschehens, die poetische Idealisierung;[1]
das Naturhafte selbst wird keinesfalls abgelehnt,
vielmehr in seiner realen konkreten Gegebenheit
betont (Kälte des Winters).

---

1) Vgl. parodierende Identifikation zwischen Trauer der Vögel
und finanzieller Sorge des Sängers.

Steinmars Natureingang übernimmt zwei unterschiedliche Funktionen: einerseits wird er
- negativ - als Exemplum einer idealisierenden
Konzeption ridikülisiert, andererseits verbirgt
er - positiv - den neuen Ansatz zu einer Haltung,
die sich am konkret Gegebenen, am sinnlich
Erfahrbaren orientiert.
Diese positive Umformung gelingt Steinmar nur im
Herbst- und Winterlied[1] Die negative Erfahrung der
winterlichen Kälte scheint die poetische Darstellung
des Realen eher initiieren und fördern zu können
als die warme Jahreszeit, deren symbolische
Konnotation im Minnesang seit jeher deutlicher
empfunden, zahlreicher wiederholt und dadurch
stärker gefestigt und erhärtet wurde.[2]

Auch im Winterlied 12 klingt - wenn auch nicht in
der Deutlichkeit der Lieder 11 und 14 - reales
Erleben an. Die Klage über Kälte auf einem Feldzug
ist schon durch Landeck (Lied Nr. 13) bekannt.[3]
Bezeichnenderweise ersetzt Steinmar in diesem
Kontext Landecks distanzierteres Pronomen der
3. Person ("rîfen tuont in wê/bî der Sêne und bî
dem mer." Nr. 13, V. 7/8) durch das ihn selbst mit
einschließende der 1. Person:

---

1) Siehe Anhang 17
2) Man denke zurück an Minnesangs Frühling: "bluomen rôt" -
aber "winter und sîn lange naht", vgl. S. 25 der Arbeit.
Eine weitere Erklärung für das Eindringen des Sinnlich-
Konkreten in denLiedern 11 und 14 (sowie 1) gibt Neumanns
(vgl. a.a.O., S. 27) und von Krywalski bestätigte (vgl.
a.a.O., S. 104 f) Chronologie: 11, 14 und 1 stehen am Ende
von Steinmars Liedschaffen.
3) Vgl. S. 81 der Arbeit; Krywalski bespricht (a.a.O., S. 18 -
24) die verschiedenen Datierungsversuche des Steinmarschen
Liedes Nr. 12 und kommt, übereinstimmend mit Neumann, zu
dem Ergebnis, daß sich die Verse 34 - 36 auf den Feldzug
Rudolfs von Habsburg gegen Ottokar von Böhmen im Jahre 1276
beziehen. Den Natureingang und die einzelnen Naturverse
dieses Liedes als Beweis für den herbstlichen, statt winter-
lichen Zeitpunkt dieses Feldzuges zu werten, (vgl. Krywalski,
a.a.O., S. 24) scheint jedoch die poetische Traditions-
gebundenheit der Naturtopoi (V. 1 - 4) zu übersehen und den
Wirklichkeitsgehalt der Bilder in diesem Lied überzuinter-
pretieren.

"vil der kalten nahte
lîden wir ûf dirre vart,
die der künic gên Mîssen vert."
Nr. 12, V. 34 - 36

Deutlicher erscheint der Zug zum Konkret-Realen
in Versen 44 - 46:

"jâ fürnt ich daz wüete
an uns rîfe und ouch der snê,
muoz ich dar zuo trinken bier"

Der geläufigen konventionellen Doppelformen "rîfe
und snê" folgt die poetisch ungewöhnliche, real
aber durchaus passende Anspielung auf den wärmenden
Biertrunk. Damit kündet sich bereits in diesem Lied
das unvermittelte Nebeneinander von tradiertem
formelhaften Topoi und origineller, konkret-
realistischer Darstellungsweise an. In den Winter-
liedern 11 und 14 fungierte die Parallelisierung
von Inadäquatem als parodistisches Stilmittel.

Lied 12 gilt demgegenüber als ein im traditionellen
Ton gehaltenes, früh entstandenes Minnelied.[1]
Krywalski erkennt zwar Vers 46 als ein "für Steinmar
typische(s) Element des 'aus der Rolle fallens'"
an, das aber "das im ganzen doch geschlossene Bild
des konventionellen Klanges nicht trübe()".[2] Seine
Beweisführung der frühen Datierung dieses Liedes
erscheint stringent,[3] gleichwohl aber lassen sich
auch in den Naturversen des Liedes 12 prononciertere
Ansätze zur Ironisierung erkennen, als Neumann und
Krywalski ihm zugestehen wollen. Wie schon in der
Bestandsaufnahme[4] erwähnt, ist das Epitheton
"saeligiu" (Nr. 12, V. 1) in bezug auf die "sumerzît"

---

1) Vgl. Neumann, a.a.O., S. 27 und vgl. Krywalski, a.a.O.,
   S. 104 f, 108 f.
2) ebd. S. 109
3) ebd. S. 109
4) Vgl. S. 92 der Arbeit.

im Minnesang ungewöhnlich. Es erscheint bei
Steinmar noch einmal variiert in [...]:
"saelderîch[e] sumerwunne" (V. [...] der
Liedern [...]
des Sommers eine Reduktion auf [...] das
Realen, [...] Trivialen:

"muoz ich dar zuo trinken bier"
Nr. 12, V. 46

"   Als ein swîn in einem sack-
vert mîn herze hin und dar."
Nr. 4, V. 31/32

Der ausgesucht erhöhende Charakter des Attributs
läßt auf eine bewußte Kontrastierung zwischen Lied-
eingang und den nachfolgenden Versen schließen. In
Lied 4 wird das Preziöse des Natureingangs verstärkt
durch die wiederholte - im Minnesang sonst seltene -
Übertragung des Grußes aus der Minne- in die
Natursphäre ("Saelderîche sumerwunne,/du solt haben
mînen gruoz. ... dâ von ich dich, süezer sumer,/
willeclîche grüezen wil" V. 11/12.16/17).[1] Wirkt
der Natureingang 4 durch das Epitheton "saelderîche"
und betonte Huldigungsformel gestelzt-übertrieben
(andererseits inhaltsarm: kein Bild verleiht ihm
Anschaulichkeit und Frische, um [...] Steinmar an
anderer Stelle durchaus nicht verlegen ist), so ist
das Stilmittel der [...]betonung [...] Lied 12
bereits vorbereitet: In keinem anderen Lied Steinmars
erscheinen so viele aufeinanderfolgende Natur-
vergleiche, zu deren Insistenz vor allem der Refrain
beiträgt:

---

1) Der Ser[...] Reifen [...] von
Würzburg; bei [...] "grüezen" jedoch vorwiegend [...]
den Reimklanges, um des [...]alen Aspekts [...] Reim:
XXXVII, V. 1/2: "Ich solt aber dur die süezen/grüezer [...]
wol [...]"; vgl. auch XLVI, V. 1. Würzburg, Nr.
V. 1: "Grüezen mit süezen doenen sol man aber [...]
Die bei diesen Sängern übliche [...]
fehlt bei Steinmar [...]
seines Grußes [...]

"froelîcher sunnen tac,
rôse in süezem touwe
ich dich wol gelîchen mac."
V. 8/9.18/19.28/29.38/39.48/49

"   Du solt mîn meie sîn
und mîn spilndiu wunne,
...
klâr alsam diu sunne
ist dîn liehtez ougen brehen:"
V. 21/22.24/25

Naturverse im Refrain sind im Minnesang selten;[1]
Refrain mit doppeltem Naturvergleich ist nur von
Steinmar überliefert.[2] Auffallende Betonung des
konventionellen poetischen Naturschmuckes begleitet
hier das Epitheton "saeligiu". Könnte in Lied 12
das Gegeneinander von überspitzt formuliertem
literarischen Klischee und sachlich-nüchterner
Feststellung nicht auch schon - analog zu Lied 4 -
bewußt demaskierend gemeint sein?[3]

Es soll damit nicht die Datierung des Liedes in
Zweifel gezogen werden, wohl aber auf die Abweichung
Steinmars vom herkömmlichen Schema auch in diesem
Liede aufmerksam gemacht werden, die doch eklatanter
zu sein scheint, als bislang angenommen. Lied 12
dürfte der Struktur seiner Naturverse nach kaum
mehr unter Steinmars "konventionelle" Minnelieder

---

1) Allein Konrad von Würzburg verwendet den Naturvers-Refrain
   häufiger: vgl. Lieder 4, 7, 9, 11 und 29. Er ist vereinzelt noch zu finden bei Winterstetten XXI, Kilchberg V
   und Kanzler VII.
2) Nur Winterstetten fügt den Vergleichstopos "rôse ob allem
   wîben" (XXI, Str. 1, V. 8; 2, 8; 3, 8) ein; in den übrigen
   wird vom "sumer" oder "meien" gesprochen.
3) Auch in Lied 10 erfüllt der Refrain eine relativierende
   Aufgabe: dem für Steinmar ungewöhnlich ausführlichen, am
   Klischee orientierten Natureingang folgt im Refrain das
   lebendig-konkrete Bild: "vor minnen schricken ich/mich
   tûchen als ein ente sich,/die snelle valken jagent in
   einem bache." (V. 12 - 14.26 - 28). Die bewußte Kontrastierung mit dem geschauten wirklichkeitsnahen Naturvergleich betont die blasse Formelhaftigkeit der vorausgehenden Topoi und wertet sie ab.

zu zählen sein.[1] Die von Krywalski festgestellten Gemeinsamkeiten von Lied 4 und 12 im formalen Aufbau[2] werden durch die Ähnlichkeit der Naturbehandlung ergänzt: Beide Lieder decken die Realitätsferne der tradierten Naturgestaltung auf und eröffnen ihr einen neuen Wirklichkeitsbereich.

Die desillusionierenden Verse 31/32 in Lied 4 und 46 in Lied 12 implizieren Ironisierung des idealisierenden Stiles; der Natureingang in Lied 13 spricht sie offen aus:

" Ich wil gruonen mit der sât,
diu sô wunneclîchen stât:
ich wil mit dien bluomen blüen,
und mit den vogelîn singen.
ich wil louben sô der walt,
sam diu heide sîn gestalt:
ich wil mich niht lâzen müen,
mit allen bluomen springen.
ich wil ze liebe mîner lieben frouwen
mit des vil süezen meien touwe touwen.
    dest mir alles niht ze vil,
    ob si mich troesten wil."

V. 1 - 12

Dieser Natureingang zeigt Erweiterung und Umkehrung des traditionellen Schemas. Auffällig ist die enge präpositionale Parallelisierung der beiden Ebenen: Mensch - Natur.

Nur Klingen, Toggenburg und Sarnen[3] kennen (innerhalb des Schweizer Minnesangs) auch diese Steigerung der gebräuchlicheren syntaktischen, metaphorischen, konjunktionalen oder komparativen Gleichsetzung:[4]

---

1) Krywalski, a.a.O., S. 108 f
2) Vgl. ebd., S. 86.90.104
3) Sarnen kann - als jüngerer Sänger - hierbei schon unter Steinmars Einfluß stehen; vgl. andere Parallelen S. 93 Anm. 3 der Arbeit. Auch Hadlaub gebraucht präpositionale Bindung - allerdings in unpersönlichem Bezug: "mit dien (vogellîn) sol man froelîch sîn." (Nr. 19, V. 7); "des sol man mit in (vogellîn) wesen frô." (Nr. 39, V. 6).
4) Siehe Anhang 18

"nu muoz ich kumber mit in (den vogele) hân"
Toggenburg Nr. 3, V. 9

"trûren manicvalt
mir wahsent ist mit in (den vogellîn)."
Sarnen Nr. 1, V. 8

"mit dien (vogellîn) wil ich fröuwen mich
der gemeiten zît"
Sarnen Nr. 7, V. 7/8

"mit den vogelen wolde ich singen"
Klingen Nr. 4, V. 6

In den genannten Beispielen wird zur präpositionalen Identifikation nur ein gleichbleibendes Naturelement (Vogel) herangezogen.[1] Im Unterschied zur Norm erweitert Steinmar die Parallelisierung auf sechs Elemente ("sât - bluomen - vogellîn - walt - heide - touwe").

Darüber hinaus kehrt er das Identifikationsverhältnis um: Ist in den anderen Liedern die Anthropomorphisierung des Vogels Voraussetzung für die Identifikation (der Vogel trauert, fühlt Kummer, kann sich freuen), so will sich Steinmar - umgekehrt - dem Naturgeschehen anpassen.[2] Im Tausch der Beziehung, in der eigenwilligen Erweiterung des Identifikationsangebotes liegt parodistische Absicht. Sie wird unterstützt durch die formale Struktur des Kontrastes zwischen monoton-gleichförmiger Identifikationseinleitung und wechselndem Identifikationsobjekt. Steinmar betont hiermit die Insistenz, mit der der traditionelle Minnesang sein irreales, nie erreichbares Ziel verfolgt, ironisiert sie durch exzessiven und überspitzten

---

[1] Der Singvogel beitet sich für einen Vergleich mit dem Sänger vorzugsweise an.
[2] Klingens Vers 7 in Lied 4 hält Balance zwischen beiden Möglichkeiten, indem "Singen" sowohl dem Vogel als auch dem Minnesänger angemessen ist. Vgl. auch Wildonje III, Str. 3, V. 6/7: "disiu liet iu hât gesungen/vor dem walde ein vogellîn." Wenn Steinmar diesen Vers auch von Klingen übernommen hat, so wird er durch den Kontext des Steinmarschen Natureingangs doch neu gedeutet.

Gebrauch seiner Stilweise und seiner Ausdrucksmittel ('staetez' Beharren auf dem Unerfüllbaren: fünfmal wiederkehrendes "ich wil" (V. 1.3.5.7.9) verbunden mit den irrealen Naturidentifikationen). Steinmars Natureingang versinnbildlicht nur den einen Aspekt des Minnedienstes: seinen vergeblichen Eifer, seine Unvollendbarkeit. Das Streben des Minners, aus dem bloßen Gedenken an die Frau innere Kraft, tugendhafte Haltung und Freude zu gewinnen, erklärt der Natureingang als schlichtweg illusorisch, leer, gar unsinnig. Die Naturbilder können als Exempla überspannter Dienstleistungen verstanden werden, aber auch – in Hinblick auf die Verse 11/12 – als Bekundungen der Freude im Falle eines Gunstbeweises der Dame. Die hierzu ausgewählten irrealen Naturidentifikationen halten die Minnefreude eines ernsten Ausdruckes nicht länger wert, spotten über sie.

Der Spott wird zu beißender Ironie: Steinmars Naturidentifikationen wollen zwar das idealisierte Vorgehen des hohen Minnesanges veranschaulichen, stellen aber – konkret genommen – keine Sublimation dar; im Gegenteil: Die Natur wird nicht, wie üblich, auf die Ebene des Menschen gehoben, sondern der Minnesänger will sich auf das Niveau der Natur begeben, sich den Trieben der Natur überlassen. Die stilisierte Idealität des Wunsches ("ich wil gruonen mit der sât ...") entpuppt sich als Affirmation des Natürlich-Triebhaften!

Die Interpretationen Singers und Autys, die diesen Natureingang als Ausdruck "tiefe(n) Naturgefühl(s)"[1] und Darstellung "lebendige(r), organische(r)

---

1) Singer, a.a.O., S. 153

Wirklichkeit"[1]) verstehen, verkennen Steinmars, bis
ins kleinste Detail wirksam werdende, parodistische
Intention: Die Erweiterung des konventionellen
Schemas (Naturparallelen) wird zur Übertreibung
(Persistenz des "ich wil" in bezug auf die Natur-
identifikationen), die das Klischee verzerrt, es
letztlich in sein Gegenteil umkehrt (Wechsel des
Bezuges in den Naturbildern; Reduktion des
idealistisch-irrealen Anspruches auf die Ebene des
Natürlich-Triebhaften), es auf diese Weise parodiert,
als ausgehöhlt demaskiert.

Den Schritt von ironischer Kritik zu endgültiger
Aufkündigung des tradierten Natureingangs und
ideellen Anspruchs der konventionellen Minnelyrik
vollzieht Steinmar im Herbstlied.

"   Sît si mir niht lônen wil
der ich hân gesungen vil,
seht sô wil ich prîsen
den der mir tuot sorgen rât,
herbest der des meien wât
vellet von den rîsen."

V. 1 - 6

"ich weiz wol, ez ist ein altez maere
daz ein armez minnerlîn ist rehte ein marteraere.
seht, zuo den was ich geweten:
wâfen! die wil ich lân und wil inz luoder treten.
    Herbest, underwint dich mîn,
wan ich wil dîn helfer sîn
gegen dem glanzen meien."

V. 7 - 13

Es tritt in der deutschsprachigen Minnelyrik zum
erstenmal der Herbst namentlich als jahreszeitlicher
Antipod und Bezwinger des Frühlings auf: "herbest
der des meien wât/vellet von den rîsen." (V. 5/6).

---

1) Auty, a.a.O., S. 34. Vgl. auch Büheim, a.a.O., S. 47, der
   von "gemütvolle(m) Naturgefühl()", von "inniger Verbunden-
   heit" zwischen Mensch und Natur spricht.

Dem herkömmlichen Gegensatzpaar: Mai (Sommer) - Winter ist damit seine bis dahin unbestrittene Gültigkeit entzogen. Mit der Einführung des neuen Zeitbegriffes wird nicht nur ein konventioneller Topos abgelehnt; Steinmars Herbst attackiert vielmehr die gedanklichen Grundlagen und poetische Darstellungsweise des tradierten Minnesangs.

Das "arme() minnerlîn" wird dem Frühling, dem Herbst das "luoder" zugeordnet: das vitale Konkretum Herbst triumphiert über das ätherische Minnesymbol Mai. In seinem Programm: "seht sô wil ich prîsen/ den der mir tuot sorgen rât,/herbest der des meien wât/vellet von den rîsen." (V. 3 - 6) kündigt Steinmar das Ende der symbolischen Einkleidung höfischer Minnehaltung im Natureingang an. Vom immateriellen Glanz des Maien, vom fiktiven Schein (tatsächlicher Minnelohn wird nie zuteil, vgl. V. 1) tritt Steinmar über auf die Seite des Herbstes, tritt ein für das konkret Erfahrbare, für den sinnlichen Genuß, für eine Befriedigung leiblicher Bedürfnisse hic et nunc.

" Herbest, underwint dich mîn,
wan ich wil dîn helfer sîn
gegen dem glanzen meien.
durh dich mîde ich sende nôt."
V. 11 - 14

Die explizite Absage an das unerreichbare Ideal der hohen Minne und seine parodistische Umkehrung sind in Strophen 1 und 2 nicht zu überhören. Der Herbst verdrängt nicht nur den Mai aus seiner angestammten Rolle (Strophe 1), er übernimmt zudem die Funktion der Minne/Minnedame (Strophe 2): Der Sänger bittet den Herbst, sich seiner anzunehmen, ihn in sein Dienstgefolge aufzunehmen; der Herbst will die Bitte unter der Bedingung eines Preisliedes erfüllen.

Krywalskis Erklärung der zweiten Strophe als
Adaption bestimmter Motive aus den Martins-
liedern[1] zeugt von wissenschaftlicher Akribie,
beachtet aber nur unzureichend die Doppelfunktion
der zweiten Strophe (Minneparodie, -absage/
Einleitung des Herbstpreises). Wenn verschiedene
Elemente des Steinmarschen Herbstlobes: Aufzählung
der Gaben, Unmäßigkeit in Essen und Trinken,
Gans-Motiv[2] überzeugend auf die Tradition der
Martinslieder zurückgeführt werden können, so
erscheint eine weitere Parallele zwischen dem
Lehnsherrn Herbst und dem heiligen Martin zwar
naheliegend. Gegen eine unmittelbare Anlehnung
Steinmars spricht allerdings die unterschiedliche
Art des zu leistenden Dienstes, die in Krywalskis
Untersuchung unerwähnt bleibt: wird der heilige
Martin durch das Verzehren seiner Gaben, durch
Essen und Trinken verehrt,[3] so fordert der Herbst
in Steinmars Lied zum Lob g e s a n g über die
von ihm erstellten Tafelfreuden auf:

"'Steimâr, sich daz wil ich tuon, swenn ich nu baz
                                                     bevinde,
  ob du mich kanst gebrüeven wol.'
  wâfen! ich singe daz wir alle werden vol."
V. 18 - 20

Knüpft das Singen zu Ehren des Herbstes nicht eher
an den Preis der Minnedame, den sich im Gesang
vollziehenden Minnedienst als an das Martins-
brauchtum an?

---

1) Vgl. Krywalski, a.a.O., S. 70. In einigen Liedern wird der
heilige Martin mit dem Herbst identifiziert und als
Allegorie personifiziert (Verweis auf Wilhelm Jürgensen,
Martinslieder, Untersuchungen und Texte, Breslau, 1910,
S. 44 - 46). Außerdem entwickelte sich eine Art Lehnsdienst
dem heiligen Martin/dem Gabenspender Herbst gegenüber.
2) Vgl. ebd.
3) Vgl. ebd.

Ironische Verkehrung des Minnepartners, des
Minnezieles und der Minneterminologie durchzieht
die gesamte zweite Strophe:
Zu Beginn wird der Herbst gebeten, die Position
der Minnedame zu übernehmen ("Herbest, underwint
dich mîn" V. 11). Das von ihr stets geforderte
'sende nôt lîden' tauscht Steinmar mit seinem neu
gewählten Herrn ein gegen "durh dich mîde ich
sende nôt." (V. 14). Analog zum hohen Minnesang
muß die Erhörung schließlich ersungen werden;
doch gilt der Preis in diesem Falle nicht dem
Ideal von Schönheit, Reinheit und Tugend, sondern
dem unmäßigen leiblichen Genuß.
Daß Steinmar Anklänge aus der Vagantenlyrik auch
schon in der zweiten Strophe verarbeitet, soll
nicht bezweifelt werden; Krywalskis Beweisführung,
daß Steinmar durch den in Vers 15 genannten
Kleriker Gebewîn (Gebeon) die Gattung der Martins-
lieder kennengelernt habe, erscheint schlüssig.[1]
Überleitend von der Minneabsage (Strophe 1) zum
Herbstpreis (Strophe 3) verbindet die zweite
Strophe Elemente aus beiden Traditionen: die
Anlehnung an das Martinslied (V. 15 - 17) unter-
stützt die Verzerrung der höfisch-konventionellen
Minnehaltung. Es ist Krywalski zuzustimmen, daß
die Bezeichnung 'Gegengesang' nur bedingt für das
Steinmarsche Herbstlied gültig ist.[2] Die Übernahme
der vagantischen Martinsliedmotivik, die detail-
freudige Schilderung der Schlemmerei übertönt
schließlich die in Strophe 1 eingeleitete Aufkündigung
des Minnedienstes und die anfänglich explizite
Gegenüberstellung von altem Minneweh und neu
entdeckten, realen herbstlichen Freuden.

---

1) Vgl. Krywalski, a.a.O., S. 27 f, 71 f, 81
2) Vgl. ebd., S. 71.80.119

Lediglich Verse 30 und 32 ("wâfen! joch muoz ein riuwic herze troesten wîn." - "baz dan man ze mâze sol") nehmen noch einmal Bezug auf den Anlaß des Liedes ("Sît si mir niht lônen wil" V. 1) und die Ablehnung der tradierten Wertvorstellungen. Allerdings setzt Krywalski die Verselbständigung des Herbstpreises - wie oben dargelegt - zu früh an. Der Rollentausch in Strophe 2 bekräftigt durchaus die Umkehrung des traditionellen Natureingangs und die Ablehnung der tradierten Minneauffassung.

Robert Autys Feststellung, die Natureingänge Steinmars reflektierten "selbständige Wirklichkeit",[1] ist nur bedingt zutreffend. In Liedern 1, 11 und 14 sucht zwar die Jahreszeitrealität das poetische Symbol zurückzudrängen, doch auch hier (selbst noch im Herbstlied)[2] werden konventionelle Wendungen, Bildmotive und Aufbaustrukturen der Naturdarstellung bewahrt.

Nicht der Einbruch der Wirklichkeit in neuen, selbständigen Ausdrucksformen charakterisiert Steinmars Natureingänge, sondern die ironische Distanz zum tradierten Klischee. Ironie aber, als Entlarvung des Widerspruchs zwischen Scheinbarem und Wirklichem, setzt die Vorgabe des Scheins voraus; die Parodie lebt von der Beibehaltung der Form des Parodierten.

Die zu Beginn des Abschnitts aufgezeigten Merkmale der Steinmarschen Natureingänge (abstrakte, stereotype Einführung, wenig Anschaulichkeit, häufige Wiederholungen in der Ausgestaltung)

---

1) Auty, a.a.O., S. 32 f
2) V. 5/6: "herbest der des meien wât/vellet von den rîsen."

erfüllen die gerade notwendigsten Bedingungen der
literarischen Norm. Diese Norm wird durch
variationsreiche Ausschmückung nicht bestätigt,
sondern - in der Mehrzahl der Lieder - durch
bewußte Übertreibung, Verzerrung und Umkehrung
ad absurdum geführt.

Steinmars Natureingänge stellen in ihrer kritisch-
ironischen Auseinandersetzung mit dem bestehenden
Schema den allmählichen Prozeß der Lösung dar
- vollzogen wird die Auflösung der tradierten
Form lediglich im Herbstlied.

4. Konrad von Buwenburg

In zwei Natureingängen übernimmt Buwenburg das
von Steinmar neu eingeführte Jahreszeitenpaar:
Mai (Sommer) - Herbst; **bezeichnenderweise** aber
stellt er die beiden Zeiten nicht einander
kontrastierend gegenüber, sondern läßt sie
aufeinander folgen.[1]

" Herbest, underwint dich mîn,
wan ich wil dîn helfer sîn
gegen dem glanzen meien."
Steinmar, Nr. 1, V. 11 - 13

"wünschent daz uns nâh sô liehtem meien
komen süle rîchiu herbestwunne"
Buwenburg, Nr. 1, V. 9/10

"ahtent ob nâtûre iht ze schaffenne habe,
ê daz aller dinge
stelle nâh der zît.
got gebe daz der herbest sîn êre volbringe"
Buwenburg Nr. 3, V. 6 - 9

Die symbolische Bedeutung des Jahreszeitenwechsels
in Steinmars Lied wird von seinem Nachfolger nicht
erkannt. Der auf wenige Verse reduzierte Herbst-
preis ist für Buwenburg nicht mehr als eine
willkommene Formvariante seiner Natureingänge.

Damit ist Steinmars Intention in ihr Gegenteil
verkehrt: Das Herbstlied soll nicht die konventionelle
Minnesymbolik und -idee bloßstellen, sondern sich
harmonisch mit dem herkömmlichen Natureingang
verbinden; es übernimmt in Buwenburgs Liedern die
Funktion, gegen die es ursprünglich gerichtet war.
Buwenburg paßt seine Herbstverse der Terminologie
eines konventionellen Natureingangs an (Publikums-
anrede, analoges Kompositum: "herbestwunne", Rahmen

---

[1] Korrektur zu Herta-Elisabeth Renk, Der Manessekreis, seine
Dichter und die Manessische Handschrift, Stuttgart/Berlin/
Köln/Mainz, 1974, S. 201.

durch geläufigen Reim: "meien - leien", Anrufung
Gottes, höfische Wertvorstellung: "êre" des
Herbstes), führt gerade in ihnen die Objektivation
der Minnefreude zum Höhepunkt:

"wünschent daz uns nâh sô liehtem meien
komen süle rîchiu herbestwunne,
sît die lenge kunne
frô nieman gesîn
âne spîse, pfaffen noch leien."
Nr. 1, V. 9 - 13

"got gebe daz der herbest sîn êre volbringe,
sît des menschen fröide gruntveste dâ lît."
Nr. 3, V. 9/10

H.-E. Renks Interpretation[1], wonach Buwenburg
durch den Jahreszeitwechsel im Natureingang eine
bewußte Doppeldeutigkeit erreichen will, ist durch
die Lieder unzureichend belegt. H.-E. Renk schließt
von Hadlaub auf Buwenburg, ohne die Eigenart des
letzteren genügend zu berücksichtigen.

Wohl umfaßt Buwenburgs Natureingang zwei Traditionsbereiche mit unterschiedlicher Zielsetzung (Sommerbild als Veranschaulichung ideeller 'fröide' -
Herbst als reale Zeit sinnlichen Genusses), doch
er arbeitet den Unterschied nicht heraus. In den
Liedern 1 und 3 erinnert lediglich "spîse" (Nr. 1,
V. 13) an den von Steinmar vorgegebenen Herbstpreis;
im übrigen ist er - wie die poetische Darstellungsweise zeigt - eingepaßt in die Form eines herkömmlichen Sommereingangs. Der ursprüngliche Gegensatz
zwischen Sommer - Herbst ist damit aufgehoben.

Die Reintegration des Steinmarschen Ausbruchsversuchs
aus den konventionellen Begrenzungen in die tradierte
Minneliedform zeigt sich ferner in der Koppelung von
Winter- und Herbsteingang (Lieder 2 und 5). Die

---

[1] Vgl. Renk, a.a.O., S. 201

konsequente Variante zum Steinmarschen Vorbild:
Aufhebung des Winter-, Minneleids durch Herbst-
freude wird nicht entwickelt.
Vielmehr übernehmen die Herbstverse beider Lieder
(insbesondere in Lied 2) die Funktion der sonst
üblichen Rückerinnerung an die schöne Zeit des
Sommers und damit verbunden die Objektivierung
der Freude; Freude die zwar anderen, nicht aber
dem Sänger zuteil wird:

"herbest, dîn geraet der swaere
hilfet überwinden michel teil:
in wird aber niemer geil,
ich verneme ê liebiu maere."
Nr. 2, V. 5 - 8

Die Kontrastierung: allgemeine Herbstfreude –
eigenes Minneleid, das breit ausgeführte Thema der
Hadlaubschen Herbstlieder, wird von Buwenburg
reduziert auf eine dem traditionellen Natureingang
entsprechende formelhafte Überleitung zum Minne-
teil.

Die Doppeldeutigkeit, die H.-E. Renk aus Buwenburgs
Natureingang liest, beruht nicht auf einer neuen
Weltsicht des Ich ("Die 'Welt' ist hier, schon vom
Ich aus gesehen, doppelsinnig ..."),[1] sondern ist
nichts anderes als die Fortsetzung der üblichen
Abgrenzung des Sängers von der Gesellschaft (zwecks
Betonung der von ihm dargestellten Minneerfahrung)
mit neuen Mitteln. Nicht zum erstenmal tritt das
Gegensatzpaar: Freude - Leid im Natureingang auf,
nur ist es jetzt - nach Steinmar - möglich, das
Abstraktum Freude mit der Jahreszeit Herbst, statt
Sommer, sinnbildhaft zu verknüpfen.

---

1) Renk, a.a.O., S. 201

H.-E. Renks These, daß Buwenburg bewußt den Herbsteingang "in seiner allegorischen Bedeutung von vulgärer Freude"[1] einsetze und ihn somit vom üblichen Sommereingang abhebe, ist für Lied 2 nicht zu rechtfertigen. Daß im eingeweihten Kreise Steinmars Herbstlied unmittelbar assoziiert wurde, bleibt Vermutung. Lediglich in Lied 5 klingt die ursprüngliche Bedeutung und Funktion des Herbstes tatsächlich an: "mit wîne und spîse" (V. 10) kann die Kälte des Winters überstanden und "ouch trûren geletzet" (V. 11) **werden** - die "tumben diener" der Minne (V. 12) können allerdings ihren Liebesschmerz auch jetzt nicht vergessen.

Während Steinmar nicht länger ein "armez minnerlîn" (Nr. 1, V. 8) sein wollte, bleibt Buwenburg jedoch ein "tumbe(r) diener", denn sein "trûren" kann letztlich doch nur durch den "segen" der Frau beendet werden. Verse 25 - 28 schränken die Gültigkeit von 10/11 wieder ein:

"mit wîne und spîse für swachen luft:
dâ von wirt ouch trûren geletzet.
...
mich hânt sorge vinster gevangen:
des leb ich in strenger unmuoze.
dâ für gip mit trôst mir dîn segen:
sô mac mich kein trûren erlangen."
Nr. 5, V. 10/11.25 - 28

Da sich Buwenburg auch in diesem Lied weder zu einer konsequenten Minnedienstabsage (vgl. Steinmar) noch zu einer ausdrücklichen Distanzierung von den "fraezen" (Hadlaub, Nr. 18, V. 25) durchringt, bleiben die Herbstverse übernommenes Motivmaterial ohne folgerichtige gedankliche Durchführung - eben formale Variante zum herkömmlichen Natureingang.

---

1) Renk, a.a.O., S. 201

Buwenburg erweist sich als Minnesänger der Spätzeit, indem auch er - wie Steinmar - die stereotype konventionelle Form nicht länger als adäquaten Ausdruck einer allgemein gültigen, unwandelbaren Idee, sondern als verselbständigtes monotones Schema sieht. Er aber löst sich nicht - wie Steinmar - von ihm, sondern variiert es, sucht es durch Miteinbeziehung des neuen Herbstmotives zu bereichern.[1]
Auch die häufig übertrieben-umständliche Ausführung seiner Sommer- und Wintereingänge erreicht keine ironische Verkehrung des Klischees.

" Waz ist daz liehte daz lûzet her vür
ûz dem jungen grüenen gras, als ob ez smiere
und ez uns ein grüezen wil schimpfen mit abe?"
Nr. 3, V. 1 - 3

" Solichen wehsel als ich bescheide
mün wol engelten diu vogellîn,
der sanc wintlich wispel gesetzet:
...
uns hât ouch unfroelich ergetzet
loubes ûf den boumen der tuft."
Nr. 5, V. 1 - 3.6/7

" Swaz hiure von des meijen gâbe was sô spaehe,
daz ez lîhte sünde enpfie dur sîne glanzen waehe,
daz wil nu twingen
winter zen dingen
daz ez im der hôvart stêt ze buoze.
des hât diu heide sich begeben in grâwen orden:
sô ist diu vrîgemuote lêrche dêmüetic worden"
Nr. 6, V. 1 - 7

---

[1] Auch Renk sieht Buwenburgs Charakteristikum in der Abwechslung, in der Vielfalt (vgl. a.a.O., S. 201 ff); vgl. auch den Minnesänger selbst: "wer solt iemer niht wan ein dinc trîben?" Nr. 4, V. 3.

5. Johannes Hadlaub

Hadlaubs Herbsteingang ist im Unterschied zu Buwenburgs nicht nur "formales Mittel",[1] "rhetorische(r) Effekt",[2] andererseits aber auch keine entscheidende Weiterführung des Steinmarschen Vorbilds.[3] Die formale Funktion des Herbstmotivs in Buwenburgs Liedern ist gekennzeichnet durch (1) einige wenige Herbstverse als Abschluß eines herkömmlichen Natureingangs, (2) Fortsetzung der konventionellen Terminologie und (3) fehlenden direkten Bezug zum Minneteil.

Keines dieser Merkmale trifft auf Hadlaubs Herbsteingang zu: Hadlaub setzt mit mehreren (2 - 3) Herbststrophen ein, malt die leiblichen Genüsse konkret-detailliert aus und leitet mit einer expliziten Deutung über zum folgenden Natur-/Minneteil. Bereits diese formalen Unterschiede zu Buwenburg widerlegen ein bloß rhetorisches Fungieren des Herbsteingangs bei Hadlaub.

---

1) Auty, a.a.O., S. 46
2) ebd., S. 45
3) Renk, a.a.O., S. 151: "Gerade in den drei ... genannten Punkten (Minneabsage, Wunsch, dem Herbst zu dienen, Herbstpreis) sind die Herbstlieder Hadlaubs entscheidend weitergeführt."

Obschon Hadlaub die von Steinmar initiierte
übertragene Bedeutung des Herbstes erkennt,[1]
obwohl er im Schlemmereiangebot seinen Vorgänger
an Quantität und Detailtreue übertrifft, führt
er die Intention Steinmars nicht weiter - im
Gegenteil: er lehnt sie offen ab, er wendet
sich gegen sie. Treffend formuliert Günther
Weydt die Beziehung des Hadlaubschen Herbstliedes
zu dem Steinmars wie folgt:

"Hadlaubs Gedicht ist ... in den psychologischen
Grundlagen das Steinmars mit umgekehrten Vorzeichen. ... Steinmar beginnt mit der unglücklichen Liebe und wendet sich spöttisch von ihr
ab zum Fressen; Hadlaub beginnt mit dem Fressen
und wendet sich traurig ab, seiner unglücklichen Liebe zu gedenken."[2]

---

[1] Krywalskis Feststellung (a.a.O., S. 120), Hadlaub habe
den Aufbau, d. h. die Verknüpfung der verschiedenen
Gattungen (Minnelied, Streitgespräch, Martinslied) in
Steinmars Herbstlied nicht erfaßt, spricht nicht gegen
oben genannte These. Hadlaub kommt es in seinen Herbstliedern nicht auf Auflösung traditioneller Gattungsschemata an; er übernimmt die von Steinmar vorgeprägte
Form als "eine neue Gattung" (Krywalski, ebd.). Daß
Hadlaub aber die die Minneidee destruierende Intention
der neuen Gattung nicht gesehen habe, ist damit nicht
behauptet. Da Hadlaubs Lieder nicht Gegenstand seiner
Untersuchung sind, geht Krywalski auf Hadlaubs Verhältnis
zu Steinmars parodistischem Ansatz nicht näher ein.
H.-E. Renk mißversteht Krywalski, wenn sie ihn (a.a.O.,
S. 151 ff) zu widerlegen sucht. Hadlaub übernimmt den
Herbstpreis nicht als Konglomerat verschiedener Liedtraditionen, sondern als bereits in sich verfestigten
Topos. Renks Frage, ob er ihn "als konventionellen Gegengesang" (a.a.O., S. 151) übernimmt, beantworten die
Herbstlieder eindeutig negativ. Um sich vom Herbsttopos
als Gegengesang aber ausdrücklich distanzieren zu können,
muß er als solcher verstanden worden sein.
[2] Günther Weydt, Johannes Hadlaub, GRM 21, 1933, S. 18

Im übrigen aber läuft Weydts Abhandlung auf die
beiden oben genannten, von Auty und Renk auf-
gearbeiteten, Ergebnisse hinaus:

"Steinmars Verschiebung des ganzen Problems um
eine halbe Umdrehung wird hier fortgesetzt und
Hadlaub landet fast wieder beim Höfischen, nur
daß an Stelle des alten Natureingangs die
Schlemmerszene getreten ist."1)

Es soll im folgenden aufgezeigt werden, daß Hadlaubs
Herbsteingang weder - im Sinne Buwenburgs - als
Ersatz oder Ergänzung des konventionellen Naturteils
fungiert, noch bewußt eine Fortsetzung oder Weiter-
führung des Steinmarschen Ansatzes darstellt.

Hadlaub durchschaut die von Steinmar intendierte
Funktion des Herbstpreises; er erkennt, daß sich
der neue Topos gegen den herkömmlichen Natureingang
und dessen ideelle Grundlage richtet. Der deutliche
Bezug auf Steinmar Nr. 1, V. 5/6.11 - 13 ("herbest der
des meien wât/vellet von den rîsen ... Herbest,
underwint dich mîn,/wan ich wil dîn helfer sîn/
gegen dem glanzen meien.") in Lied 18, V. 39 beweist
es. Hadlaub kommentiert seine Schlemmereischilderung
abschließend: "daz nent sî vürs meien bluot."2)

In zweierlei Hinsicht öffnet dieser Vers den Zugang
zu Hadlaubs Haltung: Hadlaub weiß um die Bedeutung
des Herbstes als Antagonist des Maien; er übernimmt
den Topos nicht unbesehen als eine neue Variations-
möglichkeit des üblichen Natureingangs. Im Gegensatz
zu Steinmar aber stellt nicht   e r   die leiblichen
Herbstgenüsse über die ideelle Frühlings-/Minnefreude.
Hadlaub erklärt seinem Publikum was   a n d e r e ,
"sî", die "fraezen" (Nr. 18, V. 25) - implizite
Steinmar - tun.

---

1) Günther Weydt, Johannes Hadlaub, GRM 21, 1933, S. 18
2) Vgl. auch die beiden anderen Herbstlieder: "herbest tuot in
baz dan sumer ê." Nr. 20, V. 17; "Herbest wol ergetzen kan/
gesindes man der sumerzît:" Nr. 44, V. 1/2

Er selbst wahrt Distanz:

Steinmar:
"nim mich tumben leien
 vür in zeime staeten ingesinde."
Nr. 1, V. 16/17

Hadlaub:
"   Herbest wil berâten
 mang gesind mit guoten trachten "
Nr. 18, V. 1/2

Steinmar:
"herbest, trûtgeselle mîn, noch nim
                mich zingesinde."
Nr. 1, V. 48

Hadlaub:
"   Swer sich welle mesten,
 der sol kêren zuom gesinde:"
Nr. 18, V. 27/28

"   Herbest wol ergetzen kan
 gesindes man der sumerzît:"
Nr. 44, V. 1/2

Steinmar:
"seht sô wil ich prîsen
 den der mir tuot sorgen rât"
Nr. 1, V. 3/4

Hadlaub:
"... sî (fraezen) werdent fröiden
                              vol."
Nr. 18, V. 26

Steinmar:
"durh dich (herbest) mîde ich
                sende nôt."
Nr. 1, V. 14[1]

---

[1] Hervorhebungen in den Zitaten von der Verf.

Hadlaub:
"des _sî_ (manic her) frô dann alle
                        müezen sîn."
Nr. 20, V. 11

"herbest tuot _in_ baz dan sumer ê."
Nr. 20, V. 17

"des werdent dâ die _knappen_ geil.
einer sprichet
...
    der herbest tuot uns sorgen bar.'"
Nr. 44, V. 7/8.20

Entsprechend fehlt bei Hadlaub das betont Persönliche
des Steinmarschen Herbstpreises. Hadlaub singt
ü b e r   den Herbst; er spricht ihn   n i c h t
a n ;   sein Loblied bleibt für ihn selbst unverbindlich, er stimmt es stellvertretend für die "fraezen"
und als Kontrapunkt zu seiner eigenen Haltung an:

Steinmar:
"seht sô wil _ich prîsen_
 den der mir tuot sorgen rât."
Nr. 1, V. 3/4

Hadlaub:
"   Herbst wil aber _sîn lop_ niuwen:
... dar zuo sî machen vol:
des _sîn lop_ sich üeben sol.
...
herbst was ie _sîns râtes lobesan_."
Nr. 20, V. 1.6/7.22

Steinmar:
"wâfen! _ich singe_ daz wir alle
            werden vol."
Nr. 1, V. 20

Hadlaub:
"_einer sprichet_
...
    der herbest tuot uns sorgen bar.'"
Nr. 44, V. 8.20[1)]

---
1) Hervorhebungen in den Zitaten von der Verf.

Hadlaub ist nicht nur Außenseiter; auch sich
selbst ordnet er einer bestimmten Gruppe zu,
und zwar gerade der, die Steinmar zugunsten der
Schlemmer verläßt:

"ich weiz wol, ez ist ein altez maere
 daz ein armez minnerlîn ist rehte ein
                                    marteraere.
 seht, zuo den was ich geweten:
 wâfen! die wil ich lân und wil inz luoder
                                    treten."
Steinmar Nr. 1, V. 7 - 10

Hadlaub läuft indes nicht über; Hadlaub bleibt
Minner:

"fraezen dien ist wol geschehen,
 daz tuot mangem minner wê.
 ...
 wê uns küeler stunden!
 ...
   Wir sorgen nicht eine:"
Nr. 18, V. 41/42.50.53

"   Doch was mangem minner baz,
 dô sumer was, ...
 ...
 uns nement ir winterkleit
 die süezekeit ..."
Nr. 44, V. 21/22.38/39

Hadlaub vollzieht Steinmars Ausbruch aus der Minne-
ideologie nicht nach. Er stellt nicht die Frage
nach dem Sinn des unablässigen Werbens, geschweige
denn, daß er die 'sende nôt' als sinnlos ansähe
und aufgeben wollte. Für Hadlaub bleibt das 'trûren'
eine über jeden Zweifel erhabene Notwendigkeit, ein
Muß, denn

"swer nû trûren müeze,
 der enhoert niht zuo den fraezen"
Nr. 18, V. 24/25

Hadlaub erkennt sehr wohl die von Steinmar ausgelöste Gefährdung des 'hohen' Minnegedankens, der traditionellen Minneliedform und stellt sich ihr entgegen. Er bleibt der Minneidee und ihrer Natursymbolik treu: dem Herbstpreis mit ausdrücklicher persönlicher Distanzierung folgt ein (fast) konventioneller Wintereingang.

" Wir sorgen nicht eine:
vogel die hânt grôze swaere,
in tuot ouch der winter leit.
wir sunz hân gemeine,
wir sîn beide fröiden laere,
dulden sament arebeit.
wan bî ir gedoene
was uns dicke sanfte.
dô d'amsel kanfte
mit der nachtegal, dô hôrt man süeziu liet"

Nr. 18, V. 53 - 62

" Doch klag ich des sumers schoene
und die doene wunnenclîch,
der sô rîch ê was vil manic lant,
die die wilden vogel sungen,
daz sî klungen, daz der schal
suoze hal: des was uns fröide erkant.
die went oesen winters bant,
diu sô kalt
sint, daz heide und ouwe velwent
und ouch selwent tage clâr.
daz tuot bar uns fröiden manicvalt."

Nr. 20, V. 34 - 44

" Doch was mangem minner baz,
dô sumer was, sît man nû nicht
der wunne sicht, die man sach dô,
dô man sach die bluomen stên
und frouwen gên sô sumerlîch
und minneclîch: ..."

Nr. 44, V. 21 - 26

Die Hinzunahme der Winterverse bekunden Hadlaubs Konsequenz: wenn ihm die Herbstfreude nicht wert erscheint, seine Minnehaltung gegen sie einzutauschen, so kann auch der Herbstpreistopos nicht die Darstellungsform ersetzen, die traditionsgemäß

der Minneidee entspricht. Der Wintereingang hält
sich allerdings nur in Lied 20 an das übliche
Schema. Die Überleitung und die Naturmotive
sind die bekannten: "Doch klag ich" (V. 34),
"vogel" (V. 37) - "heide und ouwe" (V. 42;
ordnungsgemäß folgt dem einstrophigen Naturteil
die Minneklage:

"   Noch klag ich mîn meisten swaere,
 daz mich laere trôstes ie
 mîn frouwe lie, ..."
V. 45 - 47

Diese Minneklage konventioneller Form wird in
Lied 18 vom zweistrophigen Wintereingang verdrängt.
Den oben zitierten klischeehaften Winterversen
geht eine ungewöhnliche Verknüpfung von Jahres-
zeiten-Topos und Klage voraus:

"frouwen minnenclîche
 mügent sî (minner) nû nicht gesehen
 als sîs sân des sumers ê.
 sî hânt nû verwunden
 diu antlüt in ir stûchen,
 daz sî nicht rûchen.
 swaere winde tuont an linden hiuten wê.
 wê uns küeler stunden!
 rôsenwengel sint verborgen
    und ir keln wîz als der snê."
V. 43 - 52

Der Winter verliert an Symbolhaftigkeit - gewinnt
an Realität, wenn auch ohne die Steinmarsche
Konsequenz.
Steinmars Einbezug des Realen mündet im Trivialen
(Winter macht den Kauf wärmender Schuhe notwendig),
beabsichtigt parodistische Nivellierung. Hadlaub
hingegen bleibt auch bei zunehmender Konkretheit
der Darstellung der Minneideologie verhaftet: der
Minner bedauert, daß die Kleidung der Damen in
Winter weibliche Reize verbirgt. So auch in Lied 44:

"lende wîz, ir necke clâr
sach man ouch bar: den liechte schîn
muoz tiure sîn den winter lanc.
    Wan ez bergent schoeniu wîp
ir zarten lîp: an hiuten lint
der kalte wint tuot dicke wê.
bin geleit sint lîp sô klein,
dâ wiziu bein sô liuhten dür,
ich hânz der vür, wîz als der snê,
und dür klein ermel arme wîz.
uns nement ir winterkleit
die süezekeit. ach sumerzît,
wie wüest sô lît dîn hôher prîs!"
V. 28 - 40

Die Analyse der Herbstlieder und ihrer Beziehung zu Steinmars vorgegebenem Muster stellt in jeder Forschungsarbeit über Hadlaub einen wichtigen und oft detailliert angelegten Untersuchungsabschnitt dar. Um so erstaunlicher ist es, daß man bislang auf Bezüge zu Steinmars Liedern auch im zweiten Teil der Herbstlieder nicht aufmerksam geworden ist.

Erwiesenermaßen war Hadlaub nicht nur Steinmars Herbstpreis bekannt,[1] und so ist es durchaus wahrscheinlich, daß ihm auch Steinmars Winterlieder als Vorlage gedient haben, die er - analog zum Herbstlob - seiner Minnehaltung gemäß umdeutet.
In den vom Schema abweichenden Wintereingängen ist ein deutlicher Bezug auf Steinmars Winterverse (Nr. 11, V. 26.39/40 und Nr. 12, V. 14 - 24) erkennbar.
Gemeinsames dominierendes Motiv ist die Winterkälte, die kein Naturbild reflektiert, sondern vom Menschen konkret erfahren wird:
Steinmars Mädchen muß "nâch dem pfluoge ... dicke erkalten" (Nr. 14, V. 19) - "swaere winde tuont" den von Hadlaub verehrten Frauen "an linden hiuten wê" (Nr. 18, V. 49). Entgegengesetzt ausgelegt aber werden die Folgen der winterlichen Kälte: während sich

---
[1] Siehe Anhang 19

Steinmars "herzentrût" (Nr. 11, V. 34) "vor armuot
niht bedecken" (Nr. 11, V. 40) kann und aus diesem
Grunde zum Leidwesen des Mannes "lîn,/zwêne
schuohe" (Nr. 11, V. 26/27) fordert, klagt andererseits Hadlaub gerade darüber, daß die "schoeniu
wîp/ir zarten lîp: (bergent)/... (in) ir winterkleit"
(Nr. 44, V. 31/32.38).
Analog zum Herbstpreis ist Hadlaub nicht bereit,
Steinmars konsequente Reduktion auf das Sachlich-
Konkrete nachzuvollziehen; er übernimmt das vorgeprägte Motiv (Winterkälte - Kleidung), um es dann
in die Vorstellungswelt und Form des tradierten
Minneliedes einzugliedern und auf diese Weise
Steinmars Ironisierung und Destruierung der höfischen
Wertvorstellungen aufzuhalten, rückgängig zu machen.

Aus der Klage, daß die Frau den Sänger "niht zuo
zir ûf den strousac lât" (Steinmar Nr. 11, V. 9/10.
20/21) wird die zuchtvoll Abstand wahrende Betrübnis,
"frouwen" nicht mehr "schouwen" zu können (Hadlaub
Nr. 18, V. 44/45.63 - 65; Nr. 44, V. 21 - 25); aus
der armen frierenden Magd (Steinmar Nr. 11, V. 40;
Nr. 14, V. 19 - 21) die gut (für Hadlaub: zu gut!)
gekleidete höfische Dame.
Eine überzeugende Versöhnung des Steinmarschen
Motivs mit der Konvention gelingt Hadlaub jedoch
nicht - weder im Herbst- noch im Winterteil. Die
Winterverse wollen zwar auf das konventionell-höfische Niveau zurückführen, andererseits behalten sie
Darstellungsweise (konkrete Gegenständlichkeit) und
- wenn auch in verhüllter Form - Ton (sinnlichen
Begehren) des **Vorbilds** bei:

"hende wîz, ir necke clâr
sach man ouch bar: ...

...
hin geleit sint lîn sô klein,
dâ wîziu bein sô lûchten dür,
ich hânz der vür, wiz als der snê,
und dür klein ermel arme wîz."
Nr. 44, V. 28/29.34 - 37[1]

Eklatanter noch tritt der Widerspruch im Herbstpreis hervor: Hadlaub lehnt die sinnlichen Freuden einer Gourmandise zwar ab, führt sie aber zunächst einmal in genüßlicher Weise - um vieles üppiger und minuziös-konkreter als Steinmar - vor. Aus Steinmars noch rohen Fleischsorten ("... vische ... gense hüener vogel swîn,/dermel pfâwen sunt dâ sîn" Nr. 1, V. 22.24/25) wird eine Tafel fett zubereiteter Gerichte:[2] "veize swînîn brâten" (Nr. 18, V. 4; Nr. 20, V. 5; Nr. 44, V. 5), "würste" (Nr. 18, V. 7; Nr. 20, V. 12.29; Nr. 44, V. 6.18), "schaefîn hirne" (Nr. 18, V. 8; Nr. 20, V. 21), "ingwant terme" (Nr. 18, V. 12; Nr. 20, V. 15; Nr. 44, V. 11), "entfüeze" (Nr. 18, V. 20; Nr. 20, V. 20), "gout goslechte" (Nr. 18, V. 21; Nr. 20, V. 12), gefüllte "hüenr" (Nr. 18, V. 33), gekochte "kapper" (Nr. 18, V. 34), "hammen" (Nr. 20, V. 12; Nr. 44, V. 4), "broese" (Nr. 20, V. 20) und

---
1) Das Lob der "wîziu bein (und) arme" geht über den üblichen Schönheitspreis des höfischen Minnesangs hinaus.
2) Vgl. auch Helwig Lang, Johannes Hadlaub, Berlin, 1959, S. 47.

"guote grieben" (Nr. 20, V. 31).[1]
In der Figur des Wirtes mischt sich Steinmars Herbstpersonifikation[2] mit den realen Zügen eines geschäftigen Gaststätten-Inhabers:

"wirt, besende uns würste,
dâ bî schaefîn hirne,
...
mache in daz sî türste,
salze in vast der ingwant terme,
    tuon den herbst mit vollen kunt.
Sô der haven walle
und daz veize drinne swimme,
sô begiuz in wîziu brôt.
danne sprechents alle
'herbst ist bezzer danne ein gimme:
wol dem wirte derz uns bôt.'"
Nr. 18, V. 7/8.11 - 19

"einer sprichet: 'siud und brât
des herbstes rât, vil lieber wirt,
sît er uns birt sô vollen teil.
...
... sô gib uns her
nâch unser ger recht einlif brôt
dar und begiuz uns diu sô gar.
klobewürste und niuwen wîn
trag ouch har în: ...'"
Nr. 44, V. 8 - 10.15 - 19

---

1) Bestimmte Speisen werden in allen drei Herbstliedern genannt. Darüber hinaus kehren spezielle Ordnungsprinzipien in der Reihenfolge der Gerichte und in der Mahlzeit-Schilderung wieder: Beispiele Nr. 18, V. 4/6 "veize swînîn brâten,/.../... guoten wîn." Nr. 20, V. 5/8 "veizer brâten .../.../niuwen wîn". Nr. 20, V. 15 "ingwant bletze, terme und magen". Nr. 44, V. 11 "Ingwant, bletze, terme und die". "Sô der haven walle/ .../sô begiuz in wîziu brôt." Nr. 18, V. 14 - 16; "sô der haven râtes vol/erwallet wol, sô gib uns her/... recht einlif brôt/ dar und begiuz uns diu sô gar." Nr. 44, V. 14 - 17. Dies läßt auf eine Vorlage Hadlaubs schließen. Leider blieb die Suche nach Speiselisten im Schweizer Raum vor oder zu Hadlaubs Zeit erfolglos. Albert Hauser, Vom Essen und Trinken im Alten Zürich, Zürich 1962, enthält nur Dokumente aus späterer Zeit. Auch die dankenswerten Nachforschungen des Schweizerischen Landesmuseums, Zürich, blieben ergebnislos.
2) Vgl. zu Steinmar, Krywalski, a.a.O., S. 70.

Ebenfalls werden Steinmars "hitze" (Nr. 1, V. 33
= Gewürzschärfe) und "brunst" (Nr. 1, V. 35
= inneres Brennen aufgrund der Gewürze)[1] umgedeutet
ins konkret-Gegenständliche: "mach die stuben heiz"
(Hadlaub Nr. 18, V. 32) - "er gît hannen bî der
gluot/.../und würste heiz" (Nr. 44, V. 4.6). Neu
hinzu tritt die Lokalisierung der Schlemmerszene
("froelîche knappen/hâst dû danne in stuben und ouch
bî der gluot." Nr. 18, V. 35/36). Endlich schließt
die zunehmend konkrete Darstellung auch den
materiellen Aspekt des Festgelages mit ein:

"swaz daz kosten danne sül,
wirt, sô vül sî, daz sî vollen hân."
Nr. 20, V. 27/28[2]

Das physische Vergnügen, das Hadlaub sich versagt,
wird immerhin wert befunden, en detail geschildert
zu werden. Grund dafür ist einerseits die Aufhebung
der Funktion, die der Herbstpreis für Steinmar
erfüllte (Ersatz für unbelohnten Minnedienst). Da
Hadlaub sich von Zweck und Wirkung der Völlerei
distanziert, konzentriert sich seine Darstellung auf
die Völlerei per se; sie b e d e u t e t ihm
nichts, er schreibt, wie sie i s t . Andererseits:
je ausführlicher und verführerischer die Tafel
dargeboten wird, desto überzeugender kann Hadlaub
seine Standhaftigkeit, seine Unbeirrbarkeit als
höfischer Minner unter Beweis stellen. Die Antithetik
überzeugt allerdings nur in Lied 20.

---

1) Steinmar: "Swaz du uns gîst, daz würze uns wol/baz dan man
ze mâze sol,/daz in uns werde ein hitze/daz gegen dem
trunke gange ein dunst,/alse rouch von einer brunst,/und
daz der man erswitze" Nr. 1, V. 31 - 36.
2) Könnte dieser Vers nicht auch als ein bewußter Gegensatz
zu Steinmars Winterversen Nr. 11, V. 16 - 18 verstanden
werden? Die Betonung, daß man sich im Umkreis Hadlaubs
Festessen leisten kann, steht - ebenso wie die im Winter
reich vermummte Dame - in Kontrast zu der von Steinmar
geschilderten Armut.

Die dem Herbstlob folgenden Wintereingänge in Nr. 18 und 44 stellen - trotz des angesagten Gegensatzpaares: "fraezen" - "minner", wie oben ausgeführt, kein exaktes höfisch-ideelles Gegenbild dar: nicht der **Gedanke des ethischen Abstandes zum Ideal**: F r a u ruft Hadlaubs Minneleid hervor, sondern die **Tatsache**, daß im Winter sich die **Frauen** seiner **sinnlichen Wahrnehmung** entziehen ("daz tuot mangem minner wê./frouwen minneclîche/mügent sî nû nicht gesehen" Nr. 18, V. 42 - 44; "Doch was mangem minner baz,/dô sumer was, sît man nû nicht/der wunne sicht, die man sach dô,/dô man sach die bluomen stên/und frouwen gên sô sumerlîch" Nr. 44, V. 21 - 25). Der Unterschied des Begehrens zwischen "fraezen" und "minner" ist im Grunde gar nicht so eklatant: Hier wie dort sucht man das sensuell befriedigende Vergnügen - wenn auch in verschiedener Weise und unterschiedlicher Graduierung.[1] Es bleibt zwar die Differenz zwischen Konkretheit und Gegenwärtigkeit der Befriedigung der Gourmands und Distanziertheit und Vergänglichkeit des optischen Vergnügens des Minners,[2] doch fehlt dem Triumph des "Irreale(n) über das Greifbare"[3] das ehemals Selbstverständliche; er wird nur mühsam errungen.

Daß Hadlaub Steinmars Vorlage umkehren will, steht außer Zweifel. Zu fragen aber ist, ob Hadlaubs Art der Darstellung auch seiner Absicht entspricht.

---

1) Auf das betont Sinnliche des Hadlaubschen Minnebegriffs weist auch H.-E. Renk (a.a.O., S. 143) hin, ohne es allerdings in seiner Relation zum Herbstpreis zu sehen und zu deuten.
2) Vgl. ebd., S. 152 f
3) ebd., S. 153

Hadlaubs Insistieren auf seiner vorbildlich standhaften Minnehaltung weist darauf hin, daß er ihrer Gefährdung bewußt ist, beweist, daß sie ihre frühere allgemeine Gültigkeit und Selbstverständlichkeit verloren hat.
Hadlaub stellt sich der zunehmenden Tendenz zum Gegenständlichen, Konkreten, Realen, zum nominalistischen Denken entgegen und ist doch schon selbst von ihr infiziert: Der lukullische Genuß wird in nominalistischer Weise p r ä z i s i e r t , das Räumliche k o n k r e t i s i e r t , die Herbstallegorie (Wirt) zur P e r s o n . Selbst in dem als Gegengewicht konzipierten Wintereingang ist die Jahreszeit R e a l i t ä t , beruht das Verhülltsein der Frau auf tatsächlicher Erfahrung, wird der sinnliche Eindruck der physischen weiblichen Schönheit erinnert.[1]

---

1) "Nominalismus" entgegnet "begriffsrealistischem" Denken in der Wertigkeit des Allgemeinen und Besonderen. Die Frage nach der Seinshaftigkeit der Allgemeinbegriffe, der "Universalien-Streit", ist durchgängiges Thema scholastischer Lehre. "Universalia ante res" ist Ausgangspunkt der Begriffsrealisten: Seinssubstanz liegt im Allgemeinen, vorgeordnet allem Gegenständlichen und es bestimmend. Für die Nominalisten, die sich im späteren Mittelalter mit Petrus Aureoli (bis 1322) und Wilhelm von Ockham (ca. 1300 bis ca. 1349) **immer stärker durchsetzen, ist** der Allgemeinbegriff ein Name, der Gemeinsamkeiten der Dinge bezeichnet: "Universalia post res". Erkenntnistheoretischer Ausgangspunkt ist das Sein in seiner gegenständlichen, je einzelnen Ausprägung. Zur Geschichte des "Universalien-Streites" sei verwiesen auf: Ludger Oeing-Hanhoff, Die Methoden der Metaphysik im Mittelalter, in: Die Metaphysik im Mittelalter. Ihr Ursprung und ihre Bedeutung. Vorträge des II. Internationalen Kongresses für mittelalterliche Philosophie, Köln, 1961, hg. v. Paul Wilpert (Miscellanea Mediaevalia, Band 2), Berlin, 1963, S. 71 - 91 und Richard Hönigswald, Abstraktion und Analysis, Ein Beitrag zur Problemgeschichte des Universalienstreites in der Philosophie des Mittelalters, hg. v. Karl Bärthlein (Schriften aus dem Nachlaß, Band III), Stuttgart, 1961, Paul Simon, Erkenntnistheorie und Wissenschaftsbegriff in der Scholastik (Philosophie und Geschichte 14), Tübingen, 1927, und Josef Pieper, Scholastik, Gestalten und Probleme der mittelalterlichen Philosophie, München, 1960.

Charakteristikum der Lieder ist die Präsentation
erlebter und erlebbarer Wirklichkeit ohne die
Steinmarsche Konsequenz des radikalen Bruches mit
der überlieferten Minneideologie, die
D i s k r e p a n z   zwischen   V o l l z u g
(nominalistische Darstellungsweise) und
I n t e n t i o n   (Verteidigung der Minneidee).

Dies anhand der Herbstlieder gewonnene Ergebnis
wird von den übrigen Sommer- und Wintereingängen
bestätigt.

Die Klage darüber, daß die Frauen im Winter ihre
optischen Reize verhüllen, wird in zwei Winter-
eingängen (Nr. 3 und 28) fast wörtlich wiederholt.[1]
Der optische Eindruck (oft verbunden mit dem
akustischen) dominiert in fast allen Natureingängen.[2]
In 50 Prozent dieser Eingänge bleibt die optische
(akustische) Wahrnehmung ausschließlich auf Natur-
erscheinungen beschränkt;[3] in den Liedern 19, 21,
31, 37 und 42 geht Naturimpression über in ein
Betrachten der Frau;[4] in weiteren 20 Prozent
der Sommer- und Winterlieder verdrängt der
sensuelle Eindruck der Frau den der Jahreszeit.[5]
Darüber hinaus führt Hadlaub in den Natureingang
einen Vorgang ein:[6] die körperliche Anmut der Frau
entfaltet sich während ihres Schreitens durch die
Frühlingsflur. "Ich (man) sach ... frouwen gân"
wird in Hadlaubs Natureingängen zu einer häufig
repetierten formelhaften Wendung.[7]

---

1) Siehe Anhang 20
2) Vgl. Lang, a.a.O., S. 68 ff und Renk, a.a.O., S. 142 ff
   (weniger deutlich in Nr. 26 und Nr. 39).
3) In Nr. 23, 25, 27, 29, 35, 36, 40 und 41.
4) In Liedern 19 und 31 ist das "frouwen schouwen" nicht un-
   mittelbar in den Natureingang integriert, sondern folgt ihm
   nach. Beispiele zu Anm. 3 - 4 siehe Anhang 21
5) Nr. 3, 28, 30, 38 und 47. Beispiel zu Anm. 5 siehe Anhang 22.
6) Vgl. H.-E. Renk, a.a.O., S. 143 - 145.
7) Vgl. Lieder Nr. 3, 21, 30, 37, 38, 42, 47

Die unmittelbare Miteinbeziehung des Frauenpreises in den Natureingang schwächt dessen herkömmliche objektivierende Funktion: das, was der Eingang ehemals versinnbildlichte, wird nun in ihm selbst benannt. Vom Füreinander (Sommer für Minnefreude) über das Miteinander (Frau im Sommer) verringert sich die Bedeutung des Naturbildes bis zum bloß dekorativen Schauplatz und Hintergrund für weibliche Schönheit.[1] Mit dem Verlust der Symbolfunktion[2] steigt die eigenständige Bedeutung des Naturbildes. Analog zum Herbstpreis weisen Winter und Frühling nicht mehr über sich hinaus, sondern bleiben Realien.[3]
Auty spricht von einer "Ersetzung (der) stilisierten, konventionellen Formel durch eine lose Aneinanderreihung von Einzelerscheinungen", von einer neuen Auffassung der Wirklichkeit "als Fülle von Einzelerscheinungen".[4]
Diese Auslegung ist etwas forciert, da Auty das veränderte Realitätsbewußtsein in der Neugestaltung der Naturelemente selbst zu entdecken sucht ("... die Naturschilderung (zeigt) eine Aufgeschlossenheit für die gegenständliche Welt, die sich nicht mit einer bloß formelhaften Andeutung der landschaftlichen Umgebung begnügt.").[5] Doch Hadlaub hält in

---

1) Symbolfunktion noch in Nr. 19, 23, 25, 27, 29, 35, 36, 40, 41; Symbolfunktion mit gleichzeitiger Nennung des Symbolisierten: Nr. 28, 30. Parallelität in Nr. 21, 31, 38, 47. Hintergrundfunktion in Nr. 3, 37, 42.
2) In Nr. 26 kommt der Verlust besonders deutlich zur Geltung, wenn Hadlaub vom Wintereingang überleitet mit den Worten: "ungelückehaft minnaere/die müezen zwei leit nû hân:" (V., 7/8). Minneleid wird nicht mehr im Winterbild beklagt, sondern beides: Winter und Minnenot als separate, eigenständige Erscheinungen.
3) Entgegen Renk, a.a.O., S. 148 f, die Hadlaubs Natureingang nicht mit vorangegangenen vergleicht und daher auf den Unterschied nicht aufmerksam wird.
4) Auty, a.a.O., S. 63
5) ebd., S. 62

vielen seiner Natureingänge an den bewährten
Formeln und Wendungen fest;[1] Farb- und Blumenreihen (Autys Hauptargument!) sind schon vor
Hadlaub geläufig.
Die allmähliche Verselbständigung des Jahreszeitenbildes wird primär nicht durch Innovationen innerhalb der Naturschilderung hervorgerufen, sondern
resultiert aus dem Verfall seiner Symbolhaftigkeit.
Der Natureingang wird nicht mehr zum Zwecke des
indirekten Reflektierens der Minnefreude/-not
gebraucht (sie wird in ihm konkret benannt:
sichtbare, bzw. verhüllte Frauenschönheit). Da er
dennoch beibehalten wird, gewinnt er - ohne tiefgreifende Veränderungen seiner Gestaltung - notwendig an Eigenständigkeit.
Die in den Herbst-, Sommer- und Winterliedern sich
offenbarende Unstimmigkeit zwischen Ausführung
(real-konkret, nominalistisch) und Aussage (auf
Ideelles verweisend) charakterisiert ebenfalls den
von Hadlaub wieder neu aufgenommenen Typus des
'Blumenbett'-Liedes (Nr. 35 und 41).
Im Unterschied zu Walthers Lindenlied einerseits
werden Details des Liebeslagers konkretisiert[2]
- entgegen Steinmars Winterlied Nr. 11 andererseits
steht die Szene in konjunktivischem Modus, wird in
die fiktionale Sphäre entrückt.

---

1) Als Beispiel sei Lied Nr. 25, V. 1 - 8 zitiert: "Sumer
hât gesendet ûz sîn wunne:/secht, die bluomen gênt ûf
dûr daz gras!/lûter clâr stât nû der liechte sunne,/der
den winter ê vil trüebe was./schoen ougen weide/bringt
uns der meie; er spreitet ûf diu lant sîn wât./waere
ich nicht in senelîchem leide,/ûf der heide wurd mir
sorgen rât."
2) Renk, a.a.O., S. 157: "Die Natur (wird) nicht mehr
schematisiert beschrieben; sondern in der gleichen
Reihenfolgentechnik, die wir beim Herbstspeisezettel
beobachten konnten, erhält der Hörer nun eine Blumenliste."

Walther, 39, 11 - 16. 40, 1 - 3.7 - 9
"'Unter der linden
 an der heide,
 dâ unser zweier bette was,
 dâ mugt ir vinden
 schône beide
 gebrochen bluomen unde gras.
 ...
 Dô het er gemachet
 alsô rîche
 von bluomen eine bettestat.
 ...
 bî den rôsen er wol mac,
 tanderadei,
   merken wâ mirz houbet lac.'"

       Hadlaub Nr. 35, V. 15 - 23.29 - 32
  "sô vund ich dâ schoen geraete
  von sumerwaete zeinem bette fîn.
   Daz wolt ich von bluomen machen,
  von vîol wunder und von gamandrê,
  deiz von wunnen möchte lachen.
  dâ müesten under münzen unde klê.
  die wanger müesten sîn von bluot,
  daz culter von bendicten guot,
  diu lînlachen clâr von rôsen:
  ...
  sô spraeche ich 'liep, nu sich wie
              vil
  daz bette hât der wunnen spil:
  dar ûf gê mit mir, vil hêre.'
  ich vürchte sêre daz sî spraeche
            'in wil.'"

Steinmar Nr. 11, V. 40 - 44.51 - 55
"du maht dich vor armuot niht bedecken,
 wan dîn gulter ist von alten secken:
 dâ wil ich den strousac in die stuben tragen,
 dâ wil ich den strousac in die stuben tragen:
 sô muoz oven unde brugge erwagen.
 ...
 ' seht, sô nemt mich danne bî dem beine:
 ir sunt niht erwinden, ob ich weine,
 ir sunt froelich zuo mir ûf den strousac varn,
 ir sunt froelich zuo mir ûf den strousac varn:
 sô bit ich iuch mich vil lützel sparn.'"

Walther deutet Reales nur an, sublimiert es poetisch kraft der Symbolbedeutung der Naturelemente ("gebrochen bluomen unde gras" - "bî den rôsen er wol mac ... merken wâ mirz houbet lac"). Steinmars konkret gegenständliche Szene verlegt Hadlaub in die sommerliche Natur; kraftvoll malt er die physische Dominanz des Mannes (vgl. Steinmars Schlußstrophe) aus:

"ich würde ân lougen dâ gewaltic ir."
Nr. 35, V. 34

"sîn möcht mit linden henden
mîn nicht erslân.
wir müesten lîchte ringen:
sô solte ich wol
hin an daz bett sî swingen:"
Nr. 41, V. 31 - 35

In der Präzision der szenischen G e s t a l t u n g geht Hadlaub über beide Vorlagen hinaus; im Realitäts- g e h a l t jedoch bleibt er hinter beiden zurück: Walthers Mädchen erinnert sich an die Liebesbegegnung, Steinmar hofft auf sie (keineswegs vergeblich, wenn er die gestellten Bedingungen der Frau erfüllt) - Hadlaub dagegen stellt sich das Liebesspiel lediglich vor, es findet in seiner Phantasie statt. Überdies weiß er, daß es stets nur Illusion bleiben wird und muß, denn seine Auserwählte ist eben nicht Steinmars arme Dienstmagd, sondern die "lobelîche" (Nr. 35, V. 25), "rein(e)" (V. 27, "vil hêre" (V. 31) Dame, die "kranke wunne" (V. 27) nicht kennt, nicht kennen darf.
"Hadlaub bleibt in der Welt der hohen Minne; er weiß, daß in dieser Welt eine "under der linden"-Szene unmöglich ist."[1]

---

1) Auty, a.a.O., S. 61

Auch die Blumenbettlieder bezeugen also das bestimmende Merkmal der Hadlaubschen Lieder, reflektiert in ihren Natureingängen und -versen: Diskrepanz zwischen nominalistischer Konkretheit der Darstellung und ideenrealistischer Fiktionalität des Dargestellten.

6. Zusammenfassung

Im Überblick verweisen die Ergebnisse der exemplarischen Natureingangs-Analysen auf folgende Entwicklungsstufen mittelalterlichen Liedkunst-Verständnisses:

Die Lyriker-Generation von Anfang bis Mitte des 13. Jahrhunderts - mit **Ulrich von Singenberg** als Repräsentanten aus dem Schweizer Raum - hält sich eng an das klassische Vorbild. Seine Verse bleiben fast naturbildlos in Nachfolge Reinmars; bereits schematisiert wird Walthers Naturvers zitiert.

Schon in dieser Zeit ist das Natursymbol reduziert und isoliert zur Formel, die für jüngere Sänger, wie **Konrad von Landeck**, in der zweiten Hälfte des Jahrhunderts Material ihrer Liedstrukturierung wird. Sinnbildgehalt reflektiert nunmehr die Form; nach Reim-, Vers- und Strophenschema richtet sich der poetische Ausdruck. Doch kein selbstgenügsamer Manierismus präsentiert sich, sondern die künstlerische Absicht, die Verbindlichkeit des Traditionsguts formal zu verdeutlichen und zu bestätigen, den Gehalt in formaler Geschlossenheit aufzubewahren und ihn so festzuschreiben.

Steinmars früher Natureingang reduziert diesen Formalismus auf ein knappes Stereotyp und entwickelt aus dem Zerfall des Sinnbildhaften und der Betonung der Begriffsformel neue Ausdruckskraft. Entgegen traditioneller Idealisierung und Sublimierung bezieht Steinmar Natur als konkret-sinnlich erfahrbares Faktum in die späteren Lieder mit ein. Für ihn ist Idealität nicht mehr höchster Wert, sondern zu

unbefriedigender Illusion geworden, der er
affirmativ die Realität des natürlich Gegebenen
gegenüberstellt. Auch wenn die Zeitgenossen und
Nachfolger Steinmars Konsequenz nicht teilen,
bleibt der Einfluß seiner nominalistischen
Darstellung präsent. Zunächst als neue, rein
formale Variante übernommen von B u w e n b u r g ,
fordert sie H a d l a u b zu kritischer Auseinandersetzung heraus. Hadlaub distanziert sich
ausdrücklich von Steinmar; seine Ablehnung aber
und seine Traditionstreue präsentieren sich in
ebenfalls nominalistischem Stil. In der Widersprüchlichkeit von Aussage und Ausführung ist
Hadlaub Prototyp der spätmittelalterlichen
Umbruchszeit: Verpflichtung dem allgemeinen Ideal
gegenüber kontrastiert mit spezifizierender
Darstellung des konkret Erlebbaren.

B MINNEKONZEPTION

Der Natureingang erwies sich als "pars pro toto" der
Liedstruktur und damit als ein maßgebendes Kriterium
für den Wandel mittelalterlichen Kunst- und Realitäts-
verständnisses.
Konzentrierten sich die vorausgegangenen Untersuchungen
auf ein spezielles Strukturelement und verfolgten sie
die Entwicklung vorwiegend in ihrem formalen Ausdruck,
so soll im folgenden Kapitel die Minnekonzeption: die
Liedaussage über Wesen und Sinn der Minne geprüft werden.
Korrespondiert sie mit dem oben aufgezeigten Formwandel?
Zeichnet sich der Weg von traditionell-ideellem Anspruch
zu realitätsbetonterer Neubestimmung auch ab im
Verständnis des 'Minne'-Begriffs?

Mit Reinmar von Hagenau, Walther von der Vogelweide und
Neidhart von Reuenthal sind zu Beginn des 13. Jahr-
hunderts drei unterschiedliche Auffassungen über Wesen
und Ziel der Minne vorbildlich ausgesprochen. Vorbild
sind sie - in verschiedenem Maße - allen späteren Sängern.

Während die Neidhart-Nachfolger eine relativ einheitliche,
in sich geschlossene Gruppe bilden,[1] indem sie gemeinsam
die ständische Gebundenheit der hohen Minne und damit die
hohe Minne selbst aufgeben, ist es kaum möglich, die
übrigen Sänger entweder der Reinmarschen Minnevorstellung
oder der Walthers eindeutig zuzuordnen. Der spätere
Minnesang verknüpft Grundzüge beider Minneideale mit-
einander - trotz ihrer ursprünglich intendierten und
wesensmäßigen Unterschiede.

---

1) Vgl. de Boor, a.a.O., S. 349 f

Am Beispiel Ulrichs von Singenberg sollen Aufnahme und Verarbeitung der beiden höfischen Minnekonzeptionen nachgewiesen und erläutert werden.
Folgende Fragen leiten die Untersuchung:
Welche Konstituentien der hohen Minnetradition werden übernommen? Auf welche Weise wird versucht, den ideellen Anspruch der Reinmar-Verehrung mit dem von Walther formulierten Wunsch nach angemessener Gegenliebe zu vereinbaren?
Ist es begründet, in Ulrich von Singenberg einen Repräsentanten für die erste Minnesänger-Generation nach Reinmar/Walther zu sehen? Wie läßt sich die für sie charakteristische Minnehaltung erklären?

I   Ulrich von Singenberg

Als ältester Schweizer Nachfahre der Blütezeit mit
einem zudem relativ umfangreichen überlieferten
Liedbestand soll Ulrich von Singenberg in die Unter-
suchung über Minneideologie im 13./14. Jahrhundert
einführen.

Gerade seine Lieder bieten sich für eine Analyse
über die Art der Traditionsverarbeitung jener Zeit
an. Die angemessene **Akzentuierung** der auf ihn wirkenden
Einflüsse wird schon früh zum Hauptproblem der
Singenberg-Forschung. Versuchte Kuttner nachzuweisen,
daß Singenberg primär der Richtung Reinmars folgte,[1]
so widersprach ihm Roesing, indem er, übereinstimmend
mit Bartsch, Singenberg zu Walthers Schule rechnet.[2]
Neuere Abhandlungen trennen beide Einflußbereiche
nicht mehr, sondern nennen Reinmar und Walther als
gemeinsame, gleichwertige Vorbilder.[3] Kuttners und
Roesings Zuordnungsmethode gründet sich vorwiegend
auf die Quantität der von Reinmar beziehungsweise
Walther entlehnten Verse und sprachlichen Wendungen.
Darüber hinaus gilt Singenbergs Mangel an Bildhaftigkeit
und sein Verzicht auf Natureingang[4] als Kennzeichen
seiner Abhängigkeit von Reinmar;[5] andererseits wird
Singenbergs Walther-Schulung belegt durch die Tatsache,
daß die Hss. Walther- und Singenberg-Lieder vertauschen

---

1) Vgl. Kuttner, a.a.O., S. 470 ff
2) Vgl. Hugo Roesing, Die Einwirkung Walthers von der Vogel-
   weide auf die lyrische und didaktische Poesie des Mittel-
   alters, Diss. Straßburg, Borna-Leipzig, 1910, S. 30 ff;
   vgl. Bartsch, a.a.O., S. XXXV.
3) Vgl. Wolff, a.a.O., Sp. 596 ("... man muß den Waltherschen
   Ulrich ebenso wie den Reinmarschen anerkennen."); Vgl. de
   Boor, a.a.O., S. 334 ("Vor allem aber hören wir auf Schritt
   und Tritt Reinmar und Walther, ...").
4) Über Singenbergs Naturverse, vgl. S. 51 - 58 der Arbeit.
5) Vgl. Kuttner, a.a.O., S. 470, 475 ff.

konnten, daß Singenberg Walther namentlich "mîn(en) meister" (Lied 20, V. 4) nennt, er in Walthers Zeitklage mit einstimmt und die Spruchdichtung fortführt.[1] De Boor faßt die unterschiedlichen Einflüsse kurz zusammen, indem er Singenberg "Reinmarsche Reflexionen und Walthersche Dialektik, doch ohne Walthers Klarheit und prägende Bildkraft"[2] bestätigt, und Wolff präzisiert die Beziehungen wie folgt: Reinmarsche distanziert-unterwürfige Klage stehe in Singenbergs Liedern neben Walthers freudiger Grundstimmung.[3]

Die Kriterien, die die Forschung für eine Beurteilung Singenbergs herangezogen hat, sind vorwiegend formaler Art. Die Form gibt zweifellos wichtige Hinweise, die aber unzureichend bleiben, wenn nicht auch der Liedgehalt, die Minneaussage mit herangezogen werden.

Für eine Charakterisierung Singenbergs gilt es zu unterscheiden zwischen allgemein typischen Minneformeln und bewußtem Ausdruck einer bestimmten Minnekonzeption. Hierzu hat vor allem Wolff Anregungen gegeben. Sie sollen überprüft und ausgearbeitet werden.

Es sollen im folgenden Singenbergs Fortsetzung der wesentlichen Grundgedanken der klassischen 'hohen' Minne und seine Anlehnung an Walthers Konzeption einer persönlichen, gegenseitigen Liebesbindung belegt und erläutert werden. Hierbei sollen nicht einzelne Verse auf ihre sprachlich-formalen Vorbilder zurückgeführt,[4] sondern ihr Aussagegehalt über 'hohe Minne' und 'herzeliebe' untersucht werden.

---

1) Vgl. Roesing, a.a.O., S. 32 f und 37 f
2) De Boor, a.a.O., S. 334
3) Vgl. Wolff, a.a.O., Sp. 597 f
4) Vgl. Kuttners und Roesings Verfahren

Singenberg kennt die Minnedefinition der klassischen
Zeit als dialektische Einheit von Liebe/Leid, weiß
um die Notwendigkeit des Paradoxon:

"doch hât mich behabet an liebem wâne noch der
               wân,
 daz nieman grôz liep enmac ân under wîlent leit
                 gehân."
Nr. 23, V. 11/12

Minne kann auch für ihn noch 'negativer Vollzug'[1]
bedeuten, Gedenken an die Frau und nicht Besitzenwollen der Frau, ein Ziel, das ersehnt, aber nicht
erreicht werden kann, eine Liebesbindung, die nur im
entbehrenden, entsagungsvollen Dienst vollziehbar
wird.[2] Singenberg bestätigt den Schmerz als Voraussetzung und Ursache der Freude, bestimmt Freude als
immerwährendes Streben, als Dienst:

" Wie gern ich mit vröiden waere,
 waere unvröide niht sô wert!
 nust den rîchen vreude unmaere:
 maere ist swer ir niht engert."
Nr. 13, V. 1 - 4

Idealisierung der Frau und Demutshaltung des Mannes
veranschaulichen die notwendig unüberwindbare Distanz
zwischen Dienendem und Minnedame:

" Wan sol in dienen umbe daz,
 daz niht sô guotes lebet alsam die guoten,
 und dur die guoten sol man baz
 die andern êren danne sîs doch muoten.
 ...
 Ich bin der guoten undertân
 und allen guoten vrouwen dur ir êre."
Nr. 25, V. 9 - 12, 17/18

Minnedienst verlangt nach aufrichtiger Treue, dem
Wissen um die Unerreichbarkeit der Dame zum Trotz;
oder besser: im Wissen um die Unvollendbarkeit des

---
1) Hugo Kuhn, Dichtung und Welt im Mittelalter, a.a.O., S. 10
2) Vgl. ebd.

Dienstes bewährt sich die 'triuwe' als eine der
höchsten Tugenden des höfischen Minners:

"   Vrouwe, ich bin der eine,
  der sich niemer tac von iu gescheiden wil."
Nr. 1, V. 8/9

"   Solt ich geniezen daz ich bin
  unde ie was mit rehten triuwen
  wîbes êre vrô"
Nr. 2, V. 12 - 14

Der treue Dienst, das stete Bemühen gelten nicht nur
als Weg zum Ziel; es ist das mühevolle Dienen selbst,
das für den Mann den Sinn der Minne offenbart:
Die ihm reale Erfüllung versagende Frau fordert
Bewährung seiner höfischen Tugenden, fordert Vervoll-
kommnung seiner höfischen Lebenshaltung:

"   Der werden wirde wirdet mich,
  ...
  ir saelde saeldet lîp und êre swem sî wil:"
Nr. 4, V. 9.13

"werdez wîp, nû wirde ouch mich: wan wirde ich iemer
                           wert, daz muost dû lêren."
Nr. 26, V. 12

"   Sît ir mich sô lêret,
  daz ich staeteclîche mîner êren pflege,
  des sît iemer gêret:
  wol ouch mich daz ir mich wîset rehte wege.
  ir hânt wol gerâten mir:
  swer alse rehte râten kan, dur des rât ich gerne
                              unvouge enbir."
Nr. 28, V. 7 - 12

Das Verhältnis zwischen Minnendem und Minnedame ist
auch für Singenberg ein vertikales; auch er schaut
auf zum Ideal der Frau, bittet in Demut um Gnade:

"swie sî wil, sô wil ich daz min fröide stê
  noch niemer liep noch guot ân ir genâde mir
                              beschehe."
Nr. 17, V. 23/24

Daß seine Aussagen über die Minne einer innerhalb
der höfischen Gesellschaft anerkannten und gültigen
Vorstellung entsprechen, hebt Singenberg durch
Publikumsanrede, durch seine Bitte um Anteilnahme an
seinem Dienst hervor:

"   Vreut iuch, vreut iuch, fröide rîchen,
die dâ sîn von schulden vrô!
möhte ich mich wol iu gelîchen,
wê wie gerne ich taete alsô!"
Nr. 11, V. 1 - 4

"in kunde ez (ir hôhez lop) niht in tûsent tûsent
                    jâren gar gesingen.
dar umbe haete ich vröide gerender helfe gerne und
                    ouch ir rât:
waz obe ir eteslîcher ouch ûf liep gedinge mir
                    gelîchen kumber hât?"
Nr. 22, V. 6 - 8

"   Funde ich vröide volge, ich vreute gerne mich;"
Nr. 26, V. 1

Ausdruck der Allgemeinverbindlichkeit der Minneidee
ist der öffentlich vorgetragene Sang. Der Dichter
besingt kein individuelles Geschick, sondern einen
allen seinen Zuhörern gemeinsamen Gedanken; daher:
Integration des Publikums in das Lied, Reflektieren
der Haltung der höfischen Zuhörerschaft im Lied:

"sî ieman nû der sanges ger,
der wünsche daz mich noch diu liebe süeze wer
des ich zir güete hân gegert:
sô singe ich vrô und mache ir hôhen wirde wert."
Nr. 8, V. 5 - 8

"   Kunde ich sô gesingen
daz doch under sehsen zwêne diuhte guot,
sô wolt ich mich twingen,
möhte ez anders niht gesîn, ûf hôhen muot."
Nr. 10, V. 25 - 28

Wie die oben zitierten Versbeispiele zeigen, bewahrt Singenberg wesentliche Charakteristika der 'hohen' Minnekonzeption: die Allgemeinverbindlichkeit der Minneidee, die Vertikalität der Minnehaltung, die didaktische Funktion der Minne, den Minnedienst um seiner selbst willen, den 'negativen' Minnevollzug, das notwendige Paradoxon von Liebe und Leid.

Singenberg weiß andererseits aber auch, daß diese distanziert-sublimierte Minnehaltung an Selbstverständlichkeit eingebüßt hat:

"nû waz sol ich danne singen,
 obe ich gerne singen wil,
 sît unvuoge wil verdringen
 alliu vröidehaften spil?"
Nr. 12, V. 5 - 8

Wenn er den Verfall höfischer 'zuht' beklagt, so wendet er sich gegen aktuelle Zeiterscheinungen, wie "rouben, brennen, übel râten" (Nr. 12, V. 13), gegen den allgemeinen Mangel an "triuwe und êre" (Nr. 13, V. 10 und 21), der verantwortlich ist für den Niedergang höfischer 'vröide' ("Sumer unde sumerwünne/ wünnent niht ze rehte sich,/noch die vogel in ir künne,/noch die liute, dunket mich." Nr. 12, V. 1 - 4)[1] und in Hinblick auf die Lieddichtung gegen eine Popularisierung der Neidhartschen Nivellierung des Minnesanges:

" 'Rüedelîn, dû bist ein junger blippenblap:
dû muost dînen vater lâzen singen.
er wil sîne hövescheit vüeren in sîn grap:
des müest dû dich mit verlornen dingen."
Nr. 26, V. 37 - 40

Es ist die extreme Übertretung höfischer Normen, die Singenberg offen ablehnt, nicht aber eine W e i t u n g , eine N e u a k z e n t u i e r u n g der Begriffe 'vuoge' und 'minne'. Der Wandlung des Minnebegriffes, der gesellschaftlichen Konvention,

---

[1] Vgl. Seiten 51/52 der Arbeit

des Frauenbildes nach Walthers Vorbild paßt sich
Singenberg an. So gibt er die Forderung des 'hohen'
Minnesanges nach beherrschter Zurückhaltung auf,
wenn er auf Erfüllung seines Sehnens drängt:

"in wils niht gedingen, ich wil wizzen, ..."
Nr. 10, V. 24

Er verlangt Erwiderung seiner Beständigkeit, seiner
Aufrichtigkeit, seiner Wertschätzung, seiner Liebe:

"   Waz bedörfte ich langer staete
dien die mir niht staete sind?"
Nr. 27, V. 17/18

"sît ich den zwîvel lâzen sol,
sô lâze ouch sî die zwîvellîchiu maere."
Nr. 8, V. 27/28

"   Gît got der lieben den gedanc,
daz sî mir wirt als ich ir bin"
Nr. 6, V. 7/8

Mit der Minnekonzeption ändert sich konsequenterweise
die Rolle der Dame. Die den Mann zuchtvoll-höfische
Haltung Lehrende wird nun ihrerseits vom Minner über
das ihr angemessene Verhalten belehrt.[1]

"sold och ich iuch lêren"
Nr. 28, V. 15

"al selhen zwîvel sult ir lân,
welt ir behalten gotes minne.
(Frau:) 'die wil ich behalten gerne: wîset, wie.'
dâ habt lieр den der iuch von herzen minnet ie."
Nr. 34, V. 35 - 38

Gegenseitigkeit der Minne erfordert Zurücknahme der
Idealisierung: die Minnedame wird Person, die Minne-
bindung zu einem persönlichen Verhältnis:

---

1) Die Schlußverse Nr. 34, V. 38 und 40 sind kein "Vorwurf
... Verurteilung der Frau durch den Mann" (Erika Mergell,
Die Frauenrede im deutschen Minnesang, Limburg, (Diss.
Frankfurt/Main) 1940, S. 103), sondern - aufgrund des
Rollentausches - Belehrung der Frau.

"   Vrouwe, ich ger niht mêre
 wan sô vil ...
 ...
 daz ir iuch mich naement an
 unde iu lieber waere
     danne in al der welte sî kein ander man."
Nr. 1, V. 15/16.19 - 21

Gegenseitigkeit der Beziehung versteht Singenberg als gesellschaftlich anerkannte Belohnung geleisteter Minnedienste:

"   Solt ich geniezen daz ich bin
 unde ie was mit rehten triuwen
 wîbes êre vrô,
 sô möhte sî mir hinnen hin
 wol mîn leit mit liebe niuwen"
Nr. 2, V. 12 - 16

"in wils niht gedingen, ich wil wizzen, daz sî mir
                  mit liebe lônet: sist sô guot.
 ...
 sol ich niht ersingen wan der liute haz,
 sô geziret der guoten wol an saelden unde an êren
                  daz sî mir ersetze daz."
Nr. 10, V. 24.29/30

Gegenliebe aber ist nicht nur Verdienst, sondern wird wesensmäßiger Bestandteil der Minne selbst, ist gottgefällig:

"welt ir behalten gotes minne.
 ...
 dâ habt liep den der iuch von herzen minnet ie.
 ...
 swer niht minnet den, der in von herzen minnet,
                  derst verlorn."
Nr. 34, V. 36.38.40

Singenbergs Minne, auch die erwünschte gegenseitige, bleibt geistig-seelisches Erleben; Verlangen nach sinnlicher Erfüllung wird bis auf Vers 28 in Lied Nr. 31 ("baet ich die schoenen ûf ein strô" - hier in Nachahmung des Walther-Verses 76, 14[1]) und als

---

1) "mîn herze swebt in sunnen hô:/daz jaget der winter in ein strô." V. 76, 13/14.

Nachweis seiner Kenntnis des 'dörperlichen'
Sanges[1] nicht ausgesprochen.[2]

Separates Aufzeigen der unterschiedlichen Minne-
ideale Singenbergs kann sowohl seine Reinmar- wie
auch seine Waltherschulung bestätigen. Erst die
Koordinierung der beiden Auffassungen, ihr Stellen-
wert im einzelnen Lied und innerhalb des Lied-
bestandes kann Aufschluß geben über Singenbergs
Verarbeitung der Tradition.

Der Kontext der oben zitierten Verse erweist, daß
Singenberg jede unmäßige Insistenz seiner Minne-
forderung abschwächt oder vollends in der Schluß-
strophe zurücknimmt. Einschränkungen folgen auf
Nr. 10, V. 24 und Nr. 8, V. 27/28[3], Revokationen
auf die Minnedienstabsage in Liedern 27 und 28:

"ich wil vrî von hinnen sîn.
swes ich sî, der sî ouch mîn:
...
Ich muoz von verdiender schulde
mich der lieben schuldic sagen:
des wil ich gern umbe ir hulde
schuldeclîche buoze tragen.
mîn unvuoge vüeget wol
daz mich nieman troesten sol."
Nr. 27, V. 5/6.33 - 38

"sold och ich iuch lêren,
ich beswunge iuch sô mit mîner ruoten ber,
...
... ich habe den strît verlân.
tuot ir mir sus, tuot ir mir sô, daz heiz ich doch
        allez wol getân."
Nr. 28, V. 15/16.29/30

---

1) Vgl. Seiten 55/56 der Arbeit.
2) Entgegen Isbasescu, der Singenberg "auf den Boden der
niederen Sinnenminne", zur "Triebminne" herabsteigen
sieht; a.a.O., S. 96 f.
3) Nr. 10, V. 24: "in wils niht gedingen, ich wil wizzen,
daz sî mir mit liebe lônet: sist sô guot." Nr. 8, V. 27/28.
31/32: "sît ich den zwîvel lâzen sol,/ sô lâze ouch sî die
zwîvellîchiu maere./.../wan daz mich der gedinge enlât/
daz selten von dem guoten iht wan guotes gât."

Extreme Verstöße gegen die Haltungsethik des klassischen Minnesangs (Minnedienstabsage, Gewaltanwendung) werden getadelt; in den beiden letztzitierten Liedern ist es - nach Vorbild der 'hohen' Minne - die Dame, die den Mann zur Wahrung der 'vuoge' auffordert.
Singenbergs Betonung der 'mâze' ("ich vüer in der mâze, des mich diuhte wol gevarn" Nr. 23, V. 23)[1] bedeutet aber nicht unbedingtes Festhalten am Ideal der 'hohen' Minne.
Singenbergs Schwanken zwischen Bewahrenwollen höfischer Wertvorstellungen einerseits und Bemühen um freizügigere Auslegung des Minnebegriffes andererseits soll exemplarisch anhand zweier Lieder dargestellt werden.

"   Vrouwe saelden rîche,
wie mugt ir sô langez leit an mir vertragen?
tuot sô saeclîche
unde lât mich niht an vröiden gar verzagen.
wan verderbent ir mich sô,
daz wirt iu verkêret
        von den besten, die noch gerne waeren frô.

    Vrouwe, ich bin der eine,
der sich niemer tac von iu gescheiden wil.
sol daz helfen cleine,
dar zuo waere doch der güete an iu ze vil.
ich weiz wol, ir sint sô guot,
daz mich noch enzîte
        hôher trôst von iu gemachet hôhgemuot.

    Vrouwe, ich ger niht mêre
wan sô vil (und wurde daz, sô waere hin
al mîn herzesêre,
von der ich doch iemer ungescheiden bin),
daz ir iuch mich naement an
unde iu lieber waere
        danne in al der welte sî kein ander man.

---

1) Betonung der 'mâze' selbst im Tagelied Nr. 14, V. 8/9. 14/15: "... swaz man wil übertrîben,/daz dâ daz wol vil lîhte am ende wirt ein wê./.../sô vürhte ich daz dîn minne mich/an vröiden gar verderbe, diu niht mâze hât.'"

>   Vrouwe, ob ich verdirbe,
> waz habt ir od iemen denne deste mê?
> unde ein leit erwirbe,
> daz ir selbe müezent sprechen 'wê mir wê!
> wie hân ich alsus getobet,
> daz ich den verderbe,
>   der mich dicke und ander vrouwen hât gelobet!'"

Lied Nr. 1

Die kunstfertige Strukturierung dieses Liedes läßt
Singenbergs Verarbeitung der beiden Minnekonzeptionen
deutlich werden:
Der klassischen Gegenüberstellung von "leit - vröide"
folgt bereits in der ersten Strophe die Andeutung
einer Wandlung der Frauenrolle. Der Dame wird
gesellschaftliche Anerkennung versagt bleiben, wenn
sie sich seiner nicht erbarmt. Die vierte Strophe
intensiviert diesen Gedanken. Sie nimmt nicht nur den
- in der Anfangsstrophe durch Präfix-Alliteration
("vertragen - verzagen - verkêret") hervorgehobenen -
Begriff "verderben()" gleichfalls als Tadel, sondern
auch den Begriff "leit" wieder auf; diesmal bezeichnet
er aber nicht die Minnequal des Mannes, sondern die
schmerzliche Reue der nicht lohnenden, sich versagenden
Frau. Übereinstimmung der Empfindung (wenn auch das
Leid des Mannes und das der Frau unterschiedlich
begründet ist) wird hiermit ausgesprochen: beide müssen
leiden, wenn Liebessehnsucht unerfüllt bleibt.

Strophen 2 und 3 setzen die traditionelle Dialektik
fort, indem sie beständigen Dienst und nicht enden-
wollenden Schmerz aufeinander beziehen. Kontinuierlich
präzisieren und steigern sie den in der ersten Strophe
vorgetragenen Wunsch: "lât mich niht an vröiden gar
verzagen." (V. 4). Verse 12 - 14 bleiben durchaus noch
im Rahmen der klassischen Terminologie. Strophe 3
jedoch bricht mit entscheidenden Grundbedingungen der
'hohen' Minne: der Distanzierung und Idealtypisierung

der Frau. Minner und Dame r e p r ä s e n t i e r e n
nicht mehr Werte, wie Diensttreue, Selbstdisziplin,
Tugend- und Sittenlehre, erlösende Gnade. Der Mann
bittet nicht mehr als höfischer Minner, sondern als
liebender E i n z e l n e r ; entsprechend wünscht
er nicht gesellschaftliche Anerkennung, sondern
p e r s ö n l i c h e Zuwendung seitens der Frau.
In Strophe 3 sucht Singenberg - nach dem Vorbild
Walthers -[1] die konventionelle Einseitigkeit von
Liebe und Leid zu überwinden: Liebe und Leid sollten
geteilt werden. In Lied 1 ist es keine Revokatio, die
- wie in Nr. 27 - das Verlangen nach Verpersönlichung,
Ausgewogenheit der Liebesbeziehung zurücknimmt; die
Schlußverse des Liedes aber kehren auch in Lied 1
zurück von gemeinsam-persönlicher Teilhabe an Liebe/
Leid zum 'hohen' gesellschaftlichen Preis der Frau
als Stellvertreterin ihres Geschlechtes, damit als
idealisierte Repräsentantin höfischer Tugend.

Ausgehen von Vorstellungen des konventionellen 'hohen'
Sanges (V. 1 - 4), zunehmende Konkretisierung,
Personalisierung des Minnewunsches (bis V. 20/21),
Rückkehr zum Allgemeinen, zum höfisch-verbindlichen
Frauenpreis kennzeichnen die Struktur des Liedes.

Der Rahmen des Liedes bleibt dem Ideal der 'hohen'
Minne verpflichtet - innerhalb des Rahmens kann Minne
neu interpretiert werden. Typisch für Singenberg ist
die Forderung nach einer persönlichen gegenseitigen
Liebesbeziehung, die aber die Regel der höfischen
'vuoge' nicht verletzen darf. 'Vuoge' wird verletzt
durch 'unmâze' seitens des Mannes: durch "spot() -
lügelîche maere - lôse tucke - (den) wîben ... crankes

---

[1] Walther: "... mir ist umbe dich/rehte als dir ist umbe
mich." V. 49, 20/21 - "minne ist zweier herzen wünne:/
teilent sie gelîche, sost diu minne dâ:" V. 69, 10/11.
Vgl. Singenberg Nr. 6, V. 7/8: "Git got der lieben den
gedanc,/daz sî mir wirt als ich ir bin" und Nr. 27, V. 6.
14/15: "swes ich sî, der sî ouch mîn:/.../... joch gunde
ich ir/rehte als ich mir selbem gan:"

zuo gedenke(n)",[1] aber auch seitens der Frau:
durch "tobe(n)",[2] durch Nichtanerkennung geleisteter
Minnedienste.[3]
Für Singenberg gilt: "... swaz man wil übertrîben,/
daz dâ daz wol vil lîhte am ende wirt ein wê."
(Nr. 14, V. 8/9). Übertreiben kann sowohl der Minner
seine Forderung als auch die Dame ihre Zurückhaltung.
Singenbergs Ziel ist Harmonie, Ausgewogenheit; er
hält fest an der Übereinstimmung von Ursache und
Wirkung: "wan daz mich der gedinge enlât/daz selten
von dem guoten iht wan guotes gât." (Nr. 8, V. 31/32).
Die Aufgabe der Frau besteht nicht mehr nur in der
distanten Erziehung des Mannes zu höfischer Gesinnung
und Haltung, sondern im R e a l i s i e r e n ,
P r a k t i z i e r e n , B e w ä h r e n der
Fähigkeiten, um derentwillen der Mann sie ehrt:
"Nû stêt doch rehter guete wol/daz sî den guoten
vriunt niht lange swaere." (Nr. 8, V. 25/26). Die
Auffassung führt Singenberg zur berechtigten Forderung
nach gegenseitiger Wertschätzung. Das Streben nach
Gegenseitigkeit aber wird duch 'vuoge' in 'mâze'
gehalten: Der Mann ist nicht berechtigt, an Aufrichtigkeit und Tugendfestigkeit der Frau zu zweifeln,[4]
er darf daher nicht (vermeintlich) Gleiches mit
Gleichem vergelten wollen.[5]
Wohl aber darf er - gemäß höfisch-ritterlicher Verhaltensregel - Anerkennung seiner Dienste[6] und Achtung
seiner Hingabe erwarten.[7] 'Vuoge' gebietet der Dame

---

1) Nr. 5, V. 11; 7, V. 24; 12, V. 23/24
2) Nr. 1, V. 26
3) Nr. 18, V. 19/20: "sold iuwer dienest vloren an mir einer sîn,/sô waere ouch daz ein missetât."
4) Vgl. Revokatio in Nr. 18.
5) ebd. Nr. 27
6) Vgl. Nr. 2, V. 12 - 16: "Solt ich geniezen daz ich bin/ unde ie was mit rehten triuwen/wîbes êre vrô,/sô möhte sî mir hinnen hin/wol mîn leit mit liebe niuwen".
7) Vgl. Nr. 26, V. 17/18: "ez ist reht daz man genâde vinde:/ swer sich ûf genâde gît, dâ vüeget sich daz ers ze guote enphinde."

nicht mehr unbedingte Abweisung, gestattet dem Minner daher, Aufmerksamkeit und Entlohnung seiner Mühen zu fordern. In der Mehrzahl der Lieder geht das Verlangen des Mannes nicht über Gruß oder Lächeln als Ausdruck des 'trôstes' seitens der Minnedame hinaus.[1] Wenn Singenberg von "liebe" spricht, so erwartet er freundliches Aufgenommenwerden, Entgegenkommen.[2] Persönlich-private Zuwendung statt öffentlich-gesellschaftliche Anerkennung wünscht er explizit lediglich im besprochenen Lied 1, V. 20/21; ausgewogene Gegenseitigkeit der Beziehung klingt an in Nr. 8, V. 33 - 35[3] und wird - von den Tageliedern Nr. 27 (hier allerdings mit anschließender Revokatio) und Nr. 34 abgesehen - nur in Lied Nr. 6, V. 7/8 zum ausdrücklichen Minnewunsch:

" Gît got der lieben den gedanc,
 daz sî mir wirt als ich ir bin"

Gründete sich in den anderen Liedern die Hoffnung des Minners auf eine maßvolle Lockerung der höfischen 'vuoge', so erkennt Singenberg, insbesondere in Lied 34, die Lösung des Paradoxon Liebe/Leid in einer neuen Wesensbestimmung der Minne selbst.

---

1) Vgl. Nr. 10, V. 9 - 12.18 - 20: "sô muoz mîn gemüete/ sîn gehoehet ûf den trôst, daz ich bejage/lieplîch liep nâch leide alsô daz sî mir gebe/minneclîch ir gruoz./ .../waz tuot in der welte rehten mannen alsô wol sô minneclîcher wîbes gruoz?/Wê wer sol mich grüezen,/ sît der werde gruoz sô volle saelde gît?"
2) Vgl. Nr. 2, V. 16; Nr. 6, V. 6; Nr. 18, V. 24
3) Nr. 8, V. 33 - 35: "Diu liebe liebet sich san mir/daz mir die lieben nieman kan erleiden./der selben liebe dinge ich zir:"

"   Hât ieman leit als ich ez hân?
nein, ist ez alse ich mich versinne.
'sagt an, wiest iuwer leit getân?'
seht, dâ verderbet mich diu Minne.
'wie mac iuch verderben daz nieman gesach?'
gedanke vüegent wol gemach und ungemach.

...

ir sîtz diech dâ von herzen meine.
'drumbe entuon ich niht wan alse ich taete doch.'
waz obe ir iuch vil lîhte baz bedenket noch?
'war umbe taete ich daz?'
dur daz ir an dirre welt nie mêre an niht getaetet
                                             baz.

    'Ez diuhte iuch lîhte baz getân
dann ich mich guotes dran versinne.'
al selhen zwîvel sult ir lân,
welt ir behalten gotes minne.
'die wil ich behalten gerne: wîset, wie.'
da habt liep den der iuch von herzen minnet ie.
'daz ist noch baz verborn.'
swer niht minnet den, der in von herzen minnet,
                                  derst verlorn."

Nr. 34, V. 1 - 6. 23 - 40

Die Rollen innerhalb dieses Wechsels sind vertauscht:
der Mann lehrt die Frau, was Minne sei. Minne bleibt
"gedanke" (V. 6), bleibt seelisch-geistiges Erleben,
das aber nun nicht mehr einseitig auf den Mann
beschränkt ist, sondern seine Erfüllung in der
gemeinsamen Erfahrung der Minne findet. Selten
gebraucht Singenberg in seinen Liedern den Begriff
'minne'. Mit Ausnahme der Tagelieder und des Welt-
preises Nr. 24 spricht Singenberg von "minne" ledig-
lich in Liedern Nr. 5 und 34.[1] In Nr. 5 ist es
"werdeclîche() minne" (V. 9): die Konzeption der
'hohen' Minne, die bewahrt werden soll.[2] Lied 34

---

[1] Neben den oben genannten Liedern findet sich das Adjektiv "minneclîch" in Nr. 10, V. 12.18; 16, 5; 21, 7 und 23, 7 in Funktion eines Epitheton ornans, substantiviert als Synonym für die Minnedame in 22, 10.

[2] "werdeclîche(), werdiu, staete, minneclîche" bilden Singenbergs Epithetonbestand für 'minne'. Bezeichnenderweise werden auch im Tagelied "werdiu (staete) minne" (Nr. 9, V. 20; 14, 40) neben "minneclîcher minne" (Nr. 9, V. 10; 14, 1) bewahrt.

ergänzt diese Minnekonzeption, indem es die gemeinsame
Bindung, die gleiche Teilhabe beider an der Minne
betont, sie für gottgefällig und gottgewollt erklärt.[1]

"Minne" - wenn auch selten benannt - bleibt in
Singenbergs Liedern der zentrale Begriff, die höchste
Idee, unter die "liebe/leit" subsumiert werden.
"Leit" komplementiert "liebe" (= Freude)[2]. "Leit"
ist nicht Gegenpart zu "minne":[3] dem Ziel, der
Erfüllung. Erfüllung aber kann nur in Gemeinsamkeit
erreicht werden.
Nicht nur Anerkennung des vom Mann leidvoll-liebend
geleisteten Dienstes, sondern Erwiderung der Empfindung
fordert Singenbergs Minnedefinition.
Aufeinander angewiesen sind Mann und Frau in ihrem
Streben nach Erfüllung; nur im gemeinsamen Erleben
der "minne" erfahren sie den irdischen Abglanz der
göttlichen:

"welt ir behalten gotes minne.
...
dâ habt liep den der iuch von herzen minnet ie.
...
swer niht minnet den, der iu von herzen minnet,
derst verlorn."
Nr. 34, V. 26.38.40

Daher ist für Singenberg auch das Tagelied nicht nur
eine poetische Form, in der die Befriedigung der Sinne
sagbar ist, sondern vor allem ist es Ausdruck der
realisierten Gemeinsamkeit, der wechselseitigen
Bindung, der Zusammengehörigkeit von Mann und Frau:
der erfüllten Minne.

---

1) Vgl. Nr. 6, V. 7/8: "Gît got der lieben den gedanc,/daz
sî mir wirt als ich ir bin"
2) Vgl. Nr. 2, V. 16; 8, 9; 10, 5.11; 11, 28; 13, 8; 14, 41/42;
17, 13.16; (22, 8); 23, 12.35; 34, 22.(24) Über die Bedeu-
tung 'Freude' vgl. Isbasescu, a.a.O., S. 97.
3) Vers 34, 4 "seht, dâ verderbet mich diu Minne" wird durch
die Minnedefinition in V. 35 - 40 abschließend revidiert.

"diu beide ir muotes sint al ein:
ich kan nâch wunsche erdenken niht zer welte saelde
　　　　　　　　　　　　　　　　　　　　　dirre vor."
Nr. 9, V. 21/22

"... lâz ir daz herze hie,
diu dîn ze friunde hât gegert:
sô wil ouch dir ir herze lân diu triuwen dir
　　　　　　　　　　　　　　　　　gewancte nie."
Nr. 9, V. 26 - 28

" 'Sol ich nû von dir scheiden,
sô muoz doch ungescheiden sîn
　　　getriuwes herzen triuwe, der ich hân gepflegen
gein dir, sît minne uns beiden
geselliclîche liebe erwarp.'"
Nr. 14, V. 28 - 32

Die "geselliclîche liebe" nennt Singenberg auch
"herzeliebe",[1] die Frau, mit der sie vollzogen wird,
"herzeclîches lieb()".[2]
Die "herzeliebe" ist nicht identisch mit "hôhem
muot"; Singenberg unterscheidet: "Swer an guoten
wîben/hôhen muot noch herzeliep niht vinden kan"
(Nr. 10, V. 13/14).[3] Der "hôhe muot" bedeutet auch
in Singenbergs Liedern höfische Gesinnung, "das
Bewußtsein des Ausgezeichnetseins vor der ganzen
Welt"[4] beziehungsweise freudige Erwartung der durch
den Minnedienst erworbenen gesellschaftlichen
Anerkennung.[5] "Hôhen muot" empfängt der Mann durch
seine beständige Orientierung am Tugendvorbild seiner
Minnedame[6] und durch erworbenen "trôst", i. e.
begründete Hoffnung auf Annahme, Anerkennung seines
Dienstes, die die "tugent" der Dame auf ihn überträgt.[7]
Der Begriff "hôher muot" bleibt in Singenbergs Liedern

---

1) Vgl. Nr. 34, V. 24
2) Vgl. Nr. 9, V. 2; 14, 5
3) Vgl. auch Nr. 11, V. 13: "swelh man niht von herzen noch von muote singet".
4) August Arnold, Studien über den Hohen Mut, Leipzig, 130, S. 9.
5) Vgl. Nr. 10, V. 9/10; 29, 4
6) Vgl. Nr. 16, V. 1; 22, 1; 26, 27
7) Vgl. Nr. 1, V. 14; 2, 20; 11, 24/25; 24, 13

(mit der Ausnahme von Nr. 9, V. 1)[1] seinem
klassischen Vorbild verhaftet, bezeichnet das sich
im Minnedienst bestätigende Streben nach vollendeter
höfischer Haltung.

In der Analogiebildung "hôhez herze"[2] und attributiv
("hôhgemuot") verbunden mit dem Begriff des Herzens
nimmt freudiges Gestimmtsein eine andere Bedeutung
an:

" Der süeze wehsel under zwein,
 den werdiu minne vüegen kan, wie rucket der daz
 herze enbor!"
Nr. 9, V. 19/20

" Geselliclîcher umbevanc
... tuot senede herze hôhgemuot."
Nr. 9, V. 7/8

Ursache der aufsteigenden Herzensfreude ist die
Vereinigung beider Liebenden; "herzeliebe" nennt
Singenberg nach Walthers Vorbild die beiderseitige
Bindung von Mann und Frau.[3]
Erstrebenswert erscheinen Singenberg beide Ziele:
die Selbstüberwindung, die im 'negativen Vollzug'
höfisches Ideal erfüllt und die konkrete, persönliche,
wechselseitige Liebesbeziehung. Als realisiert wird
diese nur in den Tageliedern vorgestellt. Wunsch-
vorstellung allein aber bleibt sie nicht, sondern
wird in Lied 34 zur Lehre, zum Ausweis des Weges zu
"gotes minne" (V. 36).

Von "hôhem muot" und "herzeliebe" singt Singenberg
- "wîp" und "vrouwe" singt er an.

---

1) Im Tagelied 9 bezeichnet "hôher muot" wie "hôhez herze"
 Liebesfreude, vgl. dazu die Aussagen in V. 1 - 2.7/8.
2) Vgl. Fritz Heimplätzer, Die Metaphorik des Herzens im
 Minnesang des 12. und 13. Jahrhunderts, Diss. (Masch),
 Heidelberg, 1953, S. 96.
3) Walther: "Er saelic man, si saelic wîp,/der herze ein
 ander sint mit triuwen bî!" V. 95, 37/38 - "minne entouc
 niht eine,/si sol sîn gemeine,/sô gemeine daz si gê/dur
 zwei herze und dur dekeinez mê." V. 51, 9 - 12.

"Vrouwe" erscheint vorwiegend apostrophisch;[1] innerhalb des Strophenkontextes ist "vrouwe" Repräsentantin höfischer Tugend,[2] ist sie Dienstherrin.[3]

Singenberg hält an "vrouwe" als Standesbezeichnung[4] und damit als Begriff für Autorität und Ferne der Minnedame fest. "wîp" ist der häufiger verwandte und attributreichere Terminus.[5] In Anlehnung an Walther bezeichnet "wîp" nicht Standes-, sondern Geschlechtszugehörigkeit,[6] nicht Idealität, sondern Fraulichkeit. Den Unterschied zwischen entsagend zu verehrender Herrin und erwartungsfroh zu liebender Frau heben folgende Verse deutlich hervor:

" Hövesche v r o u w e n hôhgemuote
. habent ze boten jungen mannen mich gesant"
Nr. 5, V. 1/2

" 'Rüedelîn, dû bist ein junger blippenblap:
dû muost dînen vater lâzen singen.
er wil sîne hövescheit vüeren in sîn grap:
des müest dû dich mit verlornen dingen.
er wil selbe dienen sîner f r o u w e n : "
Nr. 26, V. 37 - 41

"nimt sî nû ze guotes w î b e s   herzen rât,
sô dinge ich daz mîn staetez liep an ir niht sî
                                        verlorn."
Nr. 17, V. 7/8[7]

---

1) Nr. 1, V. 1.8.15.22; 3, 9; 7, 1.7; 14, 43; 28, 1
2) Nr. 1, V. 28; 4, 17; 5, 1; 25, 18; 28, 24
3) Nr. 8, V. 22, 22.25; 26, 35.41
4) Vgl. Herbert Kolb, Untersuchungen zur Terminologie der höfischen Lyrik, Diss. Berlin, 1952, S. 13.
5) Siehe Anhang 23
6) Vgl. Kolb, a.a.O., S. 13 und Vgl. Erika Ludwig, Wip und Frouwe, Geschichte der Worte und Begriffe in der Lyrik des 12. und 13. Jahrhunderts, Stuttgart/Berlin, 1937, S. 40.
7) Hervorhebungen in den zitierten Versen von der Verf.

" Ich weiz eine in hôhem muote,
diust sô gar ein wîbîn w î p ,
unde ir sin stât sô ze guote,
solde eht iemer w î b e s   lîp
herze vreun, daz sî wol solde
mannes herze machen vrô."
Nr. 12, V. 25 - 30

Der Kontext macht auf die unterschiedliche Bedeutung
der beiden Bezeichnungen auch dann aufmerksam, wenn
sie im Lied gemeinsam auftreten:

"... ouch vil lieben trôst gegeben,
daz lieber nieman von sô reinem w î b e   kam,
dô sî mir alle unvröide mit sô staeter vröide nam."
Nr. 4, V. 4 - 6

" 'Ir sprâchet ie den   f r o u w e n   wol:
hab ich des iht genozzen, daz vergelte iu got.
vil gerne ouch ichz gedienen sol,
wan sô deich drumbe niht ensî der welte spot.'"
Nr. 4, V. 17 - 20[1)]

Der "vrouwe" gilt der Preis als Repräsentantin und
Hüterin höfischer Werte; höfisch-formelle Haltung
ziemt sich ihr gegenüber.
Der Wunsch nach persönlicher gegenseitiger Liebes-
beziehung richtet sich an das "wîp", nicht an das
Ideal, sondern an die Frau, die die Empfindung des
Mannes teilen kann.
Konsequent wird geteilte Liebe zur Bestimmung der
Minne nur in den Tageliedern und in Nr. 34 erhoben.
In den übrigen Liedern werden zwar Enge und Striktheit
des klassischen Reglements der Minnehaltung g e -
l o c k e r t , doch die ihr zugrundeliegende
Idealvorstellung der Minnedame   n i c h t   a u f -
g e g e b e n .
Singenberg ist kein Analytiker des Liebesschmerzes
(wie Reinmar), kein Erneuerer der Minnekonzeption
(wie Walther). Er greift auf das Erbe zurück:

---

1) Hervorhebungen in den zitierten Versen von der Verf.

bewahrt weitgehend die klassische Grundidee, ohne sich reflexiv mit ihr auseinanderzusetzen; er paßt sie vielmehr ein in eine zuversichtlich-optimistische Grundeinstellung,[1] die Liebesleid in freudige Erwartung umwandelt und offen ist für Walthers "herzeliebe".

Weil nicht Reflexion, das Verstehen- und Begründenwollen im Vordergrund stehen, sondern das Bemühen um A u s g l e i c h d e r E x t r e m e , um Ausgewogenheit, "mâze", differenziert Singenberg nicht mehr exakt zwischen der Konzeption Reinmars und der Walthers; so kann er die Bedeutung von "vuoge" derart erweitern, daß sie ihm erlaubt, die Minnedame zu verehren und zugleich die Liebe der Frau zu erhoffen.

---

1) Vgl. Wolff, a.a.O., Sp 598

II Konrad Schenk von Landeck

Variationen, Nuancierungen der Minneaussage werden akzeptiert, wenn sie ihre prinzipielle Einbettung in die traditionelle Minnesangspoetik absichert. Das späte 13. Jahrhundert kennt noch eine zweite Möglichkeit der Traditionsvariierung und -stabilisierung.

Bewußte formkünstlerische Leistung wurde bereits im ersten Kapitel am Beispiel Konrads von Landeck vorgestellt.[1] Die Untersuchung seiner Natureingänge ergab eine deutliche Zurücknahme inhaltlicher Aussagekraft zugunsten einer gesteigerten formbildenden Funktion der Natureingangselemente.[2]

Formalisierung des Inhaltlichen ist äußerste poetische Möglichkeit für eine Objektivierung des traditionell Festgelegten. Landeck will nicht Erneuerung der Aussage; er konzentriert sich vielmehr auf die Aussageform. Sein Bemühen um Vervollkommnung der formalen Minneliedstruktur führt notwendig zur Verfestigung, zur Statik, zur Schematisierung des Minnegedankens. Wie schon im Natureingang Einleitung, Motiv, Doppelformel und Reim zu verselbständigten Strukturträgern werden,[3] so steht im Dienst von Vers-, Strophen- und Liedform auch die Minnekonzeption.

---
1) Vgl. Seiten 59 - 82 der Arbeit.
2) Vgl. ebd.
3) Vgl. ebd.

Lied 6 diene als Exempel:

" Minne, ich hân ir alse vil,
daz ich sî vil kûme erlîde:
ich bin, Minne, selher bürde ein teil ze kranc.
Minne, êst niht ein kindes spil:
dar unsanfte ich sî vermîde,
diu mîn herze in jâmer twinget sunder danc.
Minne, rât, êst an der nôt;
hilf daz ich werde ir herzen last,
lieplich Minne, ald ich bin tôt:
ich bin noch ir herzen, waene ich, gar ein frömeder
                                                               gast.

    Minne, frouwe, hilf, êst zît:
hilf, ob ouch dich, Minne, erbarme,
wan mir tuot diu herzeliebe in herzen wê.
diu mir in dem herzen lît,
ach het ichs an mînem arme,
süeziu Minne, sô getrûrte ich niemer mê.
Minne, füege ir mîn sô vil
als ich ir herzelieben hân,
Minne, teile alsô daz spil:
sich, sô mac al mîn herzeleit ze liebe wol ergân.
...
wâ nû, Minne, wa ist dîn rât?
ach, süeze Minne, wa ist dîn trôst?
dîn rât mich verwîset hât:
diu minne und liep gedinge hât mich brâht ûf dînen
                                                               rôst."

Nr. 6, V. 11 - 30.47 - 50

Formbewußt ist Landecks Minneklage, sein Minneanruf
systematisch konsequent:
In allen Strophen (den Natureingang ausgenommen) wird
Frau Minne beschworen. Drängend setzen Strophen 2
und 3 ein mit je fünf (davon je drei anaphorischen)
Rufen; die Doppelanrede in den Abgesängen wird in
der letzten Strophe wieder aufgenommen. "Minne"
strukturiert das Lied und markiert die Strophen-
gliederung: Beginn der beiden Stollen und des Abgesangs
sowie Abschluß des ersten Stollens in Strophe 2;
Einsatz des ersten Stollens und des Abgesangs, Ende
des zweiten Stollens in Strophe 3; erster Stollen-
schluß in der vierten und Abgesang in der fünften
Strophe. Anaphorischer Gebrauch betont den Strophen-
Dreischritt (Strophe 2) und Strophenausklang im
Abgesang (Strophe 3).

"Minne"-Verse der verschiedenen Strophen werden
aufeinander bezogen: die variierte Wiederholung
und der syntaktische Parallelismus stützt ebenfalls
die Liedstruktur:

"Minne, êst niht ein kindes spil:"	V. 1
"Minne, teile alsô daz spil:"	V. 29
"Minne, rât, êst an der nôt"	V. 17
"Minne, frouwe, hilf, êst zît:"	V. 21
"wâ nû, Minne, wa ist dîn rât?"	V. 47
"ach, süeze Minne, wa ist dîn trôst?"	V. 48

Formkünstlerisch verbindet Landeck mit dem Minne-
Anruf das Motiv des Herzens. Auch es akzentuiert
durchgängig bis zum Beginn der dritten Strophe
Aufgesang und Abgesang. Der formale Halt sichert
das Gegeneinander von "mîn herze" (V. 16) und "ir
herzen last" (V. 18), das sich steigert zum
Paradoxon ("... mir tuot diu herzeliebe in herzen
wê." V. 23) und seiner erhofften Auflösung ("... sô
mac al mîn herzeleit ze liebe wol ergân." V. 30).
Die Dialektik: Liebe/Leid wird formal verdeutlicht,
ihre Synthese im Ruf an die Minne gefunden. Diese
Minneanrede trägt den Liedaufbau: der Minnegedanke
objektiviert sich in der Form.

Formale Gesamtstrukturierung leistet das Abstraktum
"Minne" auch in Lied 20. Die einzelnen Unter-
gliederungen: Stollen und Abgesänge in ihrer Reim-
und Alliterationsfülle, mit ihren Parallelismen
und Kreisbewegungen verdichten zusätzlich die
Formalisierung der Aussage:

"Minne tuot mich jungen grâ
und enweiz doch rehte wâ
ich sî vinde:
sô geswinde
ist ir wenden und ir wanc,
als ich waene minne hân
mir erworben,
sost verdorben
sî mîn werben und mîn wân.
...
Minne ist liebe ein füegerîn,
Minne müeze
mit ir süeze
lieben mich der frouwen mîn."
V. 34 - 42.53 - 56

Landecks Formkunst, die den bekannten Minnelied-
inhalt konkretisieren und objektivieren will, kann
auch zum Spiel mit der Form werden:

"daz ir sinne
durh ir minne
minneclîchen minnent mich"
Nr. 20, V. 64 - 66[1]

Den Minnebegriff und seine Derivate handhabt Landeck
bis zum formalen Selbstzweck in Struktur und Klang:

"süeziu Minne,
Minne, meisterinne,
Minne, ich meine dich,
twing ir sinne
daz sî minne mich."
Nr. 10, V. 35 - 39

Artistik bewährt sich noch eindringlicher am Wort
"liebe".[2] Intensivierung durch Verdoppelung innerhalb
des Verses ("lieber/liebez liep" Nr. 3, V. 42)[3] -
"liebe lieplich danken" (Nr. 15, V. 54) - "swâ liep

---

1) Vgl. Nr. 2, V. 17/18: "Diu süeze minne minnet mich mit
   triuwen,/daz sî mir sô gar an die vil minneclîchen riet."
2) Quantitativ mit "minne" etwa gleichauf vertreten:
   104 Belegstellen für "minne" mit Derivaten -
   114 Belegstellen für "liebe" mit Derivaten.
3) Vgl. Nr. 10, V. 45; 22, 45.

liebes gert:" (Nr. 17, V. 41),[1] durch variierte
Wiederholung in aufeinanderfolgenden Versen,[2]
kulminiert in den "Liebes"-Strophen der Lieder
1, 3 und 4. Drei- beziehungsweise viermalige
Repetition des Begriffs und seiner Ableitungen
innerhalb eines Verses markieren die Strophen-
gliederung,[3] die Versgruppen zu Strophenbeginn
und -abschluß werden in den Liedern 1 und 4 durch
die Quantität der Wiederholung hervorgehoben.[4]
Thema dieser "Liebes"-Strophen ist die gegen-
seitige Beziehung zwischen Mann und Frau, ihr
Verbundensein durch und in der Liebe. Die Idee des
Gemeinsamen konkretisiert sich im Formalen, in der
Dominanz des einen Wortstammes: "lieb...". Die
unterschiedlichen Wortbildungen, der wechselnde
Wortgebrauch verdeutlicht, daß Liebe nur in einem
wechselseitigen Verhältnis, in Erwiderung, in
fortwährender gegenseitiger Ergänzung erfahrbar ist.
Der Begriff wird verwendet: als Abstraktum, als
Synonym für die Frau, als Ausdruck freudiger
Empfindung, Zuneigung, als Bezeichnung eines Zu-
stands und einer Tätigkeit, als Verbintensivierung
und Epitheton.

---

1) "liebe fröide gît ein liebez wîp." Nr. 19, V. 57; "liep
vor allem liebe mir" Nr. 10, V. 26. Verdreifachung in
Nr. 9, V. 35: "liebez liep vor allem liebe:"
2) "swâ liep liebes gert:/liep kan leit vertrîben./liebiu
fröide lît an wîben:/ wol im swer dâ liebes wirt gewert!"
Nr. 17, V. 41 - 44; vgl. 11, 39/40.45/46; 15, 54/55; 16,
19/20.23/24; 19, 57/59; 20, 56/57; 22, 39/40; 22, 34 - 36;
16, 5 - 9.
3) Lied 1, V. 65.69 (Anfang und Ende des ersten Stollens):
"Swâ liep lît bî liebe, lieplîch siu sich liebent./.../
daz liep mit liebe lieber wirt." - V. 75.80 (Anfang und
Ende des Abgesangs): "diu lieb ir herze ir liep mit liebe
gît:/.../liep liebet liebe lieben muot." - Lied 3, V. 12
(Schlußvers der ersten Strophe): "liebez wîp und lieber
man." - V. 16 (zweite Strophe, Abschluß des ersten Stollens):
"wie liep liebe lieben sol" - Lied 4, V. 52.56 (Schlußverse
der Stollen): "sît daz liep mit liebe lieber wirt./.../
wan liep liep in herzen liebe birt."
4) Vgl. Nr. 4, V. 52 und 4, 56.

Die Idee "liebe" manifestiert sich i n d e r
B e z u g s p e r s o n : F r a u , die für den
Mann damit zum "liep" wird; sie realisiert sich
i m B e z u g z u r F r a u ("du liebest
mir" Nr. 4, V. 49), vorwiegend als dynamischer,
d. h. sich entwickelnder, sich vervollkommnender
Vollzug ("liep kan sich lieber machen" Nr. 1, V. 66).
Dynamik und Vertiefung gründen sich in der Gegen-
liebe:

"diu liebe birt/daz liep mit liebe lieber wirt."
Nr. 1, V. 68/69

Adverb und Attribut betonen, malen das Konkretwerden
der Idee im Personalen ("dû bist mîn liebez liep"
Nr. 4, V. 59) und im Vollzug aus ("Swâ liep lît bî
liebe, lieplîch siu sich liebent." Nr. 1, V. 65).

Das Beispiel der auffallend formal betonten
"Liebes"-Strophen zeigt: Landeck strebt keine
Verabsolutierung der Form per se an, sondern
Konkretisierung und Objektivierung der bestehenden
Minnekonzeption in der Form. Im Unterschied zu
Tettingen (Lied 1, Str. 1), dem das Wort in seiner
Wiederholung als reine Versfüllung und -bindung
dient,[1] verfestigt Landecks Wortspiel das Minne-
ideal einer auf Gegenseitigkeit beruhenden, dadurch
immer wieder aufs neue angeregten, einer an sich
selbst wachsenden Liebe:

"   Liep, dû liebest mir,
  liep, in rehter liebe:
  liep, nû lâ mich lieben dir,
  sît daz liep mit liebe lieber wirt.
  ...
  wan liep liep in herzen liebe birt."
Nr. 4, V. 49 - 52.56

---

[1] "Liep, liebez liep, lebiu vrouwe,/liep, herzen trôst und
der sinne,/liep, liebez liep, liebiu schouwe,/ liep, daz
mich roubet dur minne,/hei, lieber lîp, saelic wîp,/liep,
liebez liep, sendiu leit mir vertrîp." Tettingen, Nr. 1,
V. 1 - 6.

" Swer erkunnet
...
wie liep liebe lieben sol"
Nr. 3, V. 13.16

"liep kan sich lieber machen
gein liebe in lieben sachen:
diu liebe birt
daz liep mit liebe lieber wirt.
...
sî hât ir liebes dur liebe alle zît.
...
wan sol ...
... liep mit liebe erwerben:
...
liep liebet liebe lieben muot."
Nr. 1, V. 66 - 69.76.77 - 78.80

Wiederholung und alliterative Verknüpfung auch
anderer Begriffe (neben "minne" und "liebe")
bekräftigen und veräußern in ihrer formfunktionalen
Position verbindliches Ideal.

" Sît mîn herze mir sî meinet,
dâ von muoz ouch ich sî minnen
herzeclîchen iemer mê.
swem sîn herze ein liep sô meinet,
der mac herzeliep gewinnen:"
Nr. 22, V. 31 - 35[1]

"frowe, ich muote
des in mînem mucte
daz mîn gernder muot
dich niht muote:"
Nr. 10, V. 48 - 51

"swie daz diu vil reine gucte
nie gemeinen wolde mînen sin.
ich hab alles einen muot:
ich wil sî mit triuwen meinen."
Nr. 7, V. 24 - 27

---

1) Strukturbildende Funktion des Begriffs "herze" in Lied
6 vgl. auch Seite 165 der Arbeit. - "minnen und meinen"
als alliterative formelhafte Verknüpfung auch in Nr. 19,
V. 55; variiert in Nr. 10, V. 37 - 39 ("Minne, ich meine
dich,/twing ir sinne/daz sî minne mich."); vgl. 11,
36 - 39.

Reimbindungen verdichten gleichfalls den Minne-
gedanken:

" Diach dâ **meine**
...
diu ist alles wandels **eine**: "
Nr. 10, V. 27/29

"... ich **meine** daz vil **reine** wîp."
Nr. 2, V. 14[1]

" Die ich in dem herzen **minne**
und in rehter liebe **meine**,
...
sich hânt alle mîne **sinne**
gar vereinet dur sî **eine**: "
Nr. 22, V. 11/12.14/15[2]

Der Reim macht sinnfällig: Fühlen und Denken
("meinen") sind auf ein Ziel hin ausgerichtet. Dieses
eine Ziel ("sî eine") versammelt Denken und Fühlen zu
einem einheitlichen Streben ("vereinen"), zu einem
Streben nach dem Tugendideal: "reine - wandels eine."

Auch der wechselnde Kontext der Reimformel "minne/
sinne" kreist das Problem der Minne ein: Es ist
weniger der geläufige Topos der sinnesraubenden Kraft
der Minne,[3] als die positive Einung und Orientierung
der Gedanken und Wünsche durch die Minne, die Landecks
Reimformelverse ausdrücken:

" Minne, ich solde danken dir,
daz du wîstest mîne sinne
an sô herzeliebez wîp."
Nr. 11, V. 31 - 33[4]

---

1) Hervorhebungen in den Zitaten von der Verf. Vgl. Nr. 3,
V. 50/51; 5, 18/19; 10, 22/23; 11, 38/39; 17, 46/49;
19, 54/55.
2) Vgl. Nr. 7, V. 26/27; 13, 16/20; 11, 18/19.
3) "Swen diu Minne/sîner sinne/gar beroubet" Nr. 21, V. 49/50;
vgl. 8, 25/29.
4) Vgl. Nr. 2, V. 17/19; 3, 14/15.54/55; 13, 37/40; 22, 11/14.

Geläufig ist die Bitte, daß "Minne" die "sinne"
der Geliebten zu Gegenliebe anregen solle.[1]
Neben dieser Formel umfaßt der Reimkontext Ursache,
Art und Wirkung der Minne:

"   Frouwe, ich weiz vil wol
 waz ich an dir minne:
 ...
 dû bist staeter sinne:"
Nr. 4, V. 37/38.42[2]

"swen sî minnet,
 der wirt liebes wol gewert,
 ob er rehte sich versinnet
 ald er liebes gert."
Nr. 10, V. 31 - 34[3]

Landecks Reimtechnik dient - ebenso wie die
Repetitionsvielfalt innerhalb der Verse, wie die
strukturbildende, "liebe/leit"-Dialektik umschließende
Funktion des "minne"-Begriffs - der Reflexion und
Veranschaulichung des Gedankens durch und in der Form.

Die Minneidee, bis zum Wunsch nach Gegenseitigkeit
der Liebessehnsucht, ist in der Struktur des Liedes
präsent.

Nicht allein Formulierung, künstlerischer Ausdruck
eines Ideals ist das Lied, sondern Haltung und
Leistung: Kunst des Minnens selbst.
Der Minnegedanke steht im Dienst der Liedgestaltung:
das Lied   i s t   Minnedienst.

---

1) Vgl. Nr. 3, V. 5, 27 - 29; 10, 35 - 40
2) Vgl. Nr. 18, V. 21/24
3) Vgl. Nr. 20, V. 62 - 67

III Steinmar

Landecks Minneaussage bleibt dem konventionellen Ideal verpflichtet - eine mögliche Steigerung der Ausdrucksweise sucht er im Formalen.
Steinmar hingegen sprengt den eng und starr gewordenen inhaltlichen wie formalen Rahmen. Ironisierung bis zur offenen Ablehnung des herkömmlichen Ideals und der Ansatz zu einer Darstellung des Konkreten charakterisieren Steinmars Natureingänge.[1] Entscheidend gestaltet er damit das bisher gültige Minnelied um.
Wie weit setzt Steinmar seine Parodie, seine Absage in den Minnestrophen fort? Welcher Wandel im Bild der Frau, in der Begriffsbestimmung der Minne folgt daraus?
Die Forschung teilt Steinmars Lieder wie folgt ein: Als Epigonendichtung, die durchaus schon selbständige Züge enthalten kann, gelten die Lieder 2, 3, 6 und 13. Zersetzung des hohen Stils durch parodistische Mittel sei Merkmal der Lieder 4, 9, 10 und 12. Nr. 7, 11 und 14 werden als "dörperliche Parodien des Minnesangs"[2] bezeichnet, Nr. 5 und 8 als Tagelied-Parodien.[3]

Hoher Minnesang bedeutet: im Denken an, im Wissen um die Tugendfülle, damit um die leitende Aufgabe der Frau, Kraft und Freude empfinden. Die Auserwählte wird nicht verstanden als Person, sondern Repräsentantin; Erfahrung des Transzendenten im Säkularen ist Sinn und Ziel der Minne.

---

1) Vgl. S. 83 - 111 der Arbeit.
2) Karl Stackmann, a.a.O., Sp. 270; vgl. Krywalski, a.a.O., S. 83, über Neumanns Gruppierung im Vergleich zur oben genannten; vgl. S. 83, Anm. 5) der Arbeit.
3) Steinmars Herbstlied (Nr. 1) ist auf S. 105 - 110 der Arbeit gesondert besprochen.

All diese Charakteristika faßt Steinmar in Lied 2 zusammen:

" Swenne ich komen wil von swaere,
sô gedenke ich an ein wîp:
diu ist schoene und êrebaere,
daz ir tugentlîcher lîp
hoehet mînen senden muot,
...
dîn sint gêret elliu wîp:
...
Ich wând, ûz dem himelrîche
mich ein engel lachet an,
...
ich wart aller fröiden vol,
als ein sêle von der wîze,
diu ze himelrîche sol."
V. 1 - 5.12.15 - 16.19 - 21

Dem "idealen Charakter" dieses Liedes, seine Konventionalität betonen Neumann und Krywalski beide.[1)] Sie deuten es infolgedessen als ein frühes Lied, am Anfang Steinmarscher Entwicklung stehend.

Bezeichnend ist dieses Lied für Steinmars minnesängerische Herkunft: Nicht von vornherein knüpft er an die literarische Tradition 'niderer Minne' an, sondern übt sich im verbindlichen 'hohen' Stil, um das Verbindliche dann - von innen, aus 'hoher' Konzeption und Diktion selbst heraus- aufzulösen.

Ausgehend von diesem konventionellen Minnelied lassen sich Erweiterungen und Umformungen charakteristischer Topoi verfolgen:
Steinmar stellt in Lied 2 Aufgabe und Kraft der Minne vornehmlich auf indirekte, auf n e g a t i v e Weise dar: betont als Liedrahmen ("Swenne ich komen wil von swaere" V. 1 - "gar von aller swaere ich kan." V. 18), in der Liedmitte einschließend: "du kanst herzeleit vertrîben/und enbinden sorgen bant." V.

---

1) Neumann, a.a.O., S. 29; vgl. Krywalski, a.a.O., S. 100; auch Stackmann, a.a.O., Sp 270.

10 - 11). Minnegewinn - positiv ausgedrückt - ist
der herkömmliche "hôhe muot" (V. 5), ist die
höfische "frôide" (V. 18) im Gedenken an die Frau
seelisch und im Anschauen der Frau - veräußert -
sinnlich erfahrbar (vgl. V. 2 und 17).

Minnefreude und - leid, die einander bedingenden
Pole traditionellen Sanges, gleichen sich in
Steinmars Lyrik indes nicht aus, und ihre dialektische
Spannung wird lediglich einmal angedeutet: "der minne
fiure:/daz betwinget swen si wil und ist doch
gehiure." (Nr. 9, V. 9 - 10).
Den Minne - k u m m e r , die K l a g e über
die Ferne der Geliebten und ungelohnten Dienst,
akzentuiert Steinmar, und dies mit variationsreicher
Gestaltungskraft.
Hält er sich an die etablierten Begriffe "frôide",
"hôher muot", "trôst", "güete" und "genâde",[1] wenn
er - vergleichsweise selten - von positiver Minne-
wirkung spricht, so wird er bildhaft-originell erst
im Ausdruck des vergeblich Leidens.

" Ich mac wol mîn herze strâfen,
  daz ichs gegen ir began,
  ûf mîn ougen schrîen wâfen,
  diu von êrst si sâhen an."
Nr. 4, V. 21 - 24

"ez gât mir dur ganzen kern,
  daz mîn lôn ist gên der süezen
    hiure unnâher danne vern."
Nr. 4, V. 48 - 50

---

1) "frôide": Nr. 2, V. 19; 6, 17; 7, 1 ff., 21 ff., 45 ff.;
12, 47; 13, 16 ff. - "hôher muot": Nr. 2, V. 5; 7, 25 -
"trôst": Nr. 9, V. 18 - "güete": Nr. 9, V. 22 - "genâde":
Nr. 9, V. 30

"   Ez möht in die felsen gân
    daz ich her geflêhet hân,
    unde möhte ouch herten vlins gelinden.
    waere ir herze ein anebôz,
    sost mîn klage doch sô grôz,
    daz ich wol genâde solte vinden.
    des meres grunt
    dem möhte kunt
    sîn mîn langez wüefen,
    sît mich an der Minne tor nieman hoeret rüefen."
Nr. 9, V. 25 - 34

Der Begriff "minne" steht in Steinmars Liedern fast immer im Kontext von Sorge, Schmerz und Vergeblichkeit.[1] Steinmar aber nimmt nicht Minnescheu und -qual demütig und unterwürfig als unvermeidbar hin. Das lebendig anschauliche Bild in Lied 10[2] zeigt ihn vielmehr energisch ungehalten, ja - ohne die übliche Hemmung - ärgerlich, und Lied 14 macht mit dem Minneringen vollends Schluß:

"nâch irre minne hân ich vil gerungen.
    gelungen ist mir niht an ir,
    wan sie wolte guot von mir.
...
    sumer sumer süeze,
    vür winter ich dich grüeze:
    ich schuohe ir niht der füeze."
Nr. 14, V. 11 - 13.22 - 24

Minne bereitet Sorgen (Nr. 9, V. 6), sie brennt (9, 9), "versêret" (3, 16) und verschreckt (Nr. 10, V. 12; Nr. 4, V. 22.32.42). Daraus zieht Steinmar im Herbstlied schließlich das Fazit:

"daz ein armez minnerlîn ist rehte ein marteraere."
(1, 8)

---

1) Vgl. 3, 16 ("dâ mich diu ir minne hât versêret."); 7, 10. 20.30.40.50 ("swer verholne minne, der hüete sich."); 9, 6 ("nach der lieben minne muoz ich sorgen."); 9, 7 - 10 ("mich hât enzunt/ir rôter munt/mit der minne fiure:/daz betwinget swen si wil ..."); 10, 11 - 13.25 - 27 ("sô (noch) leb ich in sendem ungemache;/vor minnen schricken ich/mich tûchen als ein ente sich"); 14, 11 ("nâch irre minne hân ich vil gerungen.")
2) dto.

Minne versteht Steinmar nicht nur als Gedenken,
Aufforderung zu diszipliniert-entsagender Haltung;
sie sollte auch die Möglichkeit - wenigstens - der
Erfüllung bieten, sollte sich konkretisieren können.
Aus diesem Grund wird der Mangel des herkömmlichen
Minnebegriffes Thema seiner Lieder. Anerkennung
des alten Ideals, Selbstbeherrschung sind ihm nicht
selbstverständlich: er muß sich häufig genug selbst
dazu auffordern.

"wê wie lange sol daz wern,
  sît mîn lôn ist gên der süezen
    hiure unnâher danne vern!
   'Nu hât si doch schoene und êre,
Steinmâr, swazs an dir begât,
ganzer tugende michels mêre,
aller saelden vollen rât:
an ir lît der Wunsch vil gar.'"
Nr. 4, V. 38 - 45

" Habe ich gên ir valschen muot,
 der ich sender diene,
 sô geschehe mir niemer guot"
Nr. 3, V. 23 - 25

Setzt Steinmar den traditionellen Minnebegriff voraus,
so stimmt er Klagelieder an. Minne ist nur dann Anlaß
zu Freude, wenn sie sich realisiert, oder sich
begründet realisieren könnte. Minne heißt auch bei
Steinmar noch Sehnsucht - sie aber ist dargestellt in
verbitterter Klage - u n d bezeichnet Liebes-
erfüllung. Den Bedeutungsunterschied der gleich-
bleibenden Bezeichnung "Minne" formuliert der Kontext.

" Swer tougenlîche minne hât,
...
   Waer ich sô minneclîch gelegen
bî liebe tougen ûf den lîp"
Nr. 5, V. 1.8 - 9

"dâ gekôse ich mit ir vil.
    wart umbe dich,
  swer verholne minne, der hüete sich."
Nr. 7, V. 18 - 20

" Der ich hân dâ her gesungen,
   diust ein kluoge dienerinne:
   nâch irre minne hân ich vil gerungen.
   gelungen ist mir niht an ir,
   wan si wolte guot von mir."
Nr. 14. V. 9 - 13

Sinnlich konkrete Liebesvereinigung darf seit je im
Tagelied ausgesprochen (vgl. Nr. 5) und zusammen mit
dem "huote"-Motiv (vgl. Nr. 7) angedeutet werden.
In beiden Liedern richtet sich Steinmar noch nach
dem Vorbild: sie bleiben Liedtyp-gemäß im
Imaginär-Allgemeinen. Verwirklichung ist auch in
Lied 14 nicht dargestellt, diesmal jedoch nicht
aufgrund traditioneller Regeln. Die Minne zur "kluogen
dienerinne" bleibt erfolglos, weil sie erkauft werden
will.

Ein einziges Mal nur besingt Steinmar die Freude
erfüllter Liebe, bezeichnenderweise in einer vom
lyrischen Ich distanzierten Szene:

" Ein kneht der lac verborgen,
   bî einer dirne er slief
   ...
   er torste sich niht sûmen,
   er nam si an den arn.
   ...
   Dâ von si muoste erlachen,
   ir sigen diu ougen zuo.
   sô suoze kunde er machen
   in deme morgen fruo
   mit ir daz bettespil;
   wer sach ân geraete ie fröiden mê sô vil!"
Nr. 8, V. 1 - 2. 9 - 10. 13 - 18

"Kneht" und "dirne" können ohne Komplikationen ihre
Liebesbeziehung verwirklichen; Realisation heißt
"bettespil", nicht "minne"! "Minne" hingegen bedeutet
für Steinmar immer Forderung seitens der Frau an den
Mann, Beweispflicht, Leisten von Vorbedingungen - sei
es in ethischem oder pragmatischem Sinne.

Steinmars Absage richtet sich sowohl gegen Unerbittlichkeit und Undank der "frouwe" ("sît si mir niht lônen wil/der ich hân gesungen vil" Nr. 1, V. 1 - 2)[1] als auch gegen die materiellen Wünsche der "dirne" ("ich schuohe ir niht der füeze." Nr. 14, V. 24). Beide Frauenreaktionen entsprechen seinem Minneverständnis nicht.

Selbst im noch traditionsgebundeneren Lied spricht er vom unbändigen "gelust" seines Herzens ("Als ein swîn in einem sacke/vert mîn herze hin und dar./wildeclîcher danne ein tracke/viht ez von mir zuo zir gar./ez wil ûz durch ganze brust/von mir zuo der saelden rîchen:/alsô starc ist sîn gelust." Nr. 4, V. 31 - 37), er möchte die Geliebte sehen,[2] bei ihr sein,[3] in den "dirnen"-Liedern kosen[4] und "ûf den strousac varn".[5]

Die Minne gewinnt an sinnlicher Kraft, und das Sensualistische drängt auf Erwiderung.
Steinmar ist Realist insofern, als er die Idee der Minne mit aktuellen geschichtlichen Ereignissen und alltäglichen Realien vereinbaren kann.

"und müez ich von Wiene
 niemer komen mit fröiderîchem muote:"
Nr. 3, V. 26 - 27

"vil der kalten nahte
 lîden wir ûf dirre vart,
 die der künic gên Mîssen vert."
Nr. 12, V. 34 - 36

"ir gehiezent mir ein lîn,
 zwêne schuohe und einen schrîn:"
Nr. 11, V. 26 - 27

---

1) Vgl. Nr. 9, V. 25 - 27.31 - 34
2) Vgl. Nr. 6, V. 2.8 - 11.16.24; Nr. 7, V. 2; 10, 23; 12, 24 - 27
3) Vgl. Nr. 12, V. 41 - 43
4) Vgl. Nr. 7, V. 18
5) Nr. 11, V. 9 - 10.20 - 21.31 - 32.42 - 43.53 - 54

"dar zuo naeme mich diu kluoge,
diu nâch dem pfluoge muoz sô dicke erkalten,
schalten den wagen so er gestât:"
Nr. 14, V. 18 - 20

Realist ist er, indem ihm die Haltungsethik nicht
genügt, er Konkretisierung der Minne sucht.

Gleichwohl formuliert auch er - indirekt - eine
noch idealistische Minnekonzeption: Minne bedeutet
ihm eine sinnlich erfüllte Beziehung zwischen Mann
und Frau, die von Äußerlichkeiten (einmal vom
Dienstgebot gesellschaftlich bedingter Ethik, zum
andern von materiellen Liebesgaben) nicht abhängig
und bestimmt sein sollte.
Vorleistungen - seien es "tugent"-Beweise für die
Dame oder Realien für die Magd - sind akzidentielle,
je nach sozialem Status wechselnde Formalien. Sie
sind für Steinmars Minnevorstellung, für den
befriedigenden Genuß nicht **nötig**, ja stehen ihm eher
entgegen. Steinmars Credo ist das der körperlichen
Befriedigung, die an keine ihr wesensfremden (wie
höfischer Dienst oder Geschenke) Bedingungen geknüpft
sein darf. Konsequent hält er daran fest: wenn weder
die Minne zur "frouwe", noch die zur "dirne"
bedingungslos sein können, so sucht er Erfüllung auf
anderem Wege.

Steinmar sagt der Minne ab, weil sie ihm nicht länger
Selbstzweck, sondern eine Möglichkeit sinnlich
erlebbarer Freude ist; eine fruchtlose Möglichkeit
aber, die fordert statt gibt und damit von ihm ein-
getauscht wird gegen eine andere, erfolgversprechendere:
die des Essens und Trinkens.

"wâfen! die (minnerlîn) wil ich lân und wil inz
                                    luoder treten."
Nr. 1, V. 10

Wenn Steinmar in seinen Liedern ironisiert und
parodiert, so immer den Minne - d i e n s t -
Gedanken in seinen möglichen Variationen: sei es
Maßlosigkeit des Werbens (vgl. Nr. 9, V. 25 - 34;
Nr. 13, V. 1 - 12), sei es Profanisierung der
Minnedienst-Haltung und -Leistung zu konkreter
Liebesgabe. Ironie und Parodie auch, wenn der
übliche Wächterdienst im Tagelied abgelehnt wird
(vgl. Nr. 5 und Nr. 8).

Krywalski führt aus, wie Steinmar bisherige Gesetz-
mäßigkeiten der verschiedenen Liedgattungen (Tage-
lied, Pastourelle) kritisiert und aufhebt, indem
er Fiktion und literarische Formel mit Realität
kontrastiert.[1] Er untersucht Steinmars Auflösung
des bislang Verbindlichen anhand von Liedgattungs-
analysen. Er leistet damit einen entscheidenden
Forschungsbeitrag, klammert aber die Frage nach
Steinmars inhaltlicher Kritik weitgehend aus.

Warum korrespondieren nicht mehr Gattungsverbindlich-
keit und Minneauffassung? Einbezug des Realen reicht
als Erklärung nicht aus. Realistisch ist die dem
Wächter mißtrauende Eigenverantwortlichkeit des
Minners in der Tageliedsituation (Nr. 5); realistisch
das Liebeslager in der Scheune, der Hirten-Weckruf,
das fröhliche Gelächter der Magd (Nr. 3; statt des
traurigen Weinens der höfischen Dame, wenn der Ritter,
vom bestellten Wächter gemahnt, ihr Burggemach ver-
läßt); realistisch die Umkehr vom Werbegeschenk des
Mannes in die Pastourelle zur Forderung des Mädchens
bei Steinmar (Nr. 11 und Nr. 14).

Doch es darf nicht übersehen werden, daß diese
wirklichkeitsgetreueren Darstellungen für den Sänger
selbst   n i c h t   Realität sind: Die Abweisung des

---

1) Vgl. Krywalski, a.a.O., S. 46 f, 101 ff, 114 ff.

Wächters geschieht nicht in konkreter Situation; am
"bettespil" im Stroh vergnügen sich Knecht und Magd,
nicht er; das Angebot käuflicher Liebe ist für ihn
nicht annehmbar. Erfahrungen werden in das Minne-
lied zwar einbezogen, doch es sind Erfahrungen mit
den Anforderungen der Minne, nicht der erfüllten
Minne selbst.
Steinmar führt vor, daß Minne (für den höfischen
Sänger) sich nicht realisieren kann. Originell ist
er darin, daß er diese Grundvoraussetzung nicht
länger reflektiv aus dem Wesen der Minne selbst
begreift, sondern E r f a h r u n g sprechen läßt.
Wertmaßstab ist nicht mehr die Idee, sondern die
Empirie. Sie lehrt den Mißerfolg der Minne und bietet
andere Freuden.
Auty ist zuzustimmen, daß "hohe" und "niedere"
Minne ... für Steinmar keinen Wertunterschied
(bezeichnen)",[1] insofern, als sie sich beide für
Steinmar nicht konkretisieren. Sie sind aber keine[2]
- wie Auty meint - "verschiedene Erlebnistypen".
Ein "Erlebnis", und sei es auch nur das literarische,
kommt nicht mehr vor.
Diese beiden Minnearten sind nicht "die sich ergän-
zenden Seiten der Liebeserlebnisses schlechthin":[3]
Liebeserlebnis findet für Steinmar eben nicht statt;
geforderte Dienstleistungen stehen dem reinen Liebes-
genuß entgegen.

Steinmar reduziert Minne auf den Wunsch nach sinnlichen
Freuden. Er illustriert die Zurückweisung des
Sinnlichen durch die ethischen Regeln des höfischen
Standes und die Degenerierung der Sinnlichkeit zur
Ware in der Liebesbeziehung zwischen ritterlichem

---

1) Auty, a.a.O., S. 36
2) ebd.
3) **ebd.**, S. 50

Herrn und Bauernmädchen. Sublimierung einerseits
und Profanisierung andererseits werden gleichermaßen karikiert und kritisiert.

Er macht sich über die strenge Dame der Gesellschaft
in pointierter Überspitzung ebenso lustig,[1] wie
über die materialistische Magd, die "dienerîn"
(Nr. 11, V. 14), die er "mîn künigîn" nennt (Nr. 11,
V. 34) und die doch bereit wäre, die Rollen zu
tauschen und sich völlig in seine Hand zu geben.[2]
Weder eingeengt durch "tugent"-Gebot noch depraviert
durch Opportunismus ist lediglich die Liebe zwischen
Magd und Knecht (Nr. 3); der Ritter indes sucht
solche Freuden im eigenen Kreise oder gemeinsam mit
einem Bauernmädchen vergeblich.

Es ist die U n n a t ü r l i c h k e i t der
Minne zur "frouwe" wie auch zur "dirne", die Steinmar
aufdeckt.

Nicht undifferenzierter Realismus ("Fülle der
Einzelwirklichkeiten, durch kein Auswahlprinzip eingeschränkt")[3] kennzeichnet Steinmar, sondern Aufwertung des Genuin-Natürlichen, Konzentration auf
das Naturgegeben-Elementare. Der **distanzierten**
Hochachtung vor "schoene und êre" der Dame[4] stellt
er - in originell-naturhaften Vergleichen - das
Ungebundene des natürlichen Triebes entgegen:

"   Als ein swîn in einem sacke
vert mîn herze hin und dar.
wildercliîcher danne ein tracke
viht ez von mir zuo zir gar.
ez wil ûz durch ganze brust
von mir zuo der saelden rîchen:
    alsô starc ist sîn gelust."

Nr. 4, V. 31 - 37

---
1) Vgl. S. 104 - 106 der Arbeit.
2) "'seht, sô nemt mich danne bî dem beine:/ir sunt niht
   erwinden, ob ich weine,/ir sunt froelich zuo mir ûf den
   strousac varn,/.../sô bit ich iuch mich vil lützel sparn'."
   Nr. 11, V. 51 - 55.
3) Auty, a.a.O., S. 42
4) Nr. 4, V. 41

Der lebhaft deutliche Ausdruck, das sinnlich prägnante
Bild ironisiert die anämische Formelsprache, den
idealistischen Höhenflug des herkömmlichen Minnesangs.
Dies stellt die Steinmar-Forschung immer wieder als
wesentliches Ergebnis heraus. Steinmars originelle
Metaphern aber sind nicht nur - negativ - gegen die
Tradition gerichtet, sie stehen auch - positiv - für
eine neue Sehweise. Die Bilder, die die bekannten
Topoireihen eines Minnelieds unterbrechen, sind sämtlich
dem Bereich der Natur entnommen:

"   Als ein swîn in einem sacke
 vert mîn herze hin und dar."
Nr. 4, V. 31 - 32

"   Ez möht in die felsen gân
 daz ich her geflêhet hân,
 unde möhte ouch herten vlins gelinden." [1]
 ...
 des meres grunt
 dem möhte kunt
 sîn mîn langez wüefen"
Nr. 9, V. 25 - 27.31 - 33

"vor minnen schricken ich
 mich tûchen als ein ente sich,
 die snelle valken jagent in einem bache."
Nr. 10, V. 12 - 14.(26 - 28)

Zu parodistischer Brillianz steigert Steinmar sich im
Natureingang zu Lied 13,[2] den er mit einem atypischen
- auch einmalig bleibenden - Bild einleitet:

"Ich wil gruonen mit der sât"
Nr. 13, V. 1

Auch das geschichtlich reale Faktum ("ûf dirre vart,/
die der künic gên Mîssen vert." Nr. 12, V. 35 - 36)[3]
und die Auseinandersetzung mit weiblicher Pragmatik
werden mit Naturerfahrung verbunden:

---

1) Vorformen dieses Bildes vgl. S. 94 Anm. 2) der Arbeit.
2) Vgl. S. 103 - 106 der Arbeit.
3) Vgl. S. 99 der Arbeit.

"vil der kalten nahte
lîden wir ûf dirre vart"
Nr. 12, 34 - 35

"liezest du die gâbe an mich,
ich kouft etswaz über dich:
wie wilt den winter du genesen?
du maht dich vor armuot niht bedecken"
Nr. 11, V. 37 - 40

"   daz ich beschuohe ir füeze!
    sô waer mîn singen wol behalten,
dar zuo naeme mich diu kluoge,
diu nâch dem pfluoge muoz sô dicke erkalten"
Nr. 14, V. 16 - 19

Immer dann, wenn Steinmar Minneidealisierung durchbricht, setzt er ihr Konkret-Naturhaftes entgegen. Seine Darstellungsweise stilisiert das Natürliche nicht, sondern statuiert Beobachtung und Erfahrung.[1] Natur wird nicht anthropomorph, sondern wird gewürdigt als das, was sie ist: lebendig, in Bewegung, frei von Regeln der "zuht" ("alse en edelen valken
w i l d e " 2, 6; ("wilde" hebt das konventionelle Epitheton "edel" auf) " w i l d e c l î c h e r danne ein tracke" Nr. 4, V. 33), unterworfen nur dem naturimmanenten Kreislauf von Werden und Vergehen ("Ich wil gruonen mit der sât" Nr. 13, V. 1 - "jâ fürht ich daz wüete/an uns rîfe und ouch der snê." Nr. 12, V. 44 - 45). Die Natur spiegelt im Lied Gedanken und Empfindungen des Sängers nicht wider, sie stellt nicht nur komparables Material für den poetischen Ausdruck zur Verfügung, vielmehr wird sie aktiv in ihrer Eigengesetzlichkeit und ihrem Einfluß auf den Menschen.[2]

---

1) "swîn in einem sacke" - Nr. 4, V. 31; "tûchen als ein ente sich,/die snelle valken jagent in einem bache" - Nr. 10, V. 13 - 14.27 - 28; "vil der kalten nahte" - Nr. 12, V. 34
2) Über die Rollenverkehrung vgl. S. 105/106 der Arbeit.

Steinmar kontrastiert artifiziell konstruierte
Kultur mit ungeformt unverbildeter Natur. Selbst-
verständnis und Lebensfreude findet er nicht mehr
durch das Regulativ der Sitte, sondern im Ausleben
des elementar Triebhaften.
Der Minnesang subliniert natürlich-sinnliche
Bedürfnisse; Steinmar akzeptiert sie als Faktum.
Höfische Freude basiert auf Selbstkontrolle; Steinmar
sucht Selbstbestätigung in der Aufhebung eben dieser
Kontrolle, in der Lustbefriedigung. "Zuht" ist als
überpersönlicher Wert eine gesellschaftliche Ver-
pflichtung - Sinnlichkeit dagegen immer nur konkret
individuell erfahrbar: Die repräsentative Funktion
des Minneliedes verringert sich, und an ihre Stelle
tritt Darstellung persönlicher Erfahrung, beziehungs-
weise Nicht-Erfahrung (von "wünschent daz si mînen
pîn/wende, daz ir iemer saelic müezent sîn." Nr. 2,
V. 10 - 11.21 - 22.32 - 33 zu: "sost mîn kumber
manicvalt:/armuot und der winter kalt/die went mir
jârlanc heinlich sîn." Nr. 11, V. 15 - 17).[1] Erlebnis
und Eigenverantwortlichkeit lösen konventionsbewußte
Förmlichkeit ab:

" Swer tougenlîche minne hât,
der sol sich wênic an den lân,
den man sô grôze missetât
an sînem herren siht begân,
...
wie solte ich dem getrûwen wol?
...
mir selbem sô wolt ich getrûwen baz
dann ieman, der mich wecken solt."
Nr. 5, V. 1 - 4.7.12 - 13

Überspitzung und explizite Ablehnung der Minnelied-
formen[2] bedeuten zugleich Auflösung der Idee der

---

1) Über Auflösung der Winterformel vgl. S. 97/98 der Arbeit.
2) Vgl. Krywalski, a.a.O., S. 80 f.

Minne, war der gedankliche Gehalt doch an die
Objektivierung in der Form gebunden. Steinmar
variiert und korrigiert nicht nur, er fordert ein
grundsätzlich neues Liebeserlebnis: den körperlich-
sinnlichen Genuß.
Dieser ist nicht - wie die Idee der hohen Minne -
angewiesen auf Etikette, auf ein bestimmtes fest-
gelegtes Zeremoniell; er ist gleichfalls nicht
degradierbar zu käuflicher Ware. Noch ist Steinmars
Liebesauffassung nicht akzeptiert, weder vom sozial
gehobenen Stand, noch teilt sie das Bauernmädchen.

Steinmars Tadel trifft über das gesellschafts-
spezifische Minneverhalten hinaus ('hoher' Dienst
- 'niedere' Prostitution) die allgemeine Auffassung
vom Menschen und seiner Lebensaufgabe. Dem
sublimations- und formbetonten Konzept des Höfischen
und dem Alltagspragmatismus des Bauernstandes:
beiden hält Steinmar Anerkennung des Natürlichen,
des Elementar-Vitalen entgegen. Streben nach
Transzendierung wie auch Nützlichkeitskalkül drängen
Sinnlichkeit und Triebhaftigkeit zurück. Steinmar
hingegen respektiert Leiblichkeit mit ihren Bedürf-
nissen: auch sie gehört zum Wesen des Menschen (wie
er es einmal unverfälscht im "bettespil" des Lieds
Nr. 8 dargestellt hat).
Die edukative Aufgabe hoher Minne zu formulieren und
bewußt zu machen, was der Mensch   s o l l t e ,
weicht der Frage, was der Mensch   s e i .   Nicht
ein fernes Ziel, sondern das hic et nunc gibt darauf
eine Antwort: realistisch-induktiv stellt Steinmar
die biologische Bedingtheit des Menschen fest (er
friert, muß essen und trinken, hat sexuelle Bedürf-
nisse). Kein Negativum, das banalisiert, keine
Privation, die sublimiert werden muß, ist sie für ihn,
sondern - als Faktum - ein konstitutives Vermögen der
Welt- und Selbsterfahrung.

IV Johannes Hadlaub

Hadlaub kennt Steinmars Lieder und erkennt auch
- wie die Besprechung der Herbsteingänge gezeigt
hat -[1] ihre ironisch-destruierende Absicht und
ihre offene Aufwertung der Sinnlichkeit.
Hadlaub übernimmt den neuen Eingangstopos, der sich
gegen die Abstraktheit der Minne richtet, um ihn im
weiteren Verlauf des Herbstliedes explizite ablehnen
zu können.[2] Er übernimmt ihn als Gegenpol zur
eigenen Auffassung. Die Anlehnung an das Steinmarsche
Formvorbild einerseits und die Umkehrung der Steinmarschen
Intention andererseits geraten in Widerspruch. Hadlaubs präzis-ausführliche Schilderung
sinnlicher Genüsse, ihre räumliche, personelle und
wirtschaftliche Konkretheit[3] stimmt als nominalistische
Darstellungsform nicht überein mit der beabsichtigten
Verteidigung des ideenrealistischen Erbes. Die
symbolische Funktion des poetischen Ausdrucks schwindet,
ohne daß sich jedoch die Liedaussage - konsequent wie
die Steinmars - dazu bekennt. Diskrepanz zwischen
Aussage und Form, zwischen Fortführung des ideellen
Anspruchs einerseits und realitätsbezogener Ausführung
andererseits ist das Charakteristikum der Natureingänge Hadlaubs.[4]
Im Herbstlied kann Hadlaub sinnlich erfahrbare Wirklichkeit und Treue zum Ideal noch gesondert, im
Nacheinander, als zwei relativ eigenständige Liedteile
darstellen;[5] noch zeigt sich hier die Spannung nicht
im Ausdruck der Minneidee selbst: sie besteht zwischen
Herbst- und Minneteil.

---

1) Vgl. S. 117 - 132 der Arbeit.
2) Vgl. S. 122/123 der Arbeit.
3) Vgl. S. 126 - 129 der Arbeit.
4) **Vgl. S. 136 der Arbeit**
5) Wenn auch Verse 39 - 42 in Lied 18, Vers 34 in Lied 20 und Vers 21 in Lied 44 kurz überleiten, beginnen die Minnestrophen mit einem konventionellen Natureingang - nach Muster eines selbständigen, in sich geschlossenen Minneliedes.

In Hadlaubs Sommer- und Wintereingängen - wenn auch
sie noch in einleitender Funktion stehen - wirkt die
Wechselbeziehung von Ideal und Wirklichkeit schon
konzentrierter. Die Idee der Frauen-Tugendschönheit
und die innere Erfahrung der Sehnsucht, der Freude
und des Leids, lösen sich auf in räumlich-zeitliche
Vorgänge und sinnliche Eindrücke:[1] Die schöne Frau
geht anmutig in der Landschaft spazieren; ihr
physischer Reiz entfacht die Minne:

" In dem grüenen klê sach ich mîn frouwen gân:
ach waz ich dâ wunnen sach
an ir vil und mê und an dem schoenen plân,
daz ez in mîn herze brach!"
Nr. 47, V. 1 - 4

" Ez ist ougen wunne hort,
sô man schoene frouwen sament
in dien boungarten sicht gân:
dâ hoert man ir senften wort,
wan sî sich sô wîplîch schament,
sô ir achtent junge man.
man sicht dâ an in sô lôs gebaerde,
daz der manne sin wirt froelîch gar."
Nr. 21, V. 12 - 19

Die Natureingänge bereits illustrieren Hadlaubs
Methode, die Minneidee - der Spätzeit gemäß - in
räumlich-zeitliche Wirklichkeit zu transponieren. Die
Absolutheit der Idee, die Statik des Begriffes lösen
sich auf in sinnlich wahrnehmbare und damit relati-
vierte Vorgänge:
Tugendschönheit wird zu Bewegungsanmut; Haltung drückt
sich in Handlung aus; das Wissen um den vertikalen
Abstand zur Minnedame stellt sich dar als konkretes
Erleben räumlich-horizontaler Distanz: Der Minner
sucht Kontakt, die körperliche Nähe der Frau - sie
weicht ihm aus:

---

[1] Vgl. Renk, a.a.O., S. 143

"   Ich ergienc mich vor der stat, doch âne vâr:
do gedâchte ich gar lieplîch an sî.
sâ zehant ersach ich verre ir schoenen lîp,
dâ schoene wîp ir sâzen bî.
do engonde sî mir fröiden nicht vor ir,
sî gienc dannen, dô sî sach daz ich gienc dar:"
Nr. 6, V. 1 - 6

"swenne ich für sî gên dür daz sî grüeze mich,
sô kêrt sî sich von mir, daz reine guot."
Nr. 7, V. 24 - 25

Hadlaub verwendet den realistischen poetischen Ausdruck nicht, um Realität wiederzugeben, er setzt vielmehr Konstituenten des tradierten Minneideals um in äußere, konkret faßbare Vorgänge.
Die Inkongruenz von präziser Darstellung des sinnlich Erlebbaren und realitätsentzogenem Anspruch der Minne bestimmt besonders deutlich Form und Inhalt der Blumenbett-Lieder. Der konjunktivische Modus ("Owê solt ich und mîn frouwe/unsich vereinen" Nr. 35, V. 9/10; "ach, solte ich gân/mit mînem liebe wol getan,/an ein heinlîche grüene" Nr. 41, 10 - 12) signalisiert Realitätsferne, ausgesprochen wird sogar die Notwendigkeit des Unerfüllbaren ("Waer sî niht sô lobelîche,/sî waer ze danke an daz bette mir./ si ist sô rein, sô wunnen rîche,/dâ von nicht kranke wunne hôrte zir." Nr. 35, V. 25 - 28), und doch schildert Hadlaub die Fiktion in szenischer Konkretisierung.[1] Der Wunsch drängt nach Realisation. Sie aber ist der Idee der hohen Minne gemäß nicht gestattet. An diese Forderung hält sich Hadlaub, ohne aber im Minnelied - nach Vorbild des hohen Sangs - nach Ursache und Zweck zu fragen. Thema der beiden Lieder ist die V o r s t e l l u n g   d e r   R e a l i s a t i o n und nicht Grund und Sinn der Fiktionalität.

---

1) Vgl. S. 133 - 136 der Arbeit

Noch ist für Hadlaub Verwirklichung an die
Vorstellungskraft gebunden; die Szene ist noch
Spiel der Phantasie, einer Phantasie aber, die
sich über poetische Topoi hinaus[1] wirklichkeits-
bewußt äußert ("Doch wolte ich urbevähen sî,/wer
wolte mich des wenden?/ dâ waer nieman." Nr. 41,
V. 27 - 29; in beiden Liedern denkt der Mann, sich
die Frau durch seine körperliche Überlegenheit
gefügig zu machen; vgl. Nr. 35, 33 - 39 und Nr. 41,
V. 31 - 35). Wie der Minnegedanke in den Natur-
eingängen durch sinnlich erfahrbare Vorgänge
formuliert wird, so ist auch in den Blumenbett-
Liedern H a n d l u n g Ausdruck der Minne, nicht
mehr der B e g r i f f .

Die Hadlaubs Lieder kennzeichnende Uneinheitlichkeit
ist Grund für die unterschiedlichen Forschungs-
meinungen. Für ältere Studien gelten die Lieder als
"nochmaliges Aufflammen der alten Kunst vor ihrem
Versinken",[2] abfällig von Langenbucher beurteilt
als "ein letztes verirrtes Aufklingen der alten
Sangesweise."[3]
Auch Auty und Ludwig betonen den "Konservatismus",[4]
und für Schneider ist Hadlaub "ein Kopist und Poseur."[5]
Er, Auty und Langenbucher verkennen zwar nicht die
auch realen Elemente der Lieder,[6] doch ihr Resultat
bleibt beim "Nebeneinander von alten und neuen
Beständen"[7] stehen, und Hadlaub gleibt in der "letzte(n)
Stunde des Minnesangs Idealist,[8] letzte(r) Vertreter
der alten Tradition."[9]

---

1) Vgl. Naturelemente in Liedern 35 und 41.
2) Roesing, a.a.O., S. 133
3) Hellmuth Langenbucher, Das Gesicht des deutschen Minnesangs und seine Wandlungen, Heidelberg, 1930, S. 86.
4) Auty, a.a.O., S. 43; vgl. Ludwig, a.a.O., S. 78 f.
5) Hermann Schneider, Geschichte der deutschen Dichtung nach ihren Epochen dargestellt, Band 1, Bonn, 1949, S. 147.
6) Vgl. ebd.; vgl. Langenbucher, a.a.O., S. 86.
7) Auty, a.a.O., S. 45
8) Langenbucher, a.a.O., S. 86
9) Auty, a.a.O., S. 59

Günther Weydt ist einer der ersten Mediaevisten,
die Hadlaubs Minnesang nicht nur als einen "Nachklang
großer Zeiten",[1] sondern die Mischung von Idealismus
und Realismus, von Epigonalem und Zeitgemäßen als
typisch spätmittelalterlich-bürgerlich deutet.[2]
Zeichen für die "neue Zeit"[3] ist ihm vor allem
Hadlaubs Erzählen statt Beschreiben, die Einführung
der zeitlichen Dimension in das Minnelied.[4]
Lang und Leppin, ausgehend vom 'autobiographischen'
Charakter der erzählenden Lieder, versuchen eine
vorwiegend psychologisierende Analyse.
Durch "möglichst intensive() Einfühlung ... des
Hinschauens und Hinhörens"[5] will H. Lang die
Verhaltensweisen von Minner und Dame erläutern;[6]
mit ähnlicher Methode zeichnet R. Leppin ein
Charakterbild Hadlaubs als "Melancholiker ... passiv(),
... unsicher(), schüchtern()."[7]
Demgegenüber erweist sich Brauneck als sachlich
akkurater Interpret, wenn er Hadlaubs Liedstruktur
mit der Konrads von Würzburg vergleicht und für
Hadlaubs konventionelle und 'biographische' Themen
einen Wandel auch im Formtyp erkennt.[8]
Der Verdienst, Hadlaubs 'biographische' Schilderungen
auf ein Rollenspiel, auf städtisch-patrizischen
Repräsentationswillen zurückzuführen, gebührt Herta-
Elisabeth Renk.[9] In ihrer umfassenden und detaillierten

---

1) Weydt, a.a.O., S. 30
2) Vgl. ebd., S. 21.25
3) ebd., S. 30
4) ebd., S. 30 f
5) Lang, a.a.O., S. 9
6) Rez. v. W. J. Schröder, Beitrr. (Tüb) 82 (1960), S. 201 - 203.
7) Rena Leppin, Der Minnesinger Johannes Hadlaub, Monographie und Textkritik, Diss. Hamburg (Masch), 1959, S. 98 f.
8) Vgl. Brauneck, a.a.O., S. 84 - 89.
9) Vgl. Renk, a.a.O., S. 60.99 ff, 160 ff, 177 ff

Studie über den Manessekreis und seine Dichter deutet sie überzeugend die Funktion des Züricher Minnesangs als Bestätigung und Stilisierung der gesellschaftlichen und politischen Position der städtischen Oberschicht. Der neuen Funktion des Minneliedes gilt Renks literarische Analyse. Sie unterscheidet drei Liedtypen: das 'Subjekt'-, das 'Objekt'- Lied und ihre Mischform: die 'Romanze'.[1]

Das Subjektlied in seiner Introvertiertheit und mit seinem in sich geschlossenen Motivkanon setze die Tradition des klassischen Sanges fort;[2] das Objektlied schildere eine reale, allerdings dem Sänger fremde Welt;[3] und die Romanze stelle dar die Auseinandersetzung zwischen Sänger und Umwelt (Subjekt- und Objektwelt) in Form gespielter, metaphorischer Realität.[4] Anhand von Renks Darstellungen erschließt sich die Ursache für Hadlaubs Themen- und Perspektivenwechsel stichhaltiger und eindeutiger als zuvor: Sowohl historisch bewußt als auch selbständig-pragmatisch sind Haltung und Interessen des führenden Züricher Kreises (Vertreter des alten und jungen Adels, Geistliche und Stadtpatrizier, Bürger).[5] Er sieht seine politische und kulturelle Aufgabe in Nachfolge des ritterlich-höfischen Adels - doch im Bewußtsein der zeitgeschichtlichen Distanz. Die Demonstration gesellschaftlich bestimmender Werte in der künstlerischen Übung, die Stilisierungsabsicht - sie bleibt die gleiche; der Repräsentationsgehalt jedoch ist

---

1) Vgl. Renk, a.a.O., S. 141 f. Eine ähnliche Differenzierung nahm auch Leppin vor, indem sie einteilte in: lyrische, lyrisch-epische und dramatisch-epische Lieder. Vgl. Leppin, a.a.O., S. 263.
2) Vgl. Renk, a.a.O., S. 141 ff.
3) Vgl. ebd., S. 141.150 ff (Herbstlieder, Erntelieder, Bauernlieder, Blumenbett-Lieder, Haussorgelied, Tagelieder, Serena).
4) Vgl. ebd., S. 142.160 ff
5) Vgl. Renk, a.a.O., S. 25.99

aufgefächert und neu akzentuiert. Fürstenhöfe und
Klöster als Zentren kulturellen Wirkens ablösend,
legt das selbständiger und einflußreicher werdende
städtische Patriziat nun Wert auf Bildung und über-
nimmt regionale Kulturpolitik.[1] Ausdruck dessen
sind das wachsende Interesse an historischen Werken,[2]
das Sammeln alter Handschriften und des Überlieferten
Liedgutes.

Von Hadlaub selbst wissen wir, daß Kenntnis und
Erhaltung des höfischen Minnesangs zum Bildungs-
anspruch der städtischen Gesellschaft hinzugehören
und wesentlich auch zu ihrem Ansehen und damit zu
ihrem Einfluß betragen:

" Wâ vund man sament sô manic liet?
man vunde ir niet im künicrîche,
als in Zürich an buochen stât.
...
des hânt sî gar vil edels sanges,
die herren guot, ze semne brâcht.
ir êre prüevet man dâ bî.
wer wîste sî des anevanges?
der hât ir êren wol gedâcht.
daz tet ir sin: der richtet sî nâch êren"
Nr. 8, V. 1 - 3.13 - 18

Das bestehende Liedgut wird gesammelt, und es wird
ergänzt durch neuen Sang in der alten geschätzten
Form. Somit sind Hadlaubs 'konventionelle' Lieder
Bestätigung und Bestärkung des Bildungs- und damit
auch Geltungsanspruchs des Züricher Kreises. Hadlaubs
Lieder demonstrieren in ihrer Formvielfalt[3] intensives
Studium der Minnesangkunst; sie imponieren ihrem
Publikum durch Kenntnis und vielseitiges Können.
Hadlaubs oft zitiertes 'Epigonentum' erklärt sich

---

1) Vgl. Renk, a.a.O., S. 21 f, 26 f.
2) Über die Histographien des Züricher Kantors am Großmünster
Konrad von Mure vgl. Renk, a.a.O., S. 23.27.
3) Hadlaub kennt sich aus im Minnesang der verschiedensten
Nuancierung: klassische Minneklage, Tagelied, Blumenbett-
Lied, Dörpersang nach Neidharts Vorbild, Pastourellen-
Variation, Herbsttopos, Minneaktion nach dem Muster
Ulrichs von Lichtenstein und die Serena.

also durchaus aus einem aktuellen, wirklichkeitsbezogenen Anlaß. Wohl wird dieser Anlaß deutlicher in den erzählenden Liedern, die denn auch in der Forschung als die eigentlich bemerkenswerte Leistung Hadlaubs gegolten haben. Doch auch die Minneklage traditionellen Stils birgt Anzeichen für das veränderte Selbstbewußtsein des neuen kulturtragenden Kreises und seines künstlerischen Repräsentanten.

Es soll im folgenden versucht werden, die Spannung innerhalb der spätmittelalterlichen Funktion des Minneliedes aufzuzeigen. Wie spiegeln sich in Hadlaubs Minnekonzeption die Forderung nach Erhalt des ideellen Themas einerseits und die Bestätigung der wirklichkeitsbewußten Eigenständigkeit der Stadtbürger andererseits?

Das Kernproblem der Minne, die Polarität von Hoffnung und Verzicht, Freude und Schmerz, Liebe und Leid in Hadlaubs Liedern wird von H.-E. Renk in ihrer Häufigkeit und Deutlichkeit dargestellt.[1] Mit der Minne zugleich ist auch die Paradoxie gegenwärtig ("wan daz süeze schouwen in sîn herze gât:/suoze enpfât ez doch senlîchen slac,/swenn er ir wunnen inret sich" Nr. 12, V. 3 - 5);[2] sie ist zentrales Thema der Minneklagen und -analytik.
Renk nennt Nr. 9 und Nr. 45 "'Minnedefinitionslieder'";[3] allerdings stellen beide Lieder gerade die Undefinierbarkeit der Minne fest ("Minne ist sô wunderlîch" Nr. 9, V. 1, vgl. Nr. 45, V. 5). Das Rätselhafte aber liegt weit weniger in der Unvereinbarkeit gleichzeitiger Liebesfreude und -qual,[4] im polaren Wesen der Minne selbst (so wie Renk immer wieder betont), als vielmehr in der sichtbaren, doch unverständlichen Ungerechtigkeit

---

1) Vgl. Renk, a.a.O., S. 141.144 ff
2) Weitere Beispiele vgl. ebd.
3) ebd., S. 149
4) "Owê diu minne,/wie wil sî mich nû lân,/und ich doch mîne sinne/an ir behalten hân!" Nr. 1, V. 73 - 76.

der Minnelohn-Verteilung. Thematisiert wird die Diskrepanz zwischen menschlichem Begriffsvermögen und numinoser Minnegewalt. Fazit ist nicht mehr die **E i n s i c h t ,** daß notwendigerweise nur in Reflexion und Sehnsucht das Ideal sich vergegenwärtige, sondern die **E r f a h r u n g ,** daß Erfüllung sich nicht an vernunftsmäßige Kriterien hält. War dies früher gerade Grund für den Lobpreis der Minne, so ist das Irrationale für Hadlaub nun Anlaß zu zornig-verbitterter Schelte:

" Minne, süene dich mit mir,
kâr zuo zir ald ich wil strâfen[1)]
dich die wîle ich leben mac,
...
owê, Minne, kum ir noch ze herzen
mir ze heil: son flucche ich dir nicht mê."
Nr. 9, V. 23 - 25.29 - 30

Keine Revokation mildert Hadlaubs Tadel, kein Ausweichen in ein hingebungsvolles Gedulden. **Toggen**burgs fraglose Demut[2)] und Wartes selbstverständliche Unterwerfung,[3)] (auch diese beiden gehören dem Züricher Sängerkreis an), kennt Hadlaub nicht. Er **b e u r t e i l t** Minne, und er tut dies nach vernunftsmäßigen Kriterien, nach den Geboten von "triuwe, reht" und "mâze".[4)] Den Maßstab sozialer Normen, der Moral legt er an. Er beugt sich nicht mehr vor der unbegreiflichen Allgewalt des Ideals - die, gleich den Arkana der Religion, Moral transzendiert -, sondern wertet nach den sichtbaren, faßbaren Auswirkungen. Er sieht, daß sich Minnehuld erkennbarer Regel, Gesetzmäßigkeit und kausalem Denken entzieht.

---
1) Vgl. Nr. 26, V. 23: "Ich mac wol die Minne/strâfen ..."
2) Toggenburg Nr. 2, V. 32: "und diene ir ouch, swaz mir geschiht"; vgl. Renk a.a.O., S. 214.
3) Wart Nr. 4, V. 27 - 28: "tuo si mir wê, tuo si mir wol,/ ich wil eht iemer mêre in ir dienste unz ûf mîn ende sîn." vgl. Renk, a.a.O., S. 210.
4) Nr. 6, V. 22: "Minne sûmet an mir vaste ir triuwen sich:"
Nr. 45, V. 1: "Diu Minne brichet dicke ir recht, ir güete:"
Nr. 40, V. 17: "Diu Minne kan nicht hân die rechten mâze:"

"   Diu Minne brichet dicke ir recht, ir güete:
sî lât ir rechten dienestman
und bringet dâ bî manger hôhgemüete,
der ir doch nicht gedienen kan.
...
sî hilfet sô gar ungelîch"
Nr. 45, V. 1 - 4.6

"swem sî wil, dem ist sî bî."
Nr. 9, V. 6

Doch keine Ehrfurcht vor der Eigenmächtigkeit des
Transzendenten mehr, sondern das Verlangen nach
seiner Einordnung in vernunftsmäßige, also einsichtige,
Kategorien kennzeichnet Hadlaubs Minneanalyse. Minne
kann nur dann geschätzt und gepriesen werden, wenn
sie verstanden ist:

"   Wan tuot sî rechte, diu verwâzen Minne,
...
ich waen sî habe niender rechte sinne"
Nr. 45, V. 15.17

"sî habe undanc! wie tuot sî sô?
waz habe ich ir getân? sî swechet sich."
Nr. 6, V. 25 - 26

Nicht das der Idee immanente Paradox ist Thema, vielmehr die Bedeutung des menschlich-vernünftigen
Maßstabs. Damit stellt Hadlaub die Absolutheit der
Idee in Frage. Er relativiert sie, indem er von der
offensichtlichen Unberechenbarkeit der Minne ausgeht,
um daraufhin die Erkennbarkeit ihres Wesens, ihre
Reduktion auf ein vernunftsmäßiges Kausalgesetz, zu
fordern.
Bewußt ist ihm der tradierte ideelle Gehalt; Hadlaub
lehnt ihn nicht ab (wie Steinmar), aber er wechselt
von d e d u k t i v e r   E r k l ä r u n g   seiner
Konkretationen über zu i n d u k t i v e m
V e r s t e h e n w o l l e n .

Hadlaubs Minneanalytik in den Liedern Nr. 6,
V. 22 - 35; 9; 26, 23 - 33; 40, 17 und 45 formuliert
den Perspektivenwandel begrifflich; die Sommer- und
Winterlieder veranschaulichen ihn. Ihre Charakteristika,
wie oben herausgestellt - Vorgänge in Raum und Zeit,
sinnliche Eindrücke, Freude bei physischem Kontakt,
Schmerz bei räumlicher Entferntheit - leisten
Konkretisierung, sinnlich wahrnehmbare Transparenz der
Idee. Die Idee wird nicht mehr real im Begriff und
objektiviert in Symbolsprache, sondern sie wird
dargestellt in räumlich-zeitlichem Vollzug: durch
Schilderung des Erlebbaren.

Die Bedeutung des Aussprechens der Minneempfindung
ist in Hadlaubs Liedern auffällig häufig betont.[1]
Er denkt daran, sich eines Tages der Frau offenbaren,
ihr die Klage persönlich vortragen zu können.

" Möcht ich kunden
manger stunden
mich zuo mîner frouwen,
daz taet mir ouch sorgen buoz."
Nr. 43, V. 29 - 32

"daz dû mir des gunnest, daz ich zuo dir gê,
dâ niemen mê sî wan echt wir.
...
in wolt nicht wan klagen dir mîn sendez leit."
Nr. 6, V. 38 - 39.41

Die Möglichkeit, zu ihr von Minne sprechen zu können,
gilt als Gunstbeweis, als Minne-Erfolg: sie setzt
die Begegnung mit der Frau voraus und erwartet ihre
Aufmerksamkeit:

---

1) Vgl. Nr. 1, V. 9 - 10.31; 2, 6.22.78; 6, 8.16.41;
12, 20; 13, 2.21; 16, 18; 22, 20.26; 24, 6; 31, 31;
35, 29; 41, 20; 42, 30; 43, 21.28; 48,36.53; 52, 115;
54, 57.

"sin wolte nie geruochen mîn.
daz wart erbarmde herren, dien wartz kunt,
daz ich nie mit rede ir was gewesen bî:"
Nr. 2, V. 4 - 6

"wan sîn sprechen mac ir brechen frömden sin:"
Nr. 31, V. 31

Kontakt wird geknüpft durch den Vortrag der "tief
rede von der minne" (Nr. 1, V. 31) (in Umkehrung
wird durch Verstummen Kontakt verhindert: "Ich
kam ir ze wege dâ sî gar eine gie:/do gesprach ich
nie kein wort zuo zir./... sî gieng ouch vür, daz
sî nicht gruozte mich:" Nr. 6, V. 15 - 16.19);
auch hofft die Liebeserklärung auf Überzeugung und
damit auf Erwiderung.

"   Swer sich kunden
 manger stunden
 mac der frouwen sîn,
 in dien dingen
 mac gelingen
 im wol werden schîn."
Nr. 48, V. 34 - 39

Das Minnelied selbst ist nicht die Offenbarung, das
öffentliche Bekenntnis zum Dienstgedanken, es spricht
vielmehr v o n einer Erklärung, die nur im
Intimen der Frau gegenüber abgegeben werden kann.
Nicht das Lied selbst ist die "tief rede von der
minne" (Nr. 1, 31), sondern der private Brief (vgl.
Nr. 1, V. 23 ff). Den Wunsch nach persönlicher Zwie-
sprache stellt es dar, nicht die "sprüche() von der
minne" (Nr. 43, V. 21) selbst.
Im Lied, im Wort realisiert sich nicht mehr die Idee;
das Wort wird **nunmehr** Mittel zur konkreten Ver-
wirklichung der Idee (relativiert als Zusammensein
mit der Frau),   d i e n t   zur Kontaktaufnahme,
dient als Mitteilung, die sich Überzeugung, Überredung
erhofft:[1] die Rede wird Kommunikation.

---

[1] Als rein rhetorisches Mittel besonders deutlich in Nr. 22,
V. 20: "dâ sagent spel, ir jungen man,/diu man wol âne
lernen kan."

Ohne Einschränkung gilt für Hadlaub die eigene
Wesensbestimmung des hohen Minnesangs: "sanc, dâ
man frouwen wol getân/wol mitte kan ir lop gemêren"
(Nr. 8, V. 20 - 21) nicht mehr. Sein Lied ist nicht
nur Preis des Ideals, sondern auch Darstellung, wie
die Idee in die Wirklichkeit umgesetzt werden
könnte und kann.
Der Liebesakt selbst bleibt noch nur Fiktion;[1]
doch Hadlaub erarbeitet eine Darstellungsform, die
das Minneideal konkretisiert und zu gleicher Zeit
Sublimation bewahrt.
Hadlaubs sogenannter "Minneroman-Zyklus"[2] bewegt
sich - im S p i e l - zwischen Idee und Wirklich-
keit. Die Haltungen des Minners, der Dame und der
Gesellschaft bleiben der Konvention treu, aber sie
äußern sich in realer Szene. Zeit und Raum werden
konkret, Name und Position der Anwesenden entsprechen
den Tatsachen."[3] Nicht Individuen aber treten auf,
sondern Repräsentanten wichtiger öffentlicher
Funktionen,[4] ein auch literarisch geschultes
Publikum, das die Verhaltensregeln einer Minne-
beziehung beherrscht und auf ihre Einhaltung achtet:
Die Gesellschaft ermöglicht die Zusammenkunft von
Dame und Minner, gestattet, daß er sie sieht, sie zu
ihr spricht, fordert die Dame zu einem Gunstbeweis auf:

---

1) Vgl. Blumenbett-Lieder und den beibehaltenen Typus des
   Tageliedes.
2) Vgl. Auty, a.a.O., S. 50; vgl. Singer, a.a.O., S. 157;
   vgl. Leppin, a.a.O., S. 77.
3) Historischer Nachweis der "hôhen herren" (Nr. 2, V. 8):
   "vürst von Konstenz, von Zürich diu vürstîn .../der vürste
   ouch sâ/von Einsidelen, von Toggenburc loblich/grâf
   Friderîch .../der frume Regensperger/... der abt von
   Petershûsen .../her Ruodolf von Landenberc .../her
   Albrecht .../und her Rüedgêr Maness .../der Klingenberger
   vürste" (2, 43 - 46.48.50.55.60 - 61.85) und: "von Eschen-
   bach der herr dâ was,/und der von Trôsberc, der von
   Tellinken." (5, 11 - 12) bei Penk, a.a.O., S. 36 - 104.
4) Über das Verhältnis Individualität und Funktionalität
   vgl. Penk, a.a.O., S. 160 ff.

> "daz wart erbarmde herren, dien wartz kunt,
> daz ich nie mit rede ir was gewesen bî:
> des brâchten sî mich dar ze stunt.
> ...
> Dô sach sî mich lieplîch an und ret mit mir:
> ...
> ich mochte sî sô recht geschouwen wol getân:
> ...
> Sî bâten sî vaste eteswaz geben mir,
> des sî an ir lang haet gehân."
>
> Nr. 2, V. 5 - 7.22.24.36 - 37

Die Gesellschaft spielt die vom traditionellen Minnesang ihr zugeteilte Rolle.[1] Hadlaubs Eigenleistung ist es, daß sein Lied diese Rolle als tatsächliche Spielhandlung schildert und nicht mehr nur in Form begrifflich-rhetorischer Bestätigung.

Ebenso wie das Minnelied selbst nicht länger unmittelbarer Ausdruck der Minne ist und die Minne-"rede" daher als gesonderte Aussprache einführt, so verliert sich auch die Selbstverständlichkeit seines gesellschaftlichen Bezuges. Die gesellschaftliche Verankerung war derart fraglos bislang, daß sie nicht betont werden mußte (es sei denn, daß rhetorische Formeln sie bekräftigten): Das Minnelied war wesensmäßig Gesellschaftslyrik. Hadlaub indes singt nicht unter dieser Voraussetzung von Minne v o r der Gesellschaft - er spricht ü b e r die Gesellschaft, läßt sie auftreten in ihrer Funktion als Minnevermittler. Wieder wird im Minnelied das thematisiert, was zu höfischer Zeit wesensmäßige, und daher unausgesprochene, Bedingung des Minnesangs war. Das früher gedanklich vorausgesetzte Prinzip wird in Hadlaubs 'Romanzen' durch Aktion veranschaulicht. Konkret erfahren, nachgelebt werden soll die Idee. Damit ist es nicht wirkliches Leben, das Hadlaub schildert, sondern Spiel. Auf der Ebene des Spiels kann die Idee sich veräußern,

---

[1] Vgl. Renk, a.a.O., S. 102 f., 178.

können die poetischen Topoi konkret werden;[1] andererseits bleibt die Realität strukturiert und stilisiert nach verbindlicher Regel. Die Umwandlung der Minne vom gesellschaftlichen Haltungsideal zum Gesellschaftsspiel hat entscheidende Konsequenzen für die Rolle der Minnedame. Die psychologisierende Auslegung, so wie sie Lang, Leppin und auch Renk versuchen,[2] übersieht weitgehend das Funktionsgebundene im Verhalten der Frau.
Die Minnedame folgt der tradierten Regel: sie dringt auf "frömdez minnen" (Nr. 31, V. 22). Sei es, daß sie dem Minner - höfischem Stil gemäß - "ze hê" (Nr. 32, V. 3) erscheint, daß Hadlaub die Topoi der "merker und ... huote" (Nr. 3, V. 24)[3] bemüht, oder sei es, daß die Frau selbst dem Minner ausweicht (vgl. Lied 6), es gilt für ihre Funktion: Distanz und damit die "êre" wahren.[4] Darauf, daß sich ideell-vertikaler Abstand häufig in räumlich-horizontaler Entferntheit konkretisiert, ist bereits hingewiesen.[5] Inkonsequent scheint die Frau sich nur dann zu verhalten, wenn sich ihre Funktion mit der der Minnegesellschaft gemeinsam in gespielte Handlung umsetzt. Die Gesellschaft akzeptiert und bestätigt die Minnebeziehung; dem höfischen Vorbild gemäß vollzieht sich die Minne in ihrer Mitte, unter ihrer Obhut.

---

1) Zur Auslegung der einzelnen Topoi vgl. Renk, a.a.O., S. 166 ff.
2) Vgl. Lang, a.a.O., S. 22; Leppin spricht vom "Individuum mit eigenen Reaktionen", a.a.O., S. 89; "Kindlich, hilflos ... unreif, nicht liebesfähig" charakterisiert sie Renk, a.a.O., S. 180.
3) Vgl. Nr. 16, V. 32 f; 24, 19; 31, 27; 43, 33. Beide Formeln gemeinsam in Nr. 27, V. 21 - 25: "Leide huote irrt recht minner sêre,/und ouch der verwâzen merker spehen:/sî fröndent ir frouwen in rangiu zît./dien ouch danne ir frouwen sint ze hêre,/die nûn ouch dâ vür ein irren jehen:"
4) Vgl. Nr. 1, V. 19
5) Vgl. S. 188 der Arbeit.

" Dâ wârn edele frouwen, edele herren bî,
der stunt dô si belobte daz.
...
    Sus besant der werde Regensberger mich.
mit im gieng ich dar ûf den trôst"
Nr. 5, V. 8 - 9.15 - 16

In szenischer Darstellung, in Aktion ausgedrückt
aber stürzt die Mitwirkung der Gesellschaft die
Dame in einen Rollenkonflikt. Einerseits ist sie
gebunden an die gesellschaftliche Befürwortung und
Förderung der Minne, andererseits muß sie, als
personifiziertes Ziel der Sehnsucht, ihre
exponierte Position wahren und für den Minner
selbst unantastbar und unerreichbar bleiben.

" Der vil edele Regensberger was vor ir
und bat sî mir genaedic sîn,
und daz sî ze mir spraech 'got grüez mîn diener:'
daz was sîn ger, des herren mîn.
sî ...
... lobte imz mit ir wîzen hende in sîn hant.
...
ich wând daz ich leides frî dâ wurde iesâ:
dô wart ich dâ fröiden erlôst.
sî slôz sich in ein stuben der geschicht.
...
wie tet doch mir sô wê der pîn,
daz sî vor mir barc ir lîp so minneclîch!
ach, sî lie mich in jâmer sîn.
sin wolt har ûz nicht ê ich dannen kan:"
Nr. 5, V. 1 - 6.10.17 - 19.30 - 33

Die Dame versichert ihr Minne-Pflichtbewußtsein der
Gesellschaft, und sie führt dem Minner ihre Minne-
Aufgabe vor: sie sagt der Minnebindung zu, weist
aber den Minner ab. Auch ihr Biß in die Hand des
Minners in Lied 2 und die unwillige Gebärde, mit der
sie dem Mann ein Souvenir überläßt,[1] kann in gleichem
Sinn gedeutet werden. Um keine der Verhaltensregeln
des gesellschaftlichen Anstands zu verletzen, darf

---

[1] Über Motivparallelen zu Ulrich von Lichtenstein vgl. Renk,
a.a.O., S. 169

der Minner ihre Hand halten (bezeichnenderweise
reicht sie selbst die Hand ihm nicht, sondern es
bemühen sich die Herren der Gesellschaft um diese
repräsentative Intimität: "die herren huoben mich dar
dâ sî saz,/unde gâben mir bald ir hant in mîn hant;"
Nr. 2, V. 12 - 13), wird aber sodann deutlichst
darauf aufmerksam gemacht, daß ihm währender Gunst-
beweis nicht gebühre.
Das scheinbar Widersprüchliche, gar sittlich Unreife[1]
im Verhalten der Frau resultiert aus der Verlebendigung
allgemeiner Normen und poetischer Topoi. In der
Vorstellung, als Begriffe, ließen sich gesellschaft-
liche Würdigung der Minne und Frauentugend im hohen
Minnesang vereinen; in der spätmittelalterlichen
Darstellung als gespielte konkrete Handlung wirken
sie disparat.
Nicht psychologisch ist die "Unsicherheit" der Minne-
dame begründet. Sie ergibt sich aus der Inkongruenz
von Gehalt und Ausdruck, die als Kennzeichen der
Lieder Hadlaubs schon zuvor festgestellt werden
konnte: Die Aussage hält noch am konventionellen
Ideal (Minne: gesellschaftsbezogen und unerfüllt)
fest, die Darstellungsweise drängt nach dessen
Verwirklichung. Sprunghaft ist nicht die Psyche der
Frau - uneinheitlich ist Hadlaubs Minnelied-Konzeption.
Umsetzung in realen Vorgang relativiert notwendig die
Idee. Ideenrealismus als noch gültiges Erbe und neue,
nominalistisch geprägte Darstellungsform - und sei
es auch nur im Spiel - schließen sich aus.

Ebenso wie das scheinbar kapriziöse Verhalten der Dame
gaben auch die "schüchterne(n)", "sensible(n)"[2]
Reaktionen des Minners und das feige Jammern[3] des
Wächters Anlaß zu psychologisierender Deutung.

---
1) Vgl. Penk, a.a.O., S. 180
2) Vgl. Leppin, a.a.O., S. 99.197
3) Vgl. ebd., S. 188 und Friedrich Nicklas, Untersuchung über
Stil und Geschichte des Deutschen Tageliedes, Berlin, 1929,
S. 37.

Penks Untersuchung indes belegt detailliert, inwieweit der "labile ... empfindliche Minner Hadlaub im Grunde nur die Personifikation"[1] des Minnebegriffs der Züricher sei, macht deutlich, daß er Rollen spielt, die ihm herkömmliche Metaphern, poetische Konstituenten der Minneidee vorgeben.[2]
Auch der Wächter im Tagelied ist weniger hasenfüßige Person als Personifikation des gesellschaftlichen Minne-Regulativs. In Umkehrung zu den 'Romanzen', in denen die Gesellschaft den öffentlichen Minnebund fördern half und die Dame den Abstand wahrte, braucht das Tagelied den Wächter, der die Liebenden vor den Konsequenzen ("ez stât umb lîb und êre" Nr. 14, V. 19) eines entdeckten Beisammenseins warnt.
Während in publice die repräsentativ stilisierte Minne gelobt und ihre Kontinuität unterstützt wird, gilt für die - wenn auch imaginäre - intime Liebesnacht Geheimhaltung und damit Trennung vor Tagesanbruch. Es ist Aufgabe des Wächters, zwischen dem Paar und der Welt zu vermitteln, indem er zum unausweichlichen Abschied ruft. In seiner Funktion als Mahner zur Trennung führen ihn die ersten Verse der Lieder 14, 33 und 34 auch ein:

"   Ich wil ein warnen singen,
 daz liep von liebe bringen"
Nr. 14, V. 1 - 2

"   'Nû merkt mich, swer noch tougen lige,
 ir sunt ergeben der fröiden spil:"
Nr. 33, V. 1 - 2

"   'Nâch lieb gât leit! ..."
Nr. 34, V. 1

---

1) Renk, a.a.O., S. 176
2) Z. B. die Rolle des Pilgers in Nr. 1, V. 6; des Minnerasenden in Nr. 1, V. 14, des Ohnmächtigen in Nr. 2, V. 11; vgl. Renk, a.a.O., S. 164 ff, ins. S. 166 f, 169 f, 177.

Hadlaubs Wächterfigur verkörpert das Wissen um
Gefahr und Folgen einer Entdeckung, personifiziert
Furcht vor öffentlicher Diskriminierung. Indem sie
die Trennungsmotive repräsentiert, läßt Hadlaub sie
am Geschick des Paares unmittelbar teilnehmen, sie
in der 1. Person pluralis, gar - gänzlich reflexiv -
von sich selbst sprechen:

"des ich wunder sorgen hân,
wie ez noch uns ergange:
...
nû bin ich aller fröiden arn:
ich vürchte mir sô sêre.
ez stât umb lîb und êre:
...
owê ich bin mit in verlorn.
...
noch wendet unser swaere:"
Nr. 14, V. 7 - 8.17 - 19 - 23.29

"ez wirt unser aller klage"
Nr. 33, V. 9

"in nôt ich stân (übric liebe vürcht ich)
daz sî sich dür liebe wâgen unde mich.
wir müezen lân unser leben und êre,
sien hân vor tage dan gescheiden sich."
Nr. 34, V. 5 - 8

Der Wächter vertritt nicht eine von der "idealen
Subjektwelt ... (der) beiden Liebenden" gesonderte
"objektive Sicht";[1] sein Drängen auf Abschied gehört
vielmehr - als dialektisches Prinzip - zu den Liebes-
freuden der Nacht hinzu. Das, was die Idee der hohen
Minne kausal verknüpft (Liebe/Leid), stellt das
Tagelied dar im zeitlichen Nacheinander ("Nâch lieb
gât leit!" Nr. 34, V. 1). Indem sich im Tagelied
- wenn auch fiktiv - Liebe realisiert, werden auch
die Konsequenzen der Realisation deutlich: Minne ist
im Tagelied nicht absolutes Ideal, sondern angepaßt
den gegebenen Umständen, abhängig von der öffentlichen
Meinung. Sie dem Liebespaar vorzuhalten, ist Aufgabe

---

1) Renk, a.a.O., S. 159

des Wächters. Er ruft zu Rücksicht auf öffentliches
Ansehen, zu vernünftiger Selbstdisziplin auf:

"daz liep von liebe bringen
nû mac, diu mâze kunnen hân."
Nr. 14, V. 2 - 3

"er waere unwîs der mirs verzige.
...
'Ir hânt iuchs unwaegsten bedâcht.
der mâze kan, diu wendet leit:
dâ von sô lêre ich iuch die mâze wol."
Nr. 33, V. 4.23 - 25

Die Reaktion des Mannes beziehungsweise der Frau
beweist, daß die Wächterfunktion - wenngleich störend,
durchaus auch kontrastierend - als notwendig akzeptiert
wird. Selbst die Mahnung zu Mäßigung wird im Zwiegespräch wieder aufgenommen:[1]

"er sprach 'frouwe, des ist zît"
Nr. 33, V. 29[2]

"   'Guot herre mîn, ez mac sich mêr gefüegen,
ob wir uns scheiden, ê ranz werde gewar.'
'frow, daz sol sîn: wir sun uns lân genüegen
daz wir die naht wârn froelich sament gar."
Nr. 34, V. 17 - 20

Wenn in Lied 50 der Wächter das Liebespaar verläßt,
so entspricht dies Hadlaubs bereits bekannter Neigung,
Haltung umzusetzen in Handlung. Der Wächter spricht
nicht mehr nur von Vorsicht und Abschied - er agiert
entsprechend; er weckt und warnt nicht mehr nur,
sondern geht beispielgebend dem Paar voran.[3]

---

1) Damit ist es der Wächter nicht allein, für den - nach
Renks Deutung - "Minne nichts Absolutes, sondern etwas
sehr genau Einzuteilendes" (a.a.O., S. 159) sei.
Pragmatische Vorsicht gehört vielmehr zur Tagelied-
Situation als solche und wird vom Paar dementsprechend
auch geteilt.
2) Vgl. Nr. 50, V. 19
3) Er läßt die Liebenden nicht im Stich, wie Vers 15 belegt:
"Er sleich tougen ûz und sanc ein warnen dâ:"

Der in der Wächterfigur dieses Liedes angelegte
Widerspruch zwischen dem furchtsam-trotzigen:
"mîn herre sehe selb dar zuo" (V. 12) und dem dennoch
pflichtgemäßen Warnen (V. 15) resultiert - ähnlich
wie in den Herbstliedern - aus dissonantem Zusammen-
spiel von Minnelied-Tradition und -Neuerung. Hadlaub
reagiert auf Steinmars Wächter-Absage ("Swer
tougenlîche minne hât,/der sol sich wênic an den lân,/
den man sô grôze missetât/an sînem herren siht begân/
... mir selbem sô wolt ich getrûwen baz/ denn ieman,
der mich wecken solt:" Nr. 5, V. 1 - 4.12 - 13), ohne
jedoch selbst die Wächterfigur aufzugeben.
Steinmars Wechsel vom Mai zum Herbst wird übernommen,
Steinmars Übertragung der Wächterfunktion auf den
Minner selbst wird angedeutet - beide Male jedoch, um
den originellen Gedanken wieder in die Konvention
einzufügen.[1]
Beide Male verliert das Minnelied dadurch an Stringenz:
der Herbsteingang wird formal ausgeweitet, sein
Anspruch aber abgewiesen; das Verhalten des Wächters
macht die angesagte Aufhebung seiner Rolle ("mîn herre
sehe selb dar zuo" V. 12) rückgängig ("... und sanc
ein warnen dâ:" V. 15). Obwohl Herbst- und Tagelieder
in das tradierte Schema wieder einmünden, bleibt
Steinmarsche Wirklichkeitsnähe durchaus nicht ohne
Einfluß.[2]
Betont personalisiert und auch handlungsmäßig
konkretisiert wird die Funktionalität des Wächters.[3]
Individuum ist die Figur allerdings noch nicht.

Ebenso wenig "wirkliche(r) Mensch()"[4] ist die Minne-
dame, auch wenn Hadlaub ihr größere Eigenständigkeit
zugestehen möchte. Durch die Darstellungsform

---

1) Zu Hadlaubs Herbstlied vgl. S. 117 - 130 der Arbeit.
2) Vgl. S. 130 der Arbeit.
3) Exponiertes, immer wiederkehrendes: "ich ..." mit
   Derivaten siehe Anhang 24
4) Leppin, a.a.O., S. 411

"naiver Psychologisierung"[1] wirkt die Frau weniger
unerreichbar, weil weniger unergründbar ("Mich
dûcht sî daechte" Nr. 1, V. 13). Indirekte Erklärung
erscheint als Bemühen "um den anderen als Person",[2]
doch es ist lediglich die Ausdrucksform, die
Individualisierung der Minnedame verspricht. Als
Resultat des Sich-Hineinversetzens in andere wird die
bekannte konventionelle Vorstellung damenhaften
Anstandes (Abwehr "wilder" Minne) geboten.[3]

"   Mich dûcht sî daechte
 'ist daz ein tobic man?
 waz wolde er in die naechte
 daz er mich grîfet an?'"
Nr. 1, V. 13 - 16

"dar ûf (daz bette) gê mit mir, vil hêre.'
 ich vürchte sêre daz sî spraeche 'in wil.'"
Nr. 35, V. 31 - 32[4]

In der Reaktionsdeutung und -vorwegnahme durch den
Sänger zeichnet sich kein einmaliger persönlicher Stil
seiner Geliebten ab; vielmehr kennt Hadlaub das
Minne-Reglement und weiß demzufolge, was eine züchtige
standesbewußte Frau denken und wie sie sich verhalten
wird. Die beiden Male, da der Sänger auf ausgesprochen
persönliche Zuwendung hofft, irrt er:

"   Mich dûht daz nieman möcht hân erbetten sî,
 daz sî mich frî nôt haet getân,
 wan daz sî vorcht daz sî schuldic würde an mir:"
Nr. 2, V. 15 - 17[5]

---

1) Renk, a.a.O., S. 164
2) ebd.
3) So läuft auch die 'Psychologisierung' des Kindes in Lied 4
   auf die Formel von Minnefreude hinaus: "ez tet recht als
   ez enstüende ir wunnen sich,/des dûchte mich, ez was sô
   frô." Nr. 4, V. 10 - 11.
4) Vgl. Nr. 41, V. 25 - 26
5) Das Lied beschreibt gleichwohl, daß Mitglieder der Gesell-
   schaft die Begegnung ermöglicht haben und die Dame zu
   Freundlichkeit erst bewegen müssen.

"... sî gelobte daz.
ich wând daz siz staet liez, wanz vor in beschach:"
Nr. 5, V. 9 - 10[1]

Nicht, daß Hadlaub schon einen bestimmten Charakter der Dame zeichnete;[2] noch kontrolliert diesen der verbindliche Verhaltenskodex. Der Darstellungsweise aber (Vermutungen über Denken und Reaktion der Dame, Aktion als Ausdruck ihrer Haltung) gelingt es, das konventionelle Bild von der Minnedame anschaulicher und lebendiger zu konturieren.

Indem der Minner nach persönlichen Gründen für das Verhalten der Frau sucht (ob sie sich nun tatsächlich als persönliche erweisen oder nicht) reduziert er die Position der Frau als Repräsentantin eines objektiven Ideals. Indem der Sänger ausdrücklich - in nacherzählender Form - von seinen eigenen Gedanken spricht ("Mich dûcht sî daehte" Nr. 1, V. 13; "ich dâcht, sît sî nicht rouchet grüezen mich,/gienge ich für sî, daz waer lîcht sô verre ir haz:" Nr. 2, V. 68 - 69; "ich gedâchte 'owê waer ich daz kindelîn" Nr. 4, V. 13), verliert die Aussage an allgemeiner Verbindlichkeit.[3]

Das Bemühen um Erklärung der eigenen inneren Vorgänge, der möglichen Beweggründe der Dame, des Phänomens Minne ist eines der wesentlichsten Kennzeichen der Lyrik Hadlaubs.
Es verdeutlicht, daß die Selbstverständlichkeit des hohen Minne-Ideals und seines objektiven Anspruchs verloren ist. Das ethische Postulat ist nicht mehr zwingend. Es ist auch nicht nur traditionsbewußter Rückgriff auf frühhöfische Vorstellung, wenn das Motiv der magisch bannenden sinnlichen Minne wieder verstärkt

---
1) Die Dame hält sich an den Eid eben nicht und weist den Minner unmißverständlich ab.
2) Entgegen Renk, a.a.O., S. 164
3) Vgl. Minnerede im Minnelied, S. 197/198 der Arbeit.

in Hadlaubs Liedern zur Geltung kommt.[1] Überwältigende Minne-Willkür ist der Kontrolle des ethischen Ideals entzogen, fordert nicht Disziplin und Vervollkommnung nach allgemeingültigem moralischen Prinzip. Indiz für den Ausbruch aus der streng vertikal geordneten, abstrakten Minnelehre ist Hadlaubs auffallende Vorliebe für den Begriff "wild" als Ausdruck seiner Minne-Empfindung:

"swenn ich sî sich sô wol getân,
sô mac dan mîn gemüete
nicht stille stên.
wan ez wirt dan sô wilde,
sô mir wirt kunt
wie zartlîch stêt ir bilde:"
Nr. 36, V. 17 - 22

"   Er wirt wilder sinne, der wol kan entstân,
wie wunnesan doch schoene frouwen sint"
Nr. 12, V. 8 - 9

"frouwen bilde
machet wilde
dicke mannes muot."
Nr. 48, V. 20 - 22

"wie wirt dâ dan sô wilde
des mannes herze ..."
Nr. 37, V. 15 - 16[2]

"Gemüete, gedanc, muot, herze, sinne" werden ohne Differenzierung durch Minne "wilde", i. e. unruhig, ungehemmt, zügel- und richtungslos. Die frühere sichere Bindung an das ferne Ziel des summum bonum und an die dazugehörende ethische Verpflichtung ist gelöst. Minne wird sensuell erfahren; das Persönlich-Subjektive verlangt nach Ausdruck: menschliches Erlebnis- und Erkenntnisvermögen beginnen Wertmaßstab zu werden.

---

[1] Als frühhöfisches Traditionsgut betont bei Fenk, a.a.O., S. 139.
[2] "wilde sinne" vgl. Nr. 38, V. 13; 43, 17; 53, 60 - "wilde(z) herze" vgl. 46, 6 - "wilde(r) muot" vgl. 53, 60 - "wilde werden" vgl. 53, 90 - "wilde fröide" vgl. 51, 14 - "wilde(r) gedanc" vgl. 11, 22.

Aufgehalten wird die konsequente Entscheidung für
konkretes, persönliches Erleben im gemeinsamen
Spiel. Das Züricher Gesellschaftsspiel Minne zeigt
Rücksicht auf beides: Auf die ehrwürdige Minne-
sangtradition mit ihrem ideellen Auftrag und
poetischem Ausdruck u n d auf die Gegebenheit
der Realität mit ihrem Anspruch auf Versinnlichung
und Konkretisierung.
Das Inszenierte, das räumliche, zeitliche und
personelle Fixiertsein des Spiels von hoher Minne
stimmt in seinem Gespanntsein zwischen Ideenrealismus
und Nominalismus überein mit Hadlaubs Technik auch
in den anderen Liedern (insbesondere den Herbst-
liedern). Nicht das Liedcorpus, Hadlaubs Minnelied
in sich ist uneinheitlich:
Die Inkongruenz von wirklichkeitsbewußter Darstellungs-
form und traditionsbewußtem Aussagegehalt ist sein
Charakteristikum.

C LITERATURGESCHICHTLICHE EINORDNUNG

Die Darstellung der unterschiedlichen Akzentuierungen
der Minnekonzeption vom frühen 13. bis hinein ins 14.
Jahrhundert bestätigt und erweitert die vorangegangene
Natureingangs-Analyse:
Betonte Kontinuität der 'hohen' Minnesang-Tradition
kennzeichnet die frühe Phase   (U l r i c h   v o n
S i n g e n b e r g) .

Die Mehrzahl der Schweizer Sänger hält sich weiterhin
am Vorbild, schwächt aber die Vorstellung vom "hôhen
muot" (durch Minnesehnsucht) ab, nimmt die ethisch-
idealistisch vertikale Ausrichtung zurück zu **nunmehr**
weitgehend passiv bleibender Hingabe.

In der zweiten Hälfte des 13. Jahrhunderts gipfelt die
Traditionsfortsetzung im Bemühen, das Ideal in der
Liedstruktur zu reflektieren, um so die Realität des
Begriffs in der äußeren Form des Liedes zu bestätigen
(K o n r a d   v o n   L a n d e c k) .
Neben dieser äußersten objektivierenden Wertgebundenheit
steht   S t e i n m a r s   desillusionierende Kritik
am überlieferten Minneverständnis. Minnedienst in seiner
wesensmäßigen Unerfüllbarkeit, Minneleid als notwendige
Disziplinierung sind für ihn nicht länger Sinn der
Minne. Als Negativa werden sie abgewiesen, denn nicht
die Idee ist Maßstab mehr, sondern das unmittelbar
konkrete Erleben. Ist das Empirische Wertkriterium
geworden, so die Abstraktion zu Schein und Illusion.
Das Unwirkliche des herkömmlichen Minnebegriffs macht
Steinmar in ironischer Übertreibung bewußt und stellt
ihm die Affirmation des Natürlichen gegenüber. "Hôher
muot" gewonnen aus "hövescher fröide" in dialektischer
Verknüpfung mit "minne trûren" wird abgelöst vom auf
unmittelbare Befriedigung drängende "gelust". Sinnlicher
Liebesgenuß ist noch nur als Privation oder Fiktion

formulierbar, und also gibt Steinmar Minnesang auf und
besingt die Lust des Essens und Trinkens (Herbstlied).
Im frühen 14. Jahrhundert bricht die Unvereinbarkeit
zwischen tradiertem ideellen Anspruch und neuem
induktiven Verstehenwollen im einzelnen Lied selbst auf.
Der Selbstdarstellung des kulturrepräsentierenden
bürgerlichen Kreises (Zürich) entspricht stärkere
Realitätsorientierung einerseits, andererseits verlangt
die Repräsentationslegitimierung ausgeprägtes Traditions-
bewußtsein. H a d l a u b erkennt mit Steinmar - und
übernimmt dessen Stilelemente - das bewußt Wirklichkeits-
enthebende in der überkommenen gedanklich-poetischen
Sublimation; auch er prüft die Erscheinungsweisen der
Minne am Maß des Säkularen, des Sichtbaren, Erfahrbaren
und - hier unterscheidet er sich von Steinmar - des
Verbürgerlicht-Sittlichen, des Vernünftigen. Nicht der
transzendente Impetus der Minne-Idee, nicht die ethische
Forderung sind Begründung und Bestimmung des Lieds,
sondern die ästhetische Stilisierung des Minne-Reglements,
die den führenden gesellschaftlichen Kreis auszeichnen
soll.

Beiden Sängern der Spätzeit ist die Idee nicht real und
somit nicht wesentlich, auch nicht die Form des Lieds
künstlerisch konkretisierender Minnevollzug. Behalten
sind lediglich Erscheinungsformen ideenrealistischer
Minne: Förmlichkeit und Scheinhaftigkeit, die Steinmar
mit spielerischer Ironie zurückweist und Hadlaub im
Minnespiel beschwört.
Steinmar relativiert das Ideal, indem er es parodiert
und ihm faktisch Reales entgegenhält; Hadlaub relativiert
es, indem er das Ideal im ernst gemeinten Spiel Realität
werden läßt. Nicht eigenwertig ist Wirklichkeit für ihn,
sondern sie fungiert - an Stelle des Begriffs und der
Kunstform - als Konkretisierung des Imaginären.

Es ist der P r o z e ß des Perspektivwandels, der Minnesang in der ersten Hälfte des 14. Jahrhunderts kennzeichnet. Auch Steinmar, obgleich er sich konsequent für das Reale entscheidet, kann in seine Lust am Weltlichen Minne noch nicht mit einbeziehen. Die Spannung zwischen Ideenrealismus und Nominalismus äußert sich bei ihm in der Aufspaltung seiner Lyrik: parodiertes Minneideal einerseits und offene Bestätigung des Realen, aber eben nur im Herbstlied, andererseits.

Hadlaub dagegen bringt beide Pole zusammen in sein Lied ein - gleichberechtigt, wenn auch in unterschiedlicher Form (ideenrealistische Aussage - nominalistische Ausführung). Nur im Spiel, so zeigen es seine Lieder, ist Vereinbarung möglich. Das Spiel **hebt** Verbindlichkeit auf - die Konsequenz der Denkweisen und damit auch die Konsequenz ihrer Gegensätzlichkeit.

Steinmars Wechsel der Liedgattung, Hadlaubs Minnespiel und liedimmanente Disparität sind Ausdruck spätmittelalterlichen Zwiespalts zwischen zwei unterschiedlichen, ja entgegengesetzten Denkweisen: sind methodisch differierende, doch grundlegend thematisch übereinstimmende Darstellung zurückgenommenen Idealismus und zunehmenden Realismus.

D AUSBLICK

Die sich an Steinmar und Hadlaub anschließende Minne-
lyrik ist nicht mehr Untersuchungsgegenstand dieser
Arbeit; analytische Details dieser letzten Phase des
Minnesangs bietet bestehende Forschungsliteratur.

Kurz überblickend aber soll auf Wirkung und Weiter-
führung der hier erarbeiteten Minneliedstrukturen
hingewiesen sein.
Prinzipielles Charakteristikum der Minnepoetik im
späteren 13. und frühen 14 Jahrhundert ist der
Ü b e r g a n g s p r o z e ß von der Formulierung
begriffsrealen Denkens zur Darstellung induktiver
Realitätserfahrung.
Dieser Wandel drückt sich aus allgemein in einer
- verglichen mit 'klassischem' Lied - veränderten
Wertung von Begriffsgehalt und Ausdrucksform:

Die Idee 'Minne' muß nicht mehr entwickelt werden
- sie wird verbindlich vorgegeben übernommen, und so
wird primär die Darstellungsart.
Zwei Tendenzen stabilisieren sich: Konzentration auf
die künstlerische Formung des Liedes und die Ausweitung
der Objektivation auf tatsächliche Handlung. Beide
lyrischen Artikulationsweisen wollen Aussage der Form
- mit zunehmender Demonstrationsabsicht.
Aus W i s s e n   um den Anspruch der Idee ist Ideal-
B e s t ä t i g u n g   in lyrischer Poetik und
schließlich V o r f ü h r u n g praktizierter
Minnehaltung geworden.
Konsequenter auf dieser äußersten Stilisierungsstufe
noch als Hadlaubs Minneszenen-Spiel demonstriert Ulrich
von Lichtenstein Frauendienst. Hier ist Leben selbst
stilisiert zu einer Minne-Kunstform.

Stilisierungsabsicht wirkt fort bis zu Oswald von
Wolkenstein.
Auch er verwendet "in hohem Maße traditionelle Formen
... um in ihnen sein persönliches Erleben darzustellen.
Er stilisiert sich in die Rollen traditioneller Typen
und Gegentypen ...".[1] Realismus kennzeichnet auch
diesen letzten Minnesänger noch nicht; "allegorischen
Naturalismus"[2] nennt Ulrich Müller den Minnelied-
Stil der spätesten Zeit. Noch immer hat das Eigen-
erlebnis allgemeine symbolische oder allegorische
Bedeutung – zumindest beansprucht es sie mit Gebrauch
der feststehenden Minneformeln.
Weniger als Hadlaub aber ist Oswald angewiesen auf den
Nachweis gesellschaftlicher Bestätigung.[3] Das
Individuelle, bei Hadlaub noch integrierter Bestandteil
der Gemeinschaft, drängt nach Selbständigkeit; Erlebnis,
bei Hadlaub inszeniert oder fiktiv, wird Tatsache; der
Topos, den Hadlaub repräsentativ in Spielhandlung
umsetzte, konkrete Erfahrung. Oswald stellt s e i n e
R e a l i t ä t   dar – weitgehend in noch generalisie-
renden tradierten Formeln; Hadlaub ging – umgekehrt –
vom poetisch-etablierten Motiv aus und spielte Handlung
diesem entsprechend nach.
Auch im Vergleich mit Steinmar, der mit seiner Aufwertung
des Natürlich-Gegebenen Oswald näher steht als Hadlaub,
wird der grundlegende Unterschied deutlich: Steinmar
bezieht sinnlich erfahrbare Wirklichkeit ein in sein
Lied, weil ihn Minne enttäuscht.

---

1) Ulrich Müller, "Dichtung" und "Wahrheit" in den Liedern
   Oswalds von Wolkenstein, Die autobiographischen Lieder
   von den Reisen, Diss. Tübingen, Göppingen, 1968, S. 50.
2) ebd., S. 52
3) Selbst in den Repräsentationsreise-Liedern ist weniger
   gesellschaftliche Norm als persönliches Tun stilisiert;
   höfische Anerkennung in Lied 18, V. 33 – 48 (Ausgabe:
   Karl Kurt Klein, Die Lieder Oswalds von Wolkenstein,
   Tübingen, 1962) gar parodistisch verkehrt; vgl. Müller,
   a.a.O., S. 26 ff.

Auch für Steinmar ist - ebenso wie für Hadlaub - die
Minneidee Voraussetzung des Liedes (wenn auch negative:
"Sît si mir niht lônen wil ... Nr. 1, V. 1).
Nicht so für Oswald, der sein Lied unter das Motto
stellen kann: "ich wolt besehen, wie die werlt wer
gestalt." (Nr. 18, V. 2).

Wenn auch die verbindlichen Minnelied-Topoi, die
verallgemeinernde und stilisierende Formulierung weit-
gehend beibehalten werden, der deutschsprachige Minne-
sang endet mit vertauschten Vorzeichen - verglichen mit
'klassischer' Epoche, aber auch im Vergleich zur
Übergangslyrik des 13./14. Jahrhunderts. Gewechselt
sind die Prioritäten: War in der Umbruchsphase noch
die Minnetheorie Ausgangspunkt - sei es in Bestätigung
oder Ablehnung - und das Interesse am Empirisch-
Erfahrbaren ihr gemäß motiviert und ausgerichtet, so
ist bei Oswald von Wolkenstein umgekehrt Erleben
auslösendes Moment und erst in der Formulierung
traditioneller Minnevorstellung angeglichen.
Oswald von Wolkenstein verwirft nicht die vorgegebene
Minnelied-Poetik, und er entwirft auch keine neue.
Die Höchststufe der Begriffsstilisierung ist mit Ulrich
von Lichtenstein und Hadlaub erreicht, und in ihr
bereits ist angelegt die Diskrepanz zwischen Idee und
Realität, denn gespielte Minne relativiert sowohl Idee,
als auch Realität. Eine neue Poetik adäquat dem
mittelalterlichen Minnebegriff kann es nicht geben
- 'Minne' muß für das frühneuzeitliche Liebeslied neu
definiert werden.

Oswald von Wolkenstein leistet das nicht, wohl aber ist
mit einer angedeuteten Umkehr der Werte 'ideal' - 'real'
die Neuorientierung vorbereitet. Folgende Beispiele,
gegenübergestellt den in dieser Arbeit herausgehobenen

Strukturen des Minnesangs im Übergang vom 13. zum 14.
Jahrhundert verdeutlichen Oswalds Umwertung. Hadlaub
spielt Leid-Formel der Minnekonvention nach - Oswald,
aus konkretem Anlaß, erlebt sie:

"von leid geswant mir, hin viel ich.
...
ich lac vor ir als ein tôt man
und sach sî jaemerlîch an ûz der not."
Hadlaub, Nr. 2, V. 11.18/19

> "Vor ir lig ich gebunden vast
> mit eisen und mit sail"
> Oswald, Nr. 1, V. 49/50

> "Der baine sterck
> spannt si mir herter in wann ainem pferde,
> ...
> Mein daumen, arm, darzu den hals
> hat si mir ingesmitt."
> Nr. 2, V. 61/62.67/68

Oswald verselbständigt Herbstlied-Motive; sinnlicher
Genuß wird weder verurteilt noch gerechtfertigt: er ist
auf Minne nicht länger bezogen.

" Welt, dû **bist** unglîche:
fraezen dien ist wol geschehen,
daz tuot mangem minner wê."
Hadlaub, Nr. 18, V. 40 - 42

" Sît si mir niht lônen wil ...
seht sô wil ich prîsen ...
herbest ...
wâfen! joch muoz ein riuwic herze troesten wîn."
Steinmar, Nr. 1, V. 1.3.5.30

> "Her wiert, uns dürstet also sere,
> trag auf wein! trag auf wein! trag auf
> wein!
> Das dir got dein laid verkere,
> pring her wein! pring her wein! pring
> her wein!
> Und dir dein sälden mere,
> nu schenck ein! nu schenck ein! nu
> schenck ein!"
> Oswald, Nr. 70, V. 1 - 6

Und Oswalds Natureingang schließlich ist statt Formel-Reflexion der Minnekonzeption naturalistisch poetisierte Darstellung eigenständiger elementarer Lebendigkeit:

"diu zît wart nie baz gestalt:
anger walt und heide und ouwe
blüent in süezem touwe.
wan hoert vogelsanges widergelt:
ûz dem loube singent witewal,
tröschel hôhe ûf waldes wilde,
lerche ob dem gevilde,
in den ouwen doenent nahtegal."
Landeck, Nr. 19, V. 5 - 12

"der gauch fleucht hinden hin nach
zu grossem ungemach
klainen vogel in gogel reich.
höret, wie er sprach:
"cu cu, cu cu, cu cu, ..."
küngel, zeisel, mais, lerch, nu komen wir singen:
oci und tu ich tu ich tu ich tu ich,
oci oci oci oci oci oci
fi fideli fideli fideli fi,
ci cieriri ci ci cieriri,
ci ci ciwigk cidiwigk fici fici.
so sang der gauch neur: kawa wa cu cu. ...
liri liri liri liri liri liri lon,
so sang die lerch, so sang die lerch, so sang die
                                                 lerch.
ich sing hel ain droschelin, ich sing hel ain
            droschelin, ich sing hel ain droschelin, ...
zidiwick zidiwick zidiwick,
zificigo zificigo zificigo nachtigall,
dieselb mit irem gesangk behüb den gral."
Oswald, Nr. 50, V. 7 - 11.18 - 24.30 - 32.38 - 40[1]

Eine Ausarbeitung der Beziehungen zwischen Oswald von Wolkenstein und den Natureingängen der späteren Minnesänger, Steinmars Herbstlied und Hadlaubs Lyrik steht noch aus.

---

1) Auch wenn es sich bei diesem Lied Oswalds um eine Kontrafaktur handelt (vgl. Friedrich Gennrich, Liedkontrafaktur in mhd. und ahd. Zeit, in hg. v. Hans Fromm, Der deutsche Minnesang, a.a.O., S. 347 ff,) die Tatsache, daß Oswald das eben auch erst Ende des 14. Jahrhunderts verfaßte Virelai Jehan Vaillants auswählt, um ihm einen angeglichenen deutschen Text zu unterlegen, bestätigt Oswalds Präferenz für das Erlebbar-Lebendige.

Die abschließenden Zitat-Gegenüberstellungen lassen erkennen, wie fruchtbar der Gegenstandsbereich einer solchen Untersuchung und wie aufschlußreich die Ergebnisse für die literarhistorische Einordnung des derzeit im Mittelpunkt der germanistischen spätmittelalterlichen Forschung stehenden Oswald von Wolkenstein werden könnten.

ANHANG

1) zu Seite 13, Anmerkung 1)

Prozentberechnung der Natureingänge:

vor Dietmar von Eist:
Anonyma (weitgehend Bruchstücke) : 6 - 4 mit
                                                                            Naturversen

Meinloh von Sevelingen : 12 - 1
                                          (Strophen)

Burggraf von Rietenburg
Burggraf von Regensburg : 8 - 3

Kürenberger : 13 - 0

39 Strophen insgesamt
 8 Strophen mit Naturversen = 20,5 %

Dietmar von Eist : 6 - 3
                        = 50 %

Heinrich von Veldeke : 25 - 10
                            = 40 %

Ulrich von Gutenburg : 2 - 2
Rudolf von Fenis : 7 - 2
Albrecht von Johansdorf : 15 - 2
Heinrich von Rugge : 7 - 1
Bernger von Horheim : 6 - 1
Hartwic von Rute : 4 - 0
Bligger von Steinach : 3 - 1

44 Lieder insgesamt
 9 Lieder mit Naturversen = 20,4 %

Heinrich von Morungen : 36 - 8
Reinmar von Hagenau : 72 - 9
Hartmann von Aue : 20 - 4
    (mit unechten)

128 Lieder insgesamt
 21 Lieder mit Naturversen = 16,3 %

Walther von der Vogelweide : 53 - 18
                               (Minnelieder)
                               = 34 %

```
Neidhart von Reuenthal        :   66  -  63  = 95 %
Gottfried von Neifen          :   51  -  45  = 88 %
Ulrich von Winterstetten      :   45  -  29
Burkhardt von Hohenfels       :   13  -   3

114 Lieder insgesamt
 77 Lieder mit Naturversen    =       67,5 %

Übrige                        :  583  - 258
                              =        44 %

Schweizer Minnesang           :  239  - 120
                              =       50,2 %
```

2) zu Seite 22, Anmerkung 1)

Veldekes neue Motiv-Verbindungen:

"dat di vogele openbâre/singen dâ men blûmen sît."
56, 2/3 (I)

"dâ wîlen lach der snê,/dâ steit nû grüne clê,/
 bedouwet ane den morgen."
58, 29 - 31 (III)

"Dû si ane den rîsen di blûmen gesâgen/bî den
 bladen springen"
62, 36 - 38 (XIV)

"Het dûn di vogele wale schîn/dat si di boume sîn
 geblût."
64, 17/18 (XVIII)

3) zu Seite 34, Anmerkung 1)

Walther:

```
"bluomen"   -  20 mal      "kranz"    -  2 mal
"vogele"    -  16  "       "boum"     -  2  "
"heide"     -  10  "       "krâ"      -  2  "
"walt"      -   8  "       "sterne"   -  2  "
"rôsen"     -   5  "       "râne"     -  1  "
"gras"      -   5  "       "halm"     -  1  "
"klê"       -   4  "       "veld"     -  1  "
"linde"     -   4  "       "frösche"  -  1  "
"sunne"     -   4  "       "loup"     -  1  "
"brunne"    -   4  "       "tal"      -  1  "
"anger"     -   3  "       "lê"       -  1  "
"nahtegal"  -   3  "       "snê"      -  1  "
"ouwe"      -   2  "       "sâ"       -  1  "
"rîfe"      -   2  "       "lô"       -  1  "
"lilje"     -   2  "       "sû"       -  1  "
```

4) zu Seite 36, Anmerkung 3)

Beispiel für Walthers enge Verknüpfung zwischen
Naturhaftem und Menschlichem - das Vogelmotiv:

"sît die vogele alsô schône,/singent in ir besten
dône,/tuon wir ouch alsô!"
(51, 26 - 28)
Aufforderung, es den Vögeln gleich zu tun.

"'Waz helfent bluomen rôt,/.../die sint unmaere
mir,/reht als den vogellînen/die winterkalten tage."
(39, 19.22 - 24)
Gemeinsames Prädikat verleiht den Vögeln personen-
hafte Züge.

"und diu kleinen vogellîn wol singent/in ir besten
wîse die si kunnen"
(46, 2/3)
Anthropomorphisierung durch das zugeordnete Verb
"kunnen" (wissen, kennen); vgl. Riecken, a.a.O.,
S. 111

"niemer niemen/bevinde daz,/wan er unt ich,/ und
ein kleinez vogellîn:/tanderadei,/daz mac wol
getriuwe sîn."
(39, 14 - 19)
Dem Vogel kann vertraut werden.

"ich hôrte ein kleine vogellîn daz selbe klagen:/
daz tet sich under:/'ich singe niht, ez welle
tagen.'"
(58, 27 - 29)
Der Sänger läßt den Vogel an seiner statt sprechen.

5) zu Seite 42, Anmerkung 3)

Neidharts Zeitansagen

von 29 Sommerliedern nennen 26 die Jahreszeit:
"sumer" und "winter" je 23 mal
"meie"   37 "
"merze"   2 "

von 35 Winterliedern nennen 33 die Jahreszeit:
"sumer" und "winter" je 35 mal
"meie"   5 "

6) zu Seite 45, Anmerkung 4)

   Naturverse gehen über eine Strophe hinaus in den
   Winterliedern: 5, 7, (15), 19, 25
   = 5 von insgesamt 35 Liedern = 14,3 %
   85,7 % der Winterlieder haben einstrophigen oder
   kürzeren Natureingang.

7) zu Seite 46, Anmerkung 4)

   Überordnung der Minne- über Naturklage:
   "Owê, lieber sumer, dîne liehten tage lange,/ wie
   die sint verkêret an ir schîne!/.../doch ist daz
   diu meiste sorge mîne,/daz mir niht langer dienest
   lieben lôn erworben habe."
   (WL 16, 1/2.5/6)

   Distanzierung von der Wintertrauer der anderen:
   "Si klagent, daz der winder/koeme nie vor manger
   zît/scherpfer noch sô swinder:/sô klag ich: mîn
   vrouwe diust noch herticlîch gemuot"
   (WL 23, 1 - 4)

   Antithetische Gegenüberstellung:
   "Sanges sint diu vogelîn gesweiget,/der leide winder
   hât den sumer hin verjagt:/des ist manic herze
   beidiu trûric unde unvrô./aller werlde hôchgemüete
   seiget:/wan ich bin noch an mînen vreuden unverzagt"
   (WL 18, 1 - 5)

   Mögliche Überwindung des Winterleides durch Erhörung:
   "ich verklagte es allez wol,/wolte mich diu vrouwe
   mîne/scheiden von sô manegem kumberpîne,/den ich von
   ir gewalte dol."
   (WL 36, 7 - 10)

   Gleichgültigkeit gegenüber den Jahreszeiten:
   "Sumer unde winder/sint mir doch gelîche lanc"
   (WL 22, 1/2)

8) zu Seite 48, Anmerkung 1)

Parallelität von Sommer- und Minnefreude:
"Nû hât Meie walt heid ouwe/wol bekleit mit manger
wunneclîchen spaehen wât./alsô hât mîs herzen
frouwe/sich bekleit mit kleide daz ir wunneclîch
an stât."
(XXXVIII, 1 - 4)

Antithetik zwischen Sommer- und Minnefreude:
"Willekomen sî uns der meie,/.../doch muoz ich
verderben in dien wunnen gar"
(XXIV, 1.5)

Parallelität von Winter- und Minneklage:
"Nû klag ich der kleinen vogel swaere,/nû klag
ich, diu heide ist bluomen laere;/sô klag ich
daz mich diu wunneclîche saeldebaere/hat beroubet
gar der fröiden sinne."
(XXXIII, 1 - 4)

Antithetik zwischen Winter und Minne:
"Nu schouwet wie diu heide/mit liehter ougenweide/
sint gar verdorben und der kleinen vogelîne sanc./
.../jârlanc taete sanfte ein umbevâhen,/ein lierlîch
drucken nâhen,/ich hân gedingen daz mir werde ein
süezer umbevanc."
(XV, 1 - 3.7 - 9)

Indifferenz gegenüber der Jahreszeit:
"Waz fröit mich des meien blüete/und des sunnen
wunneclîcher schîn?"
(XXIX, 1/2)

Unterordnung des Sommers unter den Minnepreis:
"Îst diu heide wol bekleidet/mit vil wunneclîchen
kleiden;/...noch fröit baz der wîbe güete"
(XXVI, 1.9)

Unterordnung des Winters unter den Minneschmerz:
"Rîfe und anehanc/die heide hât betwungen/.../
dannoch kan si füegen/mir herter herzeleit"
(XXX, 1/2.10)

9) zu Seite 49, Anmerkung 3)

Reihungen in anaphorischer Bindung:
"Owê liehten tage,/owê bluomen rôt,/owê vogel sanc,/
owê grüener walt/nû wirt aber kalt,/nû der winter
lanc."
(XXV, 1 - 6; vgl. XXXI, 1 - 4)
"Saelic saelic sî diu wunne,/saelic sî des
wunnebernden meien zît,/saelic sî der vogel singen,/
saelic sî diu ouwe, saelic sî der walt!"
(XIII, 1 - 4; vgl. IV, 1 - 3)

Anapher und Wortrepetitionen:
"Wer gesach ie wunneclîcher mê den süezen meien?/
wer gesach ie baz bekleit den walt und ouch die
wunneclîchen heide?/wer gehôrte ie baz diu kleinen
vogellîn gesingen/ gein der wunneclîchen wunne in
manger süezer wunneclîcher wîse?"
(VII, 1 - 4; vgl. XX, XXIII; weitere anaphorische
Einsätze in XVIII, XXXIII und XLIV)

Variierte Wiederholungen im Endreim:
"Nûst diu heide wol bekleidet/mit vil wunneclîchen
kleiden:/rôsen sint ir besten kleit./dâ von ir vil
sorgen leidet,/wan si was in mangen leiden./gar
verswunden ist ir leit/von des liehten meien blüete,/
der hât manger hande bluot./noch fröit baz der
wîbe güete,/wan die sint für sendiu leit sô guot."
(XXVI, 1 - 10; vgl. VI und XX)

Reim als dominierendes Strukturelement:
"Nu wol ûf! grüezen wir den süezen der uns büezen
wil des winters pîn,/der uns wil bringen vogel
singen, bluomen springen und der sunnen schîn./
dâ man sach ê den kalten snê,/dâ siht man gras von
touwe naz (nu brüevent daz) die bluomen und den klê./
Vor hin in walde ûf der halde hoert man balde
wunneclîchen schal,/in süezer wîse gar von prîse,
hôhe, lîse, singt diu nahtegal./der vogel sanc derst
niht ze kranc/hin gen dem meigen./megde leigen, wir
sun reigen nâ den sumer lanc./Des meigen blüete,
sumers güete, hôchgemüete gît den vogellîn."
(XLVI, Str. 1 - 3, V. 1; vgl. XXXII und XXXIV)

10) zu Seite 63, Anmerkung 2)

Reifen:

einstrophiger Natureingang: 1, 12, 13, 14, 18, 20, 27, 45, 50
= 9 Lieder
= 20 %

kürzerer Natureingang: 3 - 10, 15 - 17, 21 - 26, 28 - 37, 42, 44, 47 - 49, 51
= 33 Lieder
= 75,6 %

längerer Natureingang: 2, 3
= 2 Lieder
= 4,4 %

Winterstetten:

einstrophiger Natureingang: 12, 16, 18, 33 - 35
= 6 Lieder
= 23 %

kürzerer Natureingang: 2, 5, 9, 10, 17, 19, 23, 24, 26, 30, 32, 36, 38
= 13 Lieder
= 50 %

längerer Natureingang: 3, 6, (14), 20, 22, 25, 31
= 7 Lieder
= 27 %

11) zu Seite 76, Anmerkung 1)

Wiederkehrende Reimpaare in den Natureingängen:

"doene"	- "schoene"	: 2, 6; 5, 8/9; 7, 1/3; 8, 1/5; 14, 8/9; 18, 2/
"zît"	- "lît"	: 4, 1/3; 8, 2/3; 10, 2/4; 11, 1/4; 16, 1/5
"singen"	- "dringen"	: 2, 4/5; 14, 7/10; 15, 2/5; 18, 11/14
"singen"	- "bringen"	: 3, 2/3; 4, 2/6
"meie"	- "reie"	: 2, 1/3; 18, 1/4
"heide"	- "kleide"	: 5, 4/5; 10, 5/7
"heide"	- "ougenweide"	: 12, 9/10; 18, 12/15
"nahtegal"	- "tal"	: 8, 4/8; 11, 7/10
"nahtegal"	- "schal"	: 10, 11/13; 12, 7/8
"ouwe"	- "frouwe"	: 9, 2/5; 16, 2/3
"wunne"	- "kunne"	: 3, 1/5; 19, 2/3
"walt"	- "kalt"	: 14, 1/4; 20, 1/2
"rîse"	- "wîse"	: 10, 9/12; 12, 5/6

12) zu Seite 91, Anmerkung 4)

Nur Klingen verwendet keine Natur-Doppelformeln;

Toggenburg: "walt und ouch die heide"   5, 3
"bluomen noch den klê"   6, 1
"Heide und anger und diu
tal/.../und die ouwen,/und
ouch dar zuo den grüenen walt"
Formelkette in 3, 1 - 4

Winli: "walt und ouch diu heide"   2, 1
"berg und tal"   3, 12

Trostberg: "walt und ouwe"   4, 10

Steinmar: "heide und ouwe"   3, 5; 6, 1
"rîfe und ouch der snê"   12, 45

13) zu Seite 92, Anmerkung 1)

Steinmar: 12 Epitheta
Winli: 13 "
Toggenburg: 12 "
Klingen: 11 "
Trostberg: 3 "

11 Wiederholungen unter Steinmars
12 Epitheta = 91,7 %:

"schône"   3, 1; 9, 1; 10, 1
"manger leien"   3, 2; 10, 7
"kleiniu"   3, 6; 11, 4
"wunneclîch()"   4, 2; 13, 2
"süez()"   4, 16; 10, 3; 11, 6; 13, 10
"grüen()"   6, 1; 10, 5
"liebe"   10, 2; 11, 1
"kalt"   11, 16; 12, 34

Toggenburg:

"grüenen"   1, 2; 3, 4
"klein()"   1, 5; 2, 1
"lieht()"   1, 28; 2, 2; 4, 2; 7, 1; 7, 7
"süez()"   3, 8; 5, 8; 7, 5
"manic
 (manicvalt)"   7, 3; 7, 5

= 75 %

Trostberg:
"maniger herde"   2, 1; 3, 8; 5, 12; 6, ?
"liebe()"   4, 9; 5, 12
"wunneclîch"   4, 9; 5, 10
"schône"   3, 12; 4, 6
                                              = 75 ?

Klingen:
"gemeit"   2, 4; 5, 4
"manic"   2, 6; 5, 2
"souze"   2, 7; 5, 3
"grüen()"   3, 1; 3, 2
"schône"   4, 1; 5, 1
                                              = 41,7 %

Winli:
"maniger leije"   3, 6; 3, 15; 6, 4; 6, ?
                                              = 23,1 %

14) zu Seite 93, Anmerkung 1)

   Beispiele aus der Schweizer Minnesang:

   "Vrouwe saelden rîche,/.../tout sô saeliclîche"
   Singenberg, 1, 1.3

   "ir saelde saeldet lîr und êre swem sî wil:"
   Singenberg, 4, 13

   "saelic wîp"
   Toggenburg, 1, 15; 5, ?

   "diu saeldehaften wîp"
   Klingen, 7, 1

   "sô vund ich der saelden vunt/.../gienge ez mir
   sô saeleclich"
   Landeck, 15, 37.39

15) zu Seite 93, Anmerkung 3)

   Steinmar: "Als ein swîn in einer sacke/vert mîn
             herze hin und dar."
             4, 31/32

   Sarnen: "Endelîch daz herze mîn/wepfet in dem lîbe"
             3, 21/22

             "des mîn herze lîdet mangen stôz/in dem
             lîbe tougenlîch"
             9, 25/26

             "het ich alles quotes einen maltersac"
             8, 14

             "Ich wil in dem sûse varn"
             3, 11; vgl. Steinmars Herbstlied

16) zu Seite 94, Anmerkung 4)

    Steinmar: 13 Vergleiche - 8 Varianten : 61,5 %
    Klingen: 2 "   - 2 "   : 100 %
    Trostberg: 3 "   - 3 "   : 100 %
    Winli: 6 "   - 4 "   : 66,7 %
    Toggenburg: 5 "   - 3 "   : 60 %

17) zu Seite 99, Anmerkung 1)

An Realität gewinnt die Jahreszeit lediglich im Sommereingang 7, 1 - 6.11 - 17:

"Sumerzît, ich fröwe mich dîn/daz ich mac beschouwen/ eine süeze selderîn,/mînes herzen frouwen./eine dirne die nâch krûte/gât, .../Si was mir den winter lanc/ vor versperret leider:/nu nimt si ûf die heide ir ganc,/in des meien kleider,/dâ si bluomen zeinem kranze/brichet, den si zuo dem tanze/tragen wil:"

Als Szenenhintergrund kommen Jahreszeit und Naturelementen in diesem Lied stärkere Konkretation zu.

18) zu Seite 103, Anmerkung 2)

Beispiel für syntaktische Bindung:

"meie, du bist fröiden rîch/.../wîbes lôn gît fröiden vil."
Trostberg, 4, 11.14

Beispiel für metaphorische Bindung:

"dâ der vîol dur daz gras ûf dranc./Mîn muot swebt zer sunnen hô"
Landeck, 14, 10/11

Beispiel für konjunktionale Bindung:

"er (winter) hât den anger sîner kraft beroubet./ dâ bî hât mich entânet mîner sinne/mîns herzen trôst ..."
Teufen, 2, 4 - 6

Beispiel für komparative Bindung:

"Seht, des meijen blüete/fröit die vogel in dien ouwen:/sô fröit mich ein minneclîchez wîp."
Winli, 4, 1 - 3

19) zu Seite 125, Anmerkung 1)

Vgl. folgenden Parallelstellen:

Steinmar: "Als ein swîn in einem sacke/vert mîn herze hin und dar."
4, 31/32

"Ich mac wol mîn herze strâfen,/daz ichs gegen ir began,/ûf mîn ougen schrîen wâfen"
4, 21 - 23

Hadlaub: "Minner herze vicht ze ganzer staete/ als in einem sacke ein swîn:/daz vert unde kirret."
17, 21 - 23

"kêr zuo zir ald ich wil strâfen/dich die wîle ich leben mac,/.../ald ûf dich sô schrîje ich wâfen"
9, 24/25.27

20) zu Seite 132, Anmerkung 1)

"wan swaeriu kleit diu leiten sî dô hin,/des man sach, wie wîplich wol sî sint gestalt,/und manicvalt ir liechten schîn:/Wan sî burgen nicht ir wunne in süezer zît./der winter gît kalt winde und snê,/dess ir antlüt nekel kelen bergent sint./an hiuten lint tout winter wê/ir hende wîz ouch dicke bergent sî/ und sint in dien stuben, des mans selten sicht:"
3, 5 - 13

"Sô sach man ouch dicke an schoenen frouwen/wunnen mêr dan man nû müge geschouwen:/sî bergent nû kelen blanc und neckelîn/und ir houbet, wîze hende ouch dicke./winter went uns süezer ougen blicke:/man sach dür klein ermel blanker arme schîn;/sô sach man in wîplîch stên ir kleinen lîn./nû went sî sich ziehen in die stuben hin:"
28, 10 - 17

21) zu Seite 132, Anmerkung 4)

Beschränkung des optisch/akustischen Eindrucks auf die Naturerscheinungen:

"Wunne wil unwunne schôn verdringen,/daz manz hoert und sicht wol, swers nimt war./secht, ob daz müg manc herz fröiden wern./êst wunnenclîch ze hoern der vogelîn singen,/sost wunnenclîch ze sehen manc schoene var:/uns wil sumer fröide und wunne bern."
27, 1 - 6

Übergang von Naturimpression zum Betrachten der
Frau: "Nû stêt sô wol geblüemet/diu heide in
sumerlîcher wât,/des man vil von wunnen siht./
.../doch ist sî volgestet nicht,/sô daz sî her
geschient,/daz man ouch frouwen sicht/dî gân
lôslîche:/sost sî den gastung rîche,/daz man ir
volles lobes gicht." 37, 1 - 11

22) zu Seite 132, Anmerkung 5)

Sensueller Eindruck der Frau verdrängt den der
Jahreszeit:
"In dem grüenen klê sach ich ein frouwen gân:/
ach waz ich dâ wunnen sach,/an ir vil und mê und
an dem schoenen plân,/daz ez in mîn herze brach!/
bluomen clâr und diu frouwe mîn/liuhten gegen ein
andern, daz diu wunne ûf gie:/ich gesach nie sô
liehten schîn." 47, 1 - 7

23) zu Seite 160, Anmerkung 5)

"vrouwe": 1, 1.3.15.22.23; 3, 9; 4, 17; 5, 1;
7, 1.7; 8,22; 14, 43; 24, 22.23; 25, 19;
26, 35.41; 28, 1.1.2.24

= 21 mal

"wîp": 2, 14; 4, 5; 6, 1; 8, 3; 10, 13.13; 11, 8.22;
12, 17.17.24.26.(26.).29; 14, 11; 17, 2.7.9;
21, 8.20; 22, 14.17.21; 23, 1.4; 25, 1;
26, 7.12.13; 27, 40; (28, 29)

= 31 mal

Epitheta für "vrouwe":

"saelden rîche" (1, 1); "saelic" (20, 1); "herzeliebiu"
(3, 9); "hövesche" (5, 1); "hôhgemuote" (5, 1); "süeze"
(7, 7; 8, 22); "guote()" (25, 19)

Epitheta für "wîp":

"rein()" (4, 5; 26, 7); "rent()" (6, 1); "guot()"
(10, 13; 17, 7) "minneclîch()" (10, 13); "süeze"
(11, 8; 26, 3); "wîbîn" (12, 26); "wünneclîche" (14, 11);
"guotes" (17, 7); "schoenes" (21, 8); "saelde rîche"
(23, 1); "reinez" (26, 7)

14) zu Seite 207, Anmerkung 3)

"ich" mit Derivaten:

14, 1.4.5.7.8.11.12.17.19.20.21.23.24.25.26.27.28.29
33, 1.3.4.7.9.10.25.26.27
34, 1.5.6.7
50, 1.5.6.9.13.14

F BIBLIOGRAFIE

I. TEXTAUSGABEN

1 (hrsg. v.)
  Bartsch, Karl

  Die Schweizer Minnesänger
  Darmstadt 1964
  (unveränderter reprographischer
  Nachdruck der Ausgabe
  Frauenfeld 1886)
  (Bibliothek älterer Schrift-
  werke der deutschen Schweiz
  Band VI)

2 (hrsg. v.)
  Birlinger, H.

  Ein alemannisches Büchlein
  von guter Speise
  Sitzungsberichte der Königl.
  bayr. Akademie der Wissen-
  schaften zu München
  1865, Band II
  (Phil.-Phil. Classe),
  S. 171 - 206

3 (hrsg. v.)
  Klein, Karl Kurt

  Die Lieder Oswalds von
  Wolkenstein
  Tübingen 1962
  (ATB Nr. 55)

4 bearbeitet von
  Hugo Moser und
  Helmut Tervooren
  (unter Benutzung der
  Ausgaben von Karl
  Lachmann, Moriz Haupt,
  Friedrich Vogt und
  Carl von Kraus)

  Des Minnesangs Frühling
  I Texte, Stuttgart
  $36^{}$1977

5 (hrsg. v.)
  von Kraus, Carl

  Die Gedichte Walthers von
  der Vogelweide
  Berlin/Leipzig
  $10^{}$1936

6   (hrsg. v.)
    von Kraus, Carl   Deutsche Liederdichter des
                              13. Jahrhunderts
                              Band I: Text
                              Tübingen 1952

                              besorgt von Hugo Kuhn,
                              Band II: Kommentar
                              Tübingen 1958

7   Maschek, Hermann   Lyrik des späten Mittelalters
                              Leipzig 1939

8   Naumann, Hans und
    Weydt, Günther   Herbst des Minnesangs
                              Berlin 1936

9   (ed.)
    Sayce, Olive   Poets of The Minnesang
                              Oxford 1967

10 (hrsg. v.)
    Schröder, Edward   Kleinere Dichtungen
                              Konrads von Würzburg

                              III: Die Klage der Kunst,
                              Leiche, Lieder und Sprüche
                              Berlin ^{2}1959

11 (hrsg. v.)
    Wießner, Edmund   Die Lieder Neidharts
                              Tübingen ^{3}1963
                              (ATB 44)

II. SEKUNDÄRLITERATUR

1 Alewyn, Richard — Naturalismus bei Neidhart von Reuental
ZfdPh 56 (1931), S. 37 - 69

2 Anger, Otto — Die Natur bei Wolfram von Eschenbach
Greifswald 1912

3 Arbusow, Leonid — Colores Rhetorici
Eine Auswahl rhetorischer Figuren und Gemeinplätze als Hilfsmittel für akademische Übungen an mittelalterlichen Texten
Göttingen 1948

4 Arnold, August — Studien über den Hohen Mut
Leipzig 1930

5 Assunto, Rosario — Die Theorie des Schönen im Mittelalter
Köln 1963
(Reihe I: Kunstgeschichte. Deutung. Dokumente
Geschichte der Ästhetik
Band II: Mittelalter)

6 Auerbach, Erich — Typologische Motive in der mittelalterlichen Literatur
Krefeld 1953
(Schriften und Vorträge des Petrarca-Instituts Köln, II)

7 Auty, Robert — Studien zum Späten Minnesang mit besonderer Berücksichtigung Steinmars und Hadlaubs
Diss. (Masch) Münster 1937

8 Baechtold, Jakob — Geschichte der Deutschen Literatur in der Schweiz
Frauenfeld 1892

9 Baldwin, Charles Sears — Medieval Rhetoric and Poetic (to 1400)
Gloucester 1959

10 Bartsch, Karl   Die romanischen und deutschen
                              Tagelieder
                              in: Gesammelte Vorträge und
                              Aufsätze
                              Freiburg i. B./Tübingen 1883,
                              S. 250 - 317

    ders.   Die Treue in deutscher Sage
                              und Poesie
                              ebd., S. 152 - 194

    ders.   Die Formen des gesellgen
                              Lebens im Mittelalter
                              ebd., S. 221 - 249

11 Bech, Fedor   Zu dem von Bûvenburg
                              ZfdPh 28 (1896), S. 295 - 296

12 Benezé, Emil   Das Traummotiv in altdeutscher
                              Dichtung
                              (Bis c. 1250)
                              Diss. Jena 1896

13 Bertau, Karl Heinrich   Sangverslyrik
                              Über Gestalt und Geschicht-
                              lichkeit mitteldeutscher
                              Lyrik am Beispiel des Leichs
                              Göttingen 1964
                              (Palaestra, Band 240)

    Rezension über
    Bertau, Karl Heinrich   von Schröder, Werner
                              ZfdPh 84 (1965) S. 625 - 637

14 (hrsg. v.)
    Beyschlag, Siegfried   Walther von der Vogelweide
                              Darmstadt 1971
                              (Wege der Forschung, Band CXII)

15 Biese, Alfred   Die Entwicklung des Naturgefühls
                              im Mittelalter und in der Neuzeit
                              Leipzig 1888

16 Blank, Walter   Die deutsche Minneallegorie
                              Gestaltung und Funktion einer
                              spätmittelalterlichen
                              Dichtungsform
                              Stuttgart 1970
                              (Germanistische Abhandlungen 34)

17	Böheim, Julius	Das Landschaftsgefühl des ausgehenden Mittelalters Leipzig/Berlin 1934 (Beiträge zur Kulturgeschichte des Mittelalters und der Renaissance, Band 46)
	Rezension über Böheim, Julius	von Kunisch, Hermann AfdA 57 (1938), S. 18 - 22
18	Boesch, Bruno	Die Kunstanschauung in der mittelhochdeutschen Dichtung von der Blütezeit bis zum Meistergesang Diss. Bern, Bern/Leipzig 1936
19	de Boor, Helmut	Die höfische Literatur Vorbereitung, Blüte, Ausklang 1170 - 1250 München ^{9}1974 (de Boor, Helmut und Newald, Richard Geschichte der deutschen Literatur von den Anfängen bis zur Gegenwart. Zweiter Band)
	ders.	Die deutsche Literatur im späten Mittelalter Zerfall und Neubeginn Erster Teil 1250 - 1350 München 1973 (de Boor, Helmut und Newald, Richard Geschichte der deutschen Literatur von den Anfängen bis zur Gegenwart Dritter Band/Erster Teil)
20	Bopp, Werner	Die Geschichte des Wortes "Tugend" Diss. Heidelberg 1934

21	Braches, Hulda Henriette	Jenseitsmotive und ihre Verritterlichung in der deutschen Dichtung des Hochmittelalters Diss. Utrecht 1961
22	Brauneck, Manfred	Die Lieder Konrads von Würzburg Diss. München 1964
23	Brecht, Walther	Ulrich von Lichtenstein als Lyriker ZfdA 49 (1908), S. 1 - 122
24	Brill, Richard	Die Schule Neidharts Eine Stiluntersuchung Berlin 1908 (Palaestra XXXVII)
25	Brinkmann, Hennig	Zu Wesen und Form mittelalterlicher Dichtung Halle 1928
	ders.	Die "zweite Sprache" und die Dichtung des Mittelalters in: hrsg. v. Zimmermann, Albert bes. v. Hoffmann, Rudolf Methoden in Wissenschaft und Kunst des Mittelalters Berlin 1970, S. 155 - 171 (Miscellanea Mediaevalia Band 7)
26	Buhler, Johannes	Die Kultur des Mittelalters Leipzig 1931
	ders.	Deutsche Geschichte Zweiter Band: Fürsten, Ritterschaft und Bürgertum von 1100 bis um 1500 Berlin/Leipzig 1935
27	Bumke, Joachim	Studien zum Ritterbegriff im 12. und 13. Jahrhundert Heidelberg 1964 (Beihefte zum Euphorion, 1. Heft)

28	Curtius, Ernst Robert	Dichtung und Rhetorik im Mittelalter DVjs 16 (1938), S. 435 - 475
	ders.	Europäische Literatur und lateinisches Mittelalter Bern/München ⁷1969
29	Drees, Heinrich	Die poetische Naturbetrachtung in den Liedern der deutschen Minnesänger Wernigerode 1938 (Festschrift des Gräflich Stolbergschen Gymnasiums)
30	Dronke, Peter	The Medieval Lyric London 1968 (ders.: (Die Lyrik des Mittelalters. Eine Einführung. München 1973)
31	Ehrismann, Gustav	Geschichte der deutschen Literatur bis zum Ausgang des Mittelalters Zweiter Teil: Die mittelhochdeutsche Literatur Schlußband. München 1935
32	Emrich, Berthold	Topik und Topoi DU 18 (1966), Heft 6, S. 15 - 46
33	von Ertzdorff, Xenja	Die Dame im Herzen und Das Herz bei der Dame ZfdPh 84 (1965), S. 6 - 46
34	Eyrich, Annelore	Frauenminne und Gottesminne Studien und Wandlung der höfischen Minneanschauung in der späthöfischen Zeit Diss. Freiburg i. B. 1953
35	Fechter, Werner	Das Publikum der mittelhochdeutschen Dichtung Diss. Heidelberg, Frankfurt/M. 1935 (Deutsche Forschungen, Band 28)

36	Fischer, Fritz	Der Formenbestand des Adjektivs in der mittelhochdeutschen Lyrik der Blütezeit Diss. Zürich, Bremgarten 1955
37	Fischer, Hanns	Probleme und Aufgaben der Literaturforschung zum deutschen Spätmittelalter GRM 40 (1959), S. 217 - 227
38	Fortmann, Dieter	Studien zur Gestaltung der Lieder Heinrichs von Morungen Diss. Tübingen 1966
39	Frantzen, J. J. A. A.	Über den Einflusz der mittellateinischen Literatur auf die französische und deutsche Poesie des Mittelalters Neophilologus 4 (1919) S. 358 - 371
40	(hrsg. v.) Fromm, Hans	Der deutsche Minnesang Aufsätze zu seiner Erforschung Darmstadt 1972 (Wege der Forschung, Band XV)
41	Furstner, Hans	Studien zur Wesensbestimmung der höfischen Minne Diss. Groningen 1956
42	Galle, Richard	Die Personifikation (als poetisches Kunstmittel und ihre Verwendung) in der mittelhochdeutschen Dichtung bis zum Beginn des Verfalles Diss. Leipzig 1889
43	(hrsg. v.) Ganz, Peter F. und Schröder, Werner	Probleme mittelalterlicher Überlieferung und Textkritik Oxforder Colloquium 1966 Berlin 1968
44	Ganzenmuller, Wilhelm	Das Naturgefühl im Mittelalter Leipzig/Berlin 1914
	Rezension über Ganzenmuller, Wilhelm	von Kammerer, Friedrich AfdA 39 (1920), S. 85 - 87

45	Cellinek, Christian	Häufigkeitswörterbuch zum Minnesang des 13. Jahrhunderts nach der Auswahl von Hugo Kuhn programmiert von Martin Saunders Tübingen 1971
	Rezension über Cellinek, Christian	von Tervooren, Helmut ZfdPh 92 (1973) S. 121 - 122
46	Gervinus, G. G.	Geschichte der Deutschen Dichtung Erster Band Leipzig ^{4}1853
47	Goebel, K. Dieter	Der Gebrauch der dritten und ersten Person bei der Selbstnennung und in den Selbstaussagen mittelhoch-deutscher Dichter ZfdPh 94 (1975), S. 15 - 36
48	Götz, Heinrich	Leitwörter des Minnesangs Berlin 1957 (Abhandlungen der sächsischen Akademie der Wissenschaften zu Leipzig Philologisch-historische Klasse Band 49, Heft 1)
49	Grabmann, Martin	Mittelalterliches Geistesleben Abhandlungen zur Geschichte der Scholastik und Mystik Band I, München, 1926 Band II, München, 1936 Band III, (hg. v. Ludwig Ott), München, 1956
50	Gray, Clayton Jr.	Motifs of Classical Minnesang Their Origin, Content and Development Diss. Berkeley, California 1969 (Mikrofilm)

51	Grimme, Fr.	Beiträge zur Geschichte der Minnesinger III Germ. 33 (1888), S. 47
	ders.	Über die Heimat des Minnesingers Wachsmuot von Künzingen Germ. 37 (1892), S. 146 - 150
	ders.	Vornamenlose Minnesinger Germ. 37 (1892), S. 150 - 171
52	Grimminger, Rolf	Poetik des frühen Minnesangs München 1969 (Münchener Texte und Untersuchungen zur deutschen Literatur des Mittelalters, 27)
53	Gruenter, Rainer	Landschaft Bemerkungen zur Wort- und Bedeutungsgeschichte GRM 34 (1953), S. 110 - 120
54	de Gruyter, Walter	Das deutsche Tagelied Diss. Leipzig 1887
55	Haakh, Elisabet	Die Naturbetrachtung bei den mittelhochdeutschen Lyrikern Leipzig 1908 (Teutonia 9. Heft)
	Rezension über Haakh, Elisabeth	von Lundius, Bernhard ZfdPh 44 (1912), S. 85 - 87
		von Wallner, Anton AfdA 34 (1910), S. 157 - 160
56	Hahn, Alfred	Bildhafte Elemente im deutschen Minnesang Diss. (Masch) Bonn 1939
57	Halbach, Kurz	Geschichte der altdeutschen Literatur Minnesang und klassische staufische Lyrik ZfdB 7 (1931), S. 534 - 540

58 Haller, Rudolf
Reinmar der Alte
in: hrsg. v. Langosch, Karl
    begr. v. Stammler, Wolfgang
Die deutsche Literatur des
Mittelalters
Verfasserlexikon
Band III
Berlin 1943, Sp. 1055 - 1066

59 Haupt, Marlene
Reinmar der Alte und
Walther von der Vogelweide
Gießen 1938

60 Heimplätzer, Fritz
Die Metaphorik des Herzens
im Minnesang des 12. und
13. Jahrhunderts
Diss. (Masch) Heidelberg 1953

61 Heinemann, Wolfgang
Studien zum Gradualismus in
der deutschen Literatur des
13. - 15. Jahrhunderts
Diss. Leipzig 1964

62 Henkel, Peter H.
Untersuchungen zur Topik der
Liebesdichtung
Diss. (Masch) Innsbruck 1956

63 Heusler, Andreas
Deutsche Versgeschichte mit
Einschluß des altenglischen
und altnordischen Stabreimverses
2. Band; Teil III:
Der altdeutsche Vers
Berlin, ²1956
(Grundriß der germanischen
Philologie 3/2)

64 Heyne, Moriz
Das deutsche Nahrungswesen
von den ältesten geschicht-
lichen Zeiten bis zum
16. Jahrhundert
Leipzig 1901
(Fünf Bücher deutscher Haus-
altertümer. Zweiter Band:
Nahrung)

65 Hocke, Gustav René
Manierismus in der Literatur
Sprach-Alchimie und
Esoterische Kombinationskunst
Beiträge zur Vergleichenden
Europäischen Literaturgeschichte
Hamburg 1959

66 Königswald, Richard   Abstraktion und Analysis
                                   Ein Beitrag zur Problem-
                                   geschichte des Universalien-
                                   streits in der Philosophie
                                   des Mittelalters
                                   hg. v. Karl Bärthlein
                                   (Schriften aus dem Nachlaß,
                                   Band III), Stuttgart, 1961

67 Isbasescu, Mihail D.   Minne und Liebe
                                   Ein Beitrag zur Begriffsdeutung
                                   und Terminologie des
                                   Minnesangs
                                   Diss. Tübingen 1939

68 Ittenbach, Max   Der frühe deutsche Minnesang
                                   Strophenfügung und
                                   Dichtersprache
                                   Halle 1939
                                   (DVjs.Buchreihe 24)

69 Jacobsohn, Minna   Die Farben in der mittel-
                                   hochdeutschen Dichtung der
                                   Blütezeit
                                   Leipzig 1915
                                   (Teutonia 22. Heft)

70 Jaehrling, Helke   Die Gedichte Burkharts von
                                   Hohenfels
                                   Diss. Hamburg 1970

71 Jammers, Ewald   Das Königliche Liederbuch
                                   des deutschen Minnesangs
                                   Eine Einführung in die
                                   sogenannte Manessische **Hand-
                                   schrift**
                                   Heidelberg 1965

    Rezensionen über
    Jammers, Ewald   von Touber, A. H., Neophilologus
                                   51 (1967), S. 197 - 199

                                   von Müller-Blattau, Joseph,
                                   ZfdPh, 86 (1967), S. 137 - 139

                                   von Frühmorgen-Voss, Hella,
                                   Beitr. Tübingen, 89 (1967),
                                   S. 371 - 390

                                   von Pickering, Frederick P.,
                                   AfdA 78 (1967), S. 90 - 93

71	Jones, George F.	Walther von der Vogelweide New York 1969
72	Irjansen, Wilhelm	Marienlieder Untersuchung und Texte Breslau 1916 (Wort und Brauch 9. Heft)
73	Juethe, Erich	Der Minnesänger Hiltbolt von Schwangau Breslau 1913 (Germanistische Abhandlungen, 44. Heft)
74	Jungbluth, Günther	Forschungsbericht Neue Forschungen zur mittelhochdeutschen Lyrik DVjs. 51 (1957), S. 192 - 221
75	Kircher, Alois	Dichter und Konvention Zum gesellschaftlichen Realitätsproblem der deutschen Lyrik um 1200 bei Walther von der Vogelweide und seinen Zeitgenossen Düsseldorf 1973 (Literatur in der Gesellschaft Band 18)
76	Kirchner, Joachim	Herr Konrad der Schenk von Landeck ein Epigone des Minnesangs Diss. Greifswald 1912
77	Klunen, Werner	Studien über die Nachwirkung Konrads von Würzburg (besonders in den epischen Gattungen) Diss. Köln 1949
78	Kobel, Erwin	Untersuchungen zum gelebten Raum in der mittelhochdeutschen Dichtung Zürich 1949 (Zürcher Beiträge zur deutschen Sprach- und Stil- geschichte, Nr. 4)

79 Kohler, Erich　　　　　　　Zur Selbstauffassung des
　　　　　　　　　　　　　　höfischen Dichters
　　　　　　　　　　　　　　in: hrsg. v. Fügen, Hans Norbert,
　　　　　　　　　　　　　　　Wege der Literatursoziologie
　　　　　　　　　　　　　　Neuwied 1968, S. 245 - 265
　　　　　　　　　　　　　　(Soziologische Texte, Band 46)

80 Kohler, Erika　　　　　　　Liebeskrieg
　　　　　　　　　　　　　　Zur Bildersprache der höfischen
　　　　　　　　　　　　　　Dichtung des Mittelalters
　　　　　　　　　　　　　　Stuttgart/Berlin 1935
　　　　　　　　　　　　　　(Tübinger Germanistische
　　　　　　　　　　　　　　Arbeiten, Band 21)

81 Kolb, Herbert　　　　　　　Untersuchungen zur
　　　　　　　　　　　　　　Terminologie der höfischen
　　　　　　　　　　　　　　Lyrik
　　　　　　　　　　　　　　Diss. Berlin 1952

　　ders.　　　　　　　　　　Der Begriff der Minne und das
　　　　　　　　　　　　　　Entstehen der höfischen Lyrik
　　　　　　　　　　　　　　Tübingen 1958

82 Korn, Karl　　　　　　　　Studien über "Freude und
　　　　　　　　　　　　　　Trûren" bei mittelhoch-
　　　　　　　　　　　　　　deutschen Dichtern
　　　　　　　　　　　　　　Beiträge zu einer Problem-
　　　　　　　　　　　　　　geschichte
　　　　　　　　　　　　　　Leipzig 1932
　　　　　　　　　　　　　　(Von deutscher Poeterey,
　　　　　　　　　　　　　　Band 12)

83 von Kraus, Carl　　　　　　Walther von der Vogelweide
　　　　　　　　　　　　　　Untersuchungen
　　　　　　　　　　　　　　Berlin/Leipzig 1935

84 Krieger, Harald　　　　　　Der Kanzler
　　　　　　　　　　　　　　Ein mittelhochdeutscher
　　　　　　　　　　　　　　Spruch- und Liederdichter um 1300
　　　　　　　　　　　　　　Diss. Bonn 1931

85 Krywalski, Diether　　　　Untersuchung zu Leben und
　　　　　　　　　　　　　　literaturgeschichtlicher Stellung
　　　　　　　　　　　　　　des Minnesängers Steinmar
　　　　　　　　　　　　　　Diss. München 1966

86	Kuhn, Hugo	Dichtung und Welt im Mittelalter Stuttgart 1959
	ders.	Minnesangs Wende Tübingen ²1967
	ders.	Aspekte des dreizehnten Jahrhunderts in der deutschen Literatur München 1968 (Sitzungsberichte der Bayrischen Akademie der Wissenschaften Philosophisch-historische Klasse, Jahrgang 1967, Heft 5)
	ders.	Die Klassik des Rittertums in der Stauferzeit 1170 - 1230 in: hrsg. v. Burger, Heinz Otto Annalen der deutschen Literatur Stuttgart ²1971, S. 99 - 177
87	Kuttner, B.	Zu Ulrich von Singenberg ZfdPh 14 (1882), S. 466 - 479
88	Lang, Hedwig	Johannes Hadlaub Berlin 1959 (Philologische Studien und Quellen)
	Rezension über Lang, Hedwig	von Schröder, Walter Johannes Beitr. (Tüb) 82 (1960), S. 201 - 203
89	Langenbucher, Hellmuth	Das Gesicht des deutschen Minnesangs und seine Wandlungen Heidelberg 1930
90	Lehmann, Paul	Die Parodie im Mittelalter Stuttgart 1963
91	Leppin, Rena	Der Minnesinger Johannes Hadlaub Monographie und Textkritik Diss. (Masch) Hamburg 1969

92 Lieb, Hans-Heinrich   Der Umfang des historischen
                                  Metaphernbegriffs
                                  Diss. Köln 1964

93 von Lieres und Wilkau,
    Marianne   Sprachformeln in der
                                  mittelhochdeutschen Lyrik bis
                                  zu Walther von der Vogelweide
                                  München 1965

94 Ludwig, Erika   Wip und frouwe
                                  Geschichte der Worte und
                                  Begriffe in der Lyrik des
                                  12. und 13. Jahrhunderts
                                  Stuttgart/Berlin 1937
                                  (Tübinger Germanistische
                                  Arbeiten 24. Band)

95 Mann, Otto   Oswald von Wolkensteins
                                  Natur- und Heimatdichtung
                                  ZfdPh 57 (1932), S. 243

96 Marold, K.   Über die poetische Verwertung
                                  der Natur und ihrer
                                  Erscheinungen in den
                                  Vagantenliedern und im
                                  deutschen Minnesang
                                  ZfdPh 23 (1891), S. 1 - 26

97 Marquis, Wolfgang   Sprachliche Kommunikation als
                                  besprochenes Handeln in
                                  deutscher Lyrik um 1200
                                  Ein Beitrag zur linguistischen
                                  Stilforschung
                                  Diss. Bonn 1975

98 Maurer, Friedrich   Neue Literatur zum Minnesang
                                  DU 5 (1953), Heft 2, S. 94 - 99

    ders.   Leid
                                  Studien zur Bedeutungs- und
                                  Problemgeschichte, besonders
                                  in den großen Epen der
                                  staufischen Zeit
                                  Bern/München 1951

    ders.   Die Ehre im Menschenbild der
                                  deutschen Dichtung um 1200
                                  in: hrsg. v. Bindschedler, Maria
                                       und Zinsli, Paul
                                       Geschichte, Deutung, Kritik
                                  Literaturwissenschaftliche
                                  Beiträge dargebracht zum 65.
                                  Geburtstag Werner Kohlschmidts
                                  Bern 1969, S. 30 - 44

99	Mayr, Norbert	Die Reiselieder von Reisen Oswalds von Wolkenstein Innsbruck 1961 (Schlern-Schriften, 215)
100	Mergell, Erika	Die Frauenrede im deutschen Minnesang Diss. Frankfurt/Main, Limburg 1940
101	Messerschmidt-Schulz, Johanne	Zur Darstellung der Landschaft in der deutschen Dichtung des ausgehenden Mittelalters (Vorstellungsweise und Ausdrucksform) Breslau 1938 (Sprache und Kultur der germanischen und romanischen Völker, B. Germanistische Reihe, Band 28)
	Rezension über Messerschmidt-Schulz, Johanne	von Kunisch, Hermann AfdA 58 (1939), S. 125 - 131
102	Mohr, Ferdinand	Das unhöfische Element in der mittelhochdeutschen Lyrik von Walther an Diss. Tübingen 1913
103	Mohr, Wolfgang	Die Natur im mittelalterlichen Liede in: FS Kohlschmidt, Werner, a.a.O., S. 45 - 63
104	Moll, Willem Hendrik	Ueber den Einfluß der lateinischen Vagantendichtung auf die Lyrik Walthers von der Vogelweide und die seiner Epigonen im 13. Jahrhundert Diss. Amsterdam 1925
105	Morgan, Bayard Quincy	Nature in Middle High German Lyrics Göttingen 1912 (Hesperia, Schriften zur germanischen Philologie, Nr. 4)

106	Müller, Günther	Studien zum Formproblem des Minnesangs DVjs 1 (1923), S. 61 - 102
	ders.	Ergebnisse und Aufgaben der Minnesangsforschung Ein Literaturbericht DVjs 5 (1927), S. 106 - 129
107	Müller, Ulrich	"Dichtung" und "Wahrheit" in den Liedern von Wolkenstein: Die autobiographischen Lieder von den Reisen Göppingen 1968 (Göppinger Arbeiten zur Germanistik, Nr. 1)
	ders.	Untersuchungen zur politischen Lyrik des deutschen Mittelalters Göppingen 1974 (Göppinger Arbeiten zur Germanistik)
108	Nagel, Albert	Die Ideengrundlagen des Minnesangs von den Anfängen bis Walther Diss. Heidelberg 1929
109	Neumann, Alfred	Über das Leben und die Gedichte des Minnesingers Steinmar Diss. Leipzig 1885
110	Nicklas, Friedrich	Untersuchung über Stil und Geschichte des Deutschen Tageliedes Berlin 1929 (Germanische Studien, Heft 72)
111	Nyholm, Kurt	Studien zum sogenannten geblümten Stil Abo 1971 (Acta Academiae Aboensis, Ser. A, Humaniora, Vol. 39 nr. 4, Abo Akademi)
112	Oehlke, Alfred	Zu Tannhäusers Leben und Dichten Diss. Königsberg 1890

113 Oeing-Hanhoff, Ludger   Die Methoden der Metaphysik im
                                 Mittelalter
                                 in: Die Metaphysik im Mittel-
                                     alter
                                     Ihr Ursprung und ihre
                                     Bedeutung
                                 Vorträge des II. Internationalen
                                 Kongresses für mittelalterliche
                                 Philosophie
                                 Köln, 1961
                                 hg. v. Paul Wilpert
                                 (Miscellanea Mediaevalia
                                 Band 2)
                                 Berlin, 1963, S. 71 - 91

114 Offermanns, Winfried   Die Wirkung Ovids auf die
                                 literarische Sprache der
                                 lateinischen Liebesdichtung
                                 des 11. und 12. Jahrhunderts
                                 Diss. Münster/Wuppertal/
                                 Kastellaun/Düsseldorf
                                 (Beihefte zum "Mittelalterlichen
                                 Jahrbuch" 4)

115 Ohly, Friedrich   Vom geistigen Sinn des Wortes
                                 im Mittelalter
                                 ZfdA 89 (1958/59), S. 1 - 23

116 Oppenheim, Horst   Naturschilderung und Naturgefühl
                                 bei den frühen Meistersingern
                                 Leipzig 1931
                                 (Form und Geist, Band 22)

117 Ortner, Max   Ulrich von Lichtenstein und
                                 Steinmar
                                 Germ. 32 (1887), S. 120 - 125

118 Osterdell, Johanne   Inhaltliche und stilistische
                                 Übereinstimmungen der Lieder
                                 Neidharts von Reuental mit den
                                 Vagantenliedern der
                                 "Carmina Burana"
                                 Diss. Köln 1928

119 Pickering, Frederick P.   Literatur und darstellende
                                 Kunst im Mittelalter
                                 Berlin 1966
                                 (Grundlagen der Germanistik)

120	Pieper, Josef	Scholastik Gestalten und Probleme der mittelalterlichen Philosophie München, 1960
121	Rabinowitsch, Jacob Thimase.	Probleme der Neidhartforschung. Eine Untersuchung über das Verhältnis zwischen Neidhart- liedern und Pseudoneidharten Diss. Amsterdam, Bussum 1928
122	Ranke, Friedrich	Gott, Welt und Humanität in der deutschen Dichtung des Mittelalters Tübingen 1952
	ders.	Von der ritterlichen zur bürgerlichen Dichtung 1230 - 1430 in: hrsg. v. H. O. Burger, a.a.O., S. 179 - 253
123	Renk, Herta-Elisabeth	Der Manessekreis, seine Dichter und die Manessische Handschrift Stuttgart/Berlin/Köln/Mainz 1974 (Studien zur Poetik und Geschichte der Literatur, Bd. 33)
124	Riecken, Otto Peter	Das Motiv des vogelîns in der Lyrik Walthers von der Vogel- weide verglichen mit dem Minnesang seiner Zeitgenossen Diss. Hamburg 1967
125	Pitts, Hans	Das Trinklied in Deutschland und Schweden München 1973
126	Roesing, Hugo	Die Einwirkung Walthers von der Vogelweide auf die lyrische und didaktische Poesie des Mittelalters (Bis zum Übergang des Minnesangs in den Meistergesang) Diss. Straßburg, Borna-Leipzig 1910

127	Rosenfeld, Hellmut	Die Literatur des ausgehenden Mittelalters in soziologischer Sicht WW 5 (1954/55), S. 330 - 341
128	Sauerbeck, Karl-Otto	Das Naturbild des Mittelalters im Spiegel der spätalthochdeutschen und mittelhochdeutschen Sprache Diss. Tübingen (Masch), 1953 (Band 1 und 2)
129	Scaglione, Aldo D.	Nature and Love in the late Middle Ages Berkeley/Los Angeles 1963
130	Schirmer, Karl-Heinz	Die Strophik Walthers von der Vogelweide Ein Beitrag zu den Aufbauprinzipien in der lyrischen Dichtung des Hochmittelalters Halle 1956
131	Schißel von Fleschenberg, Otmar	Das Adjektiv als Epitheton im Liebesliede des zwölften Jahrhunderts Leipzig 1908 (Teutonia, 11. Heft)
132	Schmidt, Klaus M.	Späthöfische Gesellschaftsstruktur und die Ideologie des Frauendienstes bei Ulrich von Lichtenstein ZfdPh 94 (1975), S. 37 - 59
133	Schneider, Hermann	Die Lieder Reinmars des Alten Ein Versuch DVjs 17 (1939), Heft 3, S. 312 - 342
	ders.	Heldendichtung. Geistlichendichtung. Ritterdichtung Heidelberg 1943
	ders.	Geschichte der deutschen Dichtung nach ihren Epochen dargestellt Band 1 Bonn 1949

134	Schneider, Ludwig	Die Naturdichtung des deutschen Minnesangs Diss. Heidelberg, Berlin 1938
	Rezension über Schneider Ludwig	von Hermann Kunisch AfdA 58 (1939), S. 125 - 131
135	Scholz, Manfred Günter	Walther von der Vogelweide und Wolfram von Eschenbach Literarische Beziehungen und persönliches Verhältnis Diss. Tübingen 1966
136	Schröder, Edwart	Hadlaub und Manesse ZfdA 70 (1933), S. 136 - 142
137	Schröder, Franz Rolf	Hadlaub und Ovid? GRM 43 (1962), S. 317
138	Schröder, Joachim	Zu Darstellung und Funktion der Schauplätze in den Artusromanen Hartmanns von Aue Diss. Marburg, Göppingen 1972 (Göppinger Arbeiten zur Germanistik, Nr. 61)
139	Schulte, Aloys	Die Standesverhältnisse der Minnesänger ZfdA 39 (1895), S. 185 - 251
140	Schultz, Franz	Steinmar im Straßburger Münster Ein Beitrag zur Geschichte des Naturalismus im 13. Jahrhundert Berlin/Leipzig 1922 (Schriften der Straßburger wissenschaftlichen Gesellschaft in Heidelberg, Neue Folge, 6. Heft)
141	Schwietering, Julius	Die Demutsformel mittelhochdeutscher Dichter Berlin 1921 (Abhandlungen der kgl. Gesellschaft der Wissenschaften zu Göttingen, Phil.-hist. Klasse, neue Folge, Bd. 17,3)

142	Seibold, Lilli	Studien über die Huote Berlin 1932 (Germanische Studien, Heft 123)
143	Selge, Aribert	Studien über Ulrich von Winterstetten Diss. Göttingen 1929
144	Simon, Paul	Erkenntnistheorie und Wissenschaftsbegriff in der Scholastik (Philosophie und Geschichte 14) Tübingen, 1927
145	Singer, Samuel	Die mittelalterliche Literatur der deutschen Schweiz Frauenfeld/Leipzig 1930
146	Stackmann, Karl	Herr Steinmar, Berthold in: Verfasserlexikon, a.a.O., Band IV, Berlin 1953, Sp. 267 - 271
147	Stammler, Wolfgang	Die "Bürgerliche" Dichtung des Spätmittelalters ZfdPh 53 (1928), S. 1 - 24
	ders.	Allegorische Studien DVjs 17 (1939) Heft 1, S. 1 - 25
	ders.	Frau Welt Eine mittelalterliche Allegorie Freiburg (Schweiz) 1959 (Freiburger Universitätsreden, Neue Folge Nr. 23)
	ders.	Geist und Form im Spätmittel- alter ZfdPh 84 (1965), S. 482 - 490
148	Stauffer, Marianne	Der Wald Zur Darstellung und Deutung der Natur im Mittelalter Bern 1959 (Studiorum Romanicorum Collectio Turicensis, Vol. 10)

149 Stilgebauer, Edward — Geschichte des Minnesangs
Weimar 1898

150 Stöckli, P. Alban — Der Minnesänger von Trostberg
Eine literarische Studie
Mühlen 1940

151 Stoecklin, Adèle — Die Schilderung der Natur im
deutschen Minnesang und im
älteren deutschen Volkslied
Diss. Basel, Straßburg 1913
(Teilpublikation)

152 Thiel, Gisela — Das Frau Welt-Motiv in der
Literatur des Mittelalters
Diss. Saarbrücken 1956

153 Thomas, Helmuth — Die jüngere deutsche
Minnesangforschung
WW 7 (1956/57), S. 269 - 286

154 (hrsg. v.)
Thornton, Thomas Jerry
nach den Vorarbeiten
Schirokauers, Arno — Grobianische Tischzuchten
Berlin 1957
(Texte des späten Mittelalters,
Heft 5)

155 Touber, Anthonius
Hendrikus — Rhetorik und Form im deutschen
Minnesang
Diss. Utrecht, Groningen 1964

ders. — Formschulen und Formtraditionen
in der mittelhochdeutschen
Lyrik
Eine Computeruntersuchung
ZfdPh 87 (1968),
Sonderheft, S. 1 - 13

156 Uhland, Ludwig — Alte hoch- und niederdeutsche
Volkslieder mit Abhandlung
und Anmerkungen
III 1. Abhandlung über die
deutschen Volkslieder
2. Anmerkungen zu den
Volksliedern
reprografischer Nachdruck der
Ausgabe Stuttgart 1866 und 1869
Hildesheim 1968

157	Veit, Walter	Toposforschung Ein Forschungsbericht DVjs 37 (1963), S. 120 - 163
158	Vogt, Gerhard A.	Studien zur Verseingangs- gestaltung in der deutschen Lyrik des Hochmittelalters Göppingen 1974 (Göppinger Arbeiten zur Germanistik, Nr. 110)

159	Voßler, Karl	Die philosophischen Grundlagen
		zum "süßen neuen Stil"
		des Guido Guinicelli,
		    Guido Cavalcanti und
		    Dante Alighieri
		Heidelberg 1904

160	Waas, Adolf	Der Mensch im deutschen Mittelalter Graz/Köln 1964
161	Wapnewski, Peter	Die Lyrik Wolframs von Eschenbach Edition. Kommentar. Interpretation München 1972
	ders.	Waz ist minne Studien zur Mittelhochdeutschen Lyrik München 1975
162	Wehrli, Max	Mehrfacher Schriftsinn Interpretationsprobleme höfischer Dichtung des Mittelalters in: Orbis Litterarum Vol. 9, No. 1, 1964 S. 77 - 89
163	Wessels, Paulus Bernardus	Die Landschaft im jüngeren Minnesang Maastricht/Vroenhoven 1945
164	Weydt, Günther	Johannes Hadlaub GRM 21 (1933), S. 14 - 32

165	Wiora, Walter	Das echte Volkslied Heidelberg 1950 (Musikalische Gegenwartsfragen, Heft 2)
166	Wolf, Norbert Richard	Tageliedvariationen im späten provenzalischen und deutschen Minnesang ZfdPh 87 (1968) Sonderheft, S. 165 - 194
167	Wolff, Ludwig	Ulrich von Singenberg in: Verfasserlexikon, a.a.O., Band IV, a.a.O. Sp. 595 - 603
168	von Wulffen, Barbara	Der Natureingang in Minnesang und frühem Volkslied München 1963
169	Zingerle, Ignaz V.	Farbensymbolik Germ. 8 (1863) S. 497 - 505
	ders.	Vergleiche bei mittelhoch- deutschen Dichtern Germ. 13 (1868) S. 294 - 301

Wir veröffentlichen

Dissertationen
Habilitationen
Diplomarbeiten
wissenschaftliche Arbeiten
und Reihen
Fachveröffentlichungen
Dokumentationen
Skripten
Reprints

Fordern Sie bitte Informationsmaterial an.

HAAG + HERCHEN Verlag GmbH
Fichardstraße 30, 6000 Frankfurt am Main, Telefon (0611) 550911-13